RICHARD SCHÖNBORN

TENNIS

TECHNIKTRAINING

MEYER UND MEYER VERLAG

Die Deutsche Bibliothek – CIP-Einheitsaufnahme

Schönborn, Richard:
Tennis : Techniktraining / Richard Schönborn. –
1. Aufl.
– Aachen : Meyer und Meyer, 1998
ISBN 3-89124-427-4

© 1998 by Meyer & Meyer Verlag, Aachen
Titelfoto: Bongarts Sportfotografie GmbH, Hamburg
Fotos (Profispieler): Thomas Exler, FOTOmedia, München
alle übrigen: Richard Schönborn
Porträt auf S. 7: FALKEN Verlag GmbH, Niedernhausen
Zeichnungen: Gerd-Peter Zeuch, Seesen
Umschlaggestaltung: Walter J. Neumann, N & N Design-Studio, Aachen
Umschlagbelichtung: frw, Reiner Wahlen, Aachen
Lektorat: Prof. Gerhard Neisel, Dr. Irmgard Jaeger, Aachen
Satzbelichtung: frw, Reiner Wahlen, Aachen
Druck: Röder + Moll GmbH, Mönchengladbach
Printed in Germany
ISBN 3-89124-427-4

INHALT

„Gibt es für ein Problem keine Lösung, dann ändern wir eben das Problem."

VORWORT

Der deutschsprachige Raum verfügt seit Jahrzehnten über sehr lesenswerte Publikationen zur **Allgemeinen Trainingslehre** (z.B. HARRE, HOLLMANN/HETTINGER, MARTIN et al., WEINECK, GROSSER u.a.). Übersetzungen 'bemerkenswerter' russischer Autoren (z.B. MEDWEJEW, ZACIORSKIJ, WERCHOSCHANSKY) unterstützen diesen Fundus. Was man bisher jedoch nur vereinzelt antrifft, sind **sportartspezifische Trainingslehren**, die entweder die gesamte Sportart (oder auch Disziplin) oder nur einzelne leistungsbestimmende Komponenten (wie z.B. Technik, Kraft, Schnelligkeit) darstellen.

Richard Schönborn reiht sich mit dem vorliegenden Buch in letztere Rubrik ein. Endlich, muss man sagen, hat ein ehemaliger Spitzenspieler und hoch qualifizierter Trainer und anerkannter Dozent auf internationalem Parkett das geschrieben, worauf die Fachwelt lange gewartet hat.

Sie, verehrter Leser, sind der Nutznießer dieses „Techniktrainings" – Sie werden einen großen Gewinn aus den reichhaltigen Erfahrungen des Autors und den mannigfachen, in die Praxis transferierten wissenschaftlichen Grundlagen sowie aus der großen Sammlung praktischer Übungen zum Bewegungslernen und Techniktraining im Tennis ziehen. Das Buch ist ein Gewinn für jeden Tennistrainer, Tennislehrer und Tennisspieler aller Kategorien.

Prof. Dr. Dr. h.c. Manfred Grosser
Technische Universität München

Einleitung

Wenn man sich in der neueren tennisspezifischen Weltliteratur umschaut, stellt man fest, dass es nach wie vor wesentlich mehr Bücher über die Tennistechnik gibt als über das Training derselben.

Dabei war gerade auf diesem Gebiet in der Mehrzahl der Sportarten im letzten Jahrzehnt eine bedeutende Entwicklung zu registrieren.

Sogar im Profitennis ähnelt noch viel zu oft das Training demjenigen, das die Väter der heutigen Spielergeneration praktiziert haben, was in anderen Sportarten kaum noch vorstellbar ist.

Der Autor dieses Buches maßt sich sicherlich nicht an, alle erwähnten Lücken zu schließen oder auf diesem Gebiet den Stein des Weisen gefunden zu haben. Er möchte aber sowohl auf der Grundlage eigener jahrzehntelanger Untersuchungen, praktischer Versuche und theoretischer Studien als auch aufgrund eines großen praktischen und theoretischen Erfahrungsschatzes auf nationalem wie auch auf internationalem Gebiet, den er durch Arbeit mit Spitzenathleten aller Altersstufen, Experten und Sportwissenschaftlern gesammelt hat, seine Ideen und Ansichten der interessierten Tennisöffentlichkeit präsentieren und somit einen bescheidenen Beitrag zum besseren Verständnis der ganzen Trainingsproblematik leisten. Gleichzeitig möchte er das Trainingsgeschehen erleichtern, populärer und motivierender sowohl für den Trainer/Lehrer als auch für den Schüler gestalten.

Das größte Problem im Tennistraining bisher ist die Tatsache, dass die meisten Trainingsmethoden oder Trainingsformen recht wenig oder in Einzelfällen sogar überhaupt nicht im Zusammenwirken zwischen Theorie und Praxis entstanden sind. Sie sind merkwürdigerweise sehr oft realitäts- und damit matchfremd, obwohl sie fast ausschließlich in der Praxis kreiert wurden, was uns zu denken geben sollte. Damit ist gemeint, dass man über Jahrzehnte hinweg neue Trainingsmethoden und Drills zu erfinden versuchte, ohne dabei darüber nachzudenken, ob diese auch dem Matchgeschehen, der Matchbelastung oder dem Matchziel entsprechen. Schlimmer noch, man hat physiologische Gesetzmäßigkeiten des Lern- und Trainingsvorgangs missachtet, die Belastbarkeit des Organismus kaum berücksichtigt und über vieles mehr überhaupt nicht oder zu wenig nachgedacht. Dabei hat man sich immer mehr in die Quantität verrannt mit dem Ergebnis, dass man weltweit tausende Drills oder Übungsformen auf die Beine gestellt hat, die gar nicht oder nur in Einzelfällen, unter besonderen Bedingungen, nur kurzfristig oder nur ab und zu zufällig funktionierten. Viele von uns wussten dabei zwar nicht, wo sie hinwollten, wollten dort aber als Erste sein. Mit anderen Worten, jeder hat versucht, den anderen mit neuen Ideen zu übertrumpfen; koste es, was es wolle.

Dabei war die Theorie viel zu oft sehr praxisfremd und die Praxis theorielos. Es wäre noch ganz schön gewesen, wenn man nach dem Bonmot „Theorie ist, wenn man alles weiß und nichts klappt; Praxis ist, wenn alles klappt, und man weiß nicht warum" vorgegangen wäre, aber nicht einmal das ist gelungen, weil das logischerweise auch gar nicht gelingen kann.

Somit ist es an der Zeit, sich mit dem Lernen und dem Training ausgiebiger zu befassen und zu versuchen, ein System aufzustellen, auf dessen Basis man die tägliche praktische Arbeit viel produktiver und erfolgreicher gestalten kann.
Hoffentlich trägt dieses Buch dazu bei. Ein großer Schritt vorwärts wurde durch die neuen DTB-Lehrpläne getan; leider konnten wir dort aus mancherlei Gründen diese Thematik nicht ausgiebig genug behandeln, und deswegen der Versuch der Erweiterung, Vertiefung und Präzisierung durch dieses Buch.

Noch ein Hinweis zum Sprachgebrauch: Aus Gründen der Lesbarkeit wird durchgehend die männliche Anredeform verwendet, die selbstverständlich die weibliche mit einschließt.

TECHNIK

und ihr Stellenwert im Tennis

Der Schwerpunkt dieses Buches ist nicht die Beschreibung und Erklärung der modernen Technik, sondern das Erlernen und das Training derselben. Bezüglich der detaillierten Technikbeschreibung wird z.B. auf unsere DTB-Lehrpläne verwiesen, an denen der Autor dieses Buches ausgiebig und intensiv mitgearbeitet hat, oder an andere neue Fachliteratur aus der ganzen Welt.

Um aber die trainingsorientierten Empfehlungen und Maßnahmen in allen Details zu verstehen, ist es notwendig, wenigstens einige wichtige Bereiche der Technik zu erwähnen, deren Kenntnis und Akzeptanz von entscheidender Bedeutung für das Training ist.

WAS IST TECHNIK?

1.1 Bevor man sich mit dem Techniktraining befasst, ist es notwendig, klare Vorstellungen über den Begriff „Technik" zu haben. Schließlich muss man wissen, was eigentlich gelernt und trainiert werden soll. Darüber hinaus gibt die moderne Analyse der Technik richtungsweisende Informationen über deren Training.

In der sportwissenschaftlichen Literatur gibt es eine große Zahl an Interpretationen des Begriffs „Technik", und es ist wahrhaftig nicht einfach, die beste herauszusuchen. Der Einfachheit, Klarheit und vor allem der Praxisorientiertheit wegen bietet sich die Interpretation aus dem Sportwissenschaftlichen Lexikon an:

„Technik ist eine spezifische Abfolge von Bewegungen oder Teilbewegungen beim Lösen von Bewegungsaufgaben in Sportsituationen."

Aus dieser Beschreibung gehen **drei wichtige Hinweise** hervor:

1. Die Technik wird mit **Bewegung** in Verbindung gebracht, was gerade beim Techniktraining moderner Prägung im Tennis von großer Bedeutung ist, wie wir später sehen werden.

2. Die sportliche Technik muss als ein **Komplex von Bewegungen und Teilbewegungen** betrachtet werden, womit wiederum angedeutet wird, dass man im Training den gesamten Körper mit allen konditionellen, koordinativen, anatomisch-funktionellen und physiologischen Faktoren als eine Einheit mit einbeziehen muss.

3. Schließlich wird in Verbindung mit der Technik die zugehörige **situative Aufgabenlösung** hervorgehoben, womit klar gesagt wird, dass Technik nie zum Selbstzweck, sondern immer als Mittel zum Zweck gelehrt werden muss, was wiederum hinreichende Hinweise auf die entsprechenden Trainingsmethoden gibt, denn erst eine zur Verfügung stehende, vielfältige Handlungsflexibilität garantiert ausreichende taktische Variabilitätsmöglichkeiten.

Darüber hinaus wird hier nicht mehr von einer sogenannten „anzustrebenden Idealbewegung" gesprochen, die es aus verschiedenen Gründen im Tennis im Gegensatz zu manchen anderen Sportarten gar nicht geben kann, womit die individuelle Ausprägung und die situative Lösungsvariation respektiert wird.

Mit der individuellen Ausprägung ist selbstverständlich nicht eine völlige Beliebigkeit des Bewegungsablaufes gemeint, sondern der Bewegungsablauf unterliegt „wissenschaftlichen Erkenntnissen, theoretischen Überlegungen und praktischen Erfahrungen", die wiederum „von funktionell-anatomischen Gegebenheiten, sportmechanischen (biomechanischen) Gesetzmäßigkeiten, psychischen Merkmalen, konditionellen und koordinativen Fähigkeiten und Fertigkeiten, motorischem Entwicklungs- und Lehrstand, den Steuerungsmechanismen des ZNS und den sensorisch-kognitiven Fähigkeiten" geprägt sind. (DAUGS/MECHLING/ BISCHKE/OLIVIER, 1989)

EINFLUSS DER TECHNIK UND IHRE WERTSTELLUNG IM TENNIS

1.2 Im Tennis ist eine **hohe Komplexität** der geforderten Bewegungen erforderlich. Es gibt relativ wenige Sportarten, die so hohe Ansprüche an diesen Bereich stellen.

Nicht nur die Komplexität verschiedenartiger Bewegungen innerhalb eines Schlages, sondern die Komplexität und die Zusammenhänge sowie die gegenseitige Beeinflussung von verschiedenen konditionellen, koordinativen, mentalen und funktionellen Faktoren innerhalb des Lern- bzw. Trainingsprozesses sind für den optimalen Lern- bzw. Trainingserfolg von höchster Bedeutung.

Deswegen kann die Technik nur dann optimal entwickelt werden, wenn man diese als einen Teil eines ganzen Systems versteht; das bedeutet, dass vor allem das System entwickelt werden muss!

Der menschliche Organismus bildet eine Einheit, und er kann optimal eben nur als eine Einheit funktionieren, oder aber er funktioniert gar nicht oder unzureichend, nur im Rahmen der vorhandenen Mängel und Schwachstellen. Dazu später mehr.

Die Qualität der Technik hat selbstverständlich einen entscheidenden Einfluss auf jegliche Art der sportlichen Leistung im Tennis, denn die Technik ist sozusagen die persönliche Handschrift des Tennisspielers, über die er sowohl alle seine konditionellen und mentalen Fähigkeiten als auch taktische Absichten auf den Ball und damit auf den Gegner überträgt. Umso mehr muss deren optimaler Entwicklung große Aufmerksamkeit gewidmet werden.

FUNKTIONALE BEWEGUNGSANALYSE

1.3 Im Gegensatz zur früher benutzten **Ablaufanalyse** wird heutzutage bei der Beschreibung und der Begründung von Techniken die **funktionale Bewegungsanalyse** verwendet, was nicht nur einen maßgebenden Einfluss auf den Lernvorgang hat, sondern was später auch in den Trainingsprozess einfließen muss.

Das Einführen dieser Art des Studiums und der Beschreibung der Technik hat einen großen Fortschritt auf dem Wege des Verständnisses sowohl der einzelnen Technikteile als auch vor allem der eigentlichen Zielfunktion der Technik gebracht.

Bei der üblichen **Ablaufanalyse** hat man zuerst nach einem Modell (z.B. Spitzenspieler) gesucht. Die Bewegung dieses ausgesuchten Modells wurde dann als die ideale beschrieben, und zum Schluss wurde der Bewegungsablauf als der optimale oder richtige festgelegt und gelehrt.

Aktion des Modells ➤ Bewegungsbeschreibung ➤ Bewegungsfestlegung

Der große Nachteil dieser Vorgehensweise war der, dass man nicht nach der Funktion, nach den Absichten und Zielen der Technik gefragt hat und dass man die Individualität, die individuellen Variationsmöglichkeiten von vornherein ausgeschlossen hat. Man benutzte somit eine Schablone, die allerdings uneinheitlich und dadurch unbrauchbar war, weil die Festlegung der Richtigkeit des Bewegungsablaufes von dem benutzten Modell und von der subjektiven Interpretation des jeweiligen Fachmanns abhängig war. Somit wurde die „richtige" Technik von Trainer zu Trainer oder von Autor zu Autor unterschiedlich ausgelegt, was nicht nur zum Chaos in der Techniklehre, sondern auch zu falschen Trainingsmethoden geführt hat, weil man die Technik als Selbstzweck geschult und nicht die beabsichtigte Funktion bzw. deren Aufgabe und Ziel berücksichtigt hat. Darüber hinaus besteht dabei eine große Gefahr. Die Bewegungsmuster der Vorbilder sind nämlich auf Grund anatomisch-physiologischer Unterschiede zwischen dem Modell und dem Lernenden nicht übertragbar, sie können deswegen niemals zum individuellen Bewegungsoptimum führen. Leider überwiegen diese Methoden im Training heute noch.

Die **funktionale Bewegungsanalyse** geht genau den umgekehrten Weg. Sie prüft zuerst, welche Ziele und Aufgaben durch die einzelnen Teile der Bewegung verfolgt werden und welche Voraussetzungen für das Erreichen dieser Ziele geschaffen werden müssen, und auch, welche bewegungstheoretischen Begründungen dafür vorliegen.

Auf Grund der Ergebnisse dieser Prüfungen und Untersuchungen wird dann der optimale Bewegungsablauf entworfen und beschrieben, und zum Schluss analysiert man auf Grund dieser Tatsachen die Weltspitzenspieler, um festzustellen, zu bestätigen und zu fixieren, in welchen Teilen der erfolgreichen Bewegungsabläufe alle das Gleiche tun bzw. tun müssen und in welchen Teilen die Individualität bzw. die Variationsmöglichkeiten einen großen Spielraum erlauben.

Für die Bewegungsfestlegung bedient man sich verschiedener wissenschaftlicher und sportwissenschaftlicher Disziplinen und Verfahren, wie z.B. der Biomechanik, der Physik, der morphologischen Bewegungsmerkmale, der biologischen Grundlagen, der Kinematographie und vieles mehr.

Der große Vorteil dieses Verfahrens besteht darin, dass man ohne unterschiedliche subjektive Auslegungsmöglichkeiten den objektiven, wahren Kern des richtigen Bewegungsablaufes herausfinden kann. Das bedeutet, dass man diejenigen Teile des Bewegungsablaufes feststellen kann, die in ihrem Ablauf auf Grund der schon erwähnten sportwissenschaftlichen Gesetzmäßigkeiten genau festgelegt sind, die man also als vorgeschrieben betrachten kann und die im Lern- bzw. Trainingsprogramm auch einheitlich verankert werden müssen, dass man darüber hinaus aber individuelle Spielräume und Alternativen zulässt, die von Spieler zu Spieler unterschiedlich wahrgenommen und umgesetzt werden können.

Die Frage, die sich allerdings in diesem Zusammenhang stellt, ist die, wie wichtig sind die Zusammenhänge und die gegenseitigen Ergänzungen zwischen den festgelegten Teilen und den individuellen Alternativen oder aber, wie weit darf man die individuellen Spielräume akzeptieren, damit sie keinen negativen Einfluss auf die festgelegten Teile des Bewegungsablaufes ausüben. Spätestens hier kommt die Wichtigkeit der Zusammenhänge zwischen der Technik und dem modernen Lern- bzw. Trainingsinhalt zum Vorschein.

Dort, wo die Technik von Anfang an vor allem aufgaben- bzw. zielorientiert (spielorientierte Konzeption – Lernen am Erfolg) und nicht nur oder überwiegend bewegungsorientiert (technikorientierte Konzeption – Lernen am Modell) gelehrt und trainiert wird, ist eine Kontrolle und Beurteilung der Zusammenhänge und der gegenseitigen positiven oder negativen Beeinflussung zwischen den vorgeschriebenen Teilen und den Bewegungsspielräumen erleichtert, denn das erfolgreiche Bewältigen der gestellten Aufgabe zeugt automatisch von einem optimalen gegenseitigen Ausgleich bzw. Harmonie zwischen diesen zwei Bereichen.

Man kann sagen, dass die Technik dann einen hohen Standard erreicht hat, wenn sie auf der einen Seite ein **biomechanisches Optimum** beinhaltet, auf der anderen Seite aber die **Individualität des Einzelnen** respektiert und vor allem **erfolgreich** ist.

Ein **optimaler Schlag** muss auf Grund all dieser Tatsachen drei Eigenschaften besitzen.

Er ist :
- **einfach** (der ganze Bewegungsablauf enthält keinerlei überflüssige und sich gegenseitig störende Bewegungen);
- **ökonomisch** (Kraft soll so wenig wie nur möglich und nötig eingesetzt werden; die gesamte kinematische Kette soll vor allem zu einer optimalen Schwungerzeugung und erforderlichen optimalen Energieanwendung ausgenutzt werden);
- **wirkungsvoll** (man kann den Ball aus jeder Position und Situation mit Erfolg, das bedeutet zielgenau und mit der erwünschten Geschwindigkeit, ins gegnerische Feld zurückspielen).

Diese Ziele sollen auch während der ganzen Ausbildungszeit verfolgt werden, und deswegen soll sowohl das Technikerwerbstraining als auch das Technikanwendungstraining auf das Erreichen dieser Ziele hin orientiert sein.

Der Funktion und Funktionalität der Technik in allen Situationen muss das Hauptaugenmerk im gesamten Trainingsprozess gewidmet werden!

1.4 BIOMECHANISCHE PRINZIPIEN

Vorerst ist es nötig, den Unterschied zwischen Gesetzen und Prinzipien sowie auch den Begriff „Biomechanik" zu erklären.

Gesetze sind Regeln für einen Sachverhalt, die nicht verändert werden können.

Prinzipien sind Erklärungen oder Aussagen von hohem Wert, welche einen direkten Zusammenhang zu Gesetzen haben. (Gerade dieses Gebiet ist das weite Feld für Untersuchungen und Forschungen.)

Mechanik ist ein grundlegendes Teilgebiet der Physik. Sie ist die Wissenschaft vom Einfluss der Kräfte auf die Bewegung von Körpern und von der Beschreibung dieser Bewegung.

Biomechanik ist das Studium der Struktur und der Funktion des biologischen Systems durch Methoden der Mechanik. Im Mittelpunkt der Betrachtungen stehen Bewegung und Belastung des menschlichen Körpers, die man mit biomechanischen Technikmodellen zu erklären versucht. „Biomechanische Technikmodelle 'füllen' die mechanischen Modelle 'mit Leben', indem sie die biologischen Gegebenheiten als begrenzte Faktoren der Mechanik berücksichtigen." (K. LEHNERTZ, 1996)

Biomechanische Prinzipien sollen deswegen die Beurteilung der Zweckmäßigkeit von Bewegungen erlauben. Sie stellen z.T. bereits bekannte, allgemein gültige Gesetze dar, z.T. sind sie nur unter bestimmten Voraussetzungen anwendbare Leitlinien für die vorteilhafte Gestaltung der Bewegungstechnik.

Sicherlich ist es nicht sinnvoll, an dieser Stelle alle bekannten biomechanischen Prinzipien aufzuführen und zu beschreiben. Es wird deswegen auf die einschlägige Fachliteratur verwiesen. Allerdings werden **die wichtigsten Prinzipien**, die für die Erklärung der modernen Tennistechnik und somit für die später aufgeführten Trainingsinhalte und -methoden von Bedeutung sind, beschrieben.

Der Einfachheit und des Verständnisses wegen werden die einzelnen Prinzipien innerhalb des Schlagablaufs vom Anfang der Ausholbewegung bis zum Ausschwung aneinander gereiht, womit auch die Reihenfolge der Anwendung und die Zusammenhänge deutlich werden.

1.4.1 PRINZIP DER ANFANGSKRAFT

Um in einem Muskel während des Arbeitsvorgangs (z.B. Schlagbewegung) eine gewünschte optimale Kontraktion erzeugen zu können, muss dieser Muskel während der Ausholbewegung optimal vorgedehnt (vorgespannt) werden. Dabei soll der aktive Muskel über seine Ruhelänge hinaus verlängert werden. Bei der absoluten Mehrzahl der sportlichen Bewegungen und bei fast allen Bewegungsabläufen im Tennis ist es allerdings nicht sinnvoll und nicht notwendig, den Muskel maximal zu dehnen. Im Gegenteil, dadurch würde man die Kontraktionskraft und Kontraktionsschnelligkeit einschränken. Den maximalen Kraftwert erreicht man bei einer 20%igen Dehnung über die Ruhelänge hinaus.

Der menschliche Körper ist ein mehrgliedriges System; das bedeutet, dass einzelne Glieder dieses Systems nacheinander in der Form einer Kettenreaktion in eine Richtung vorgedehnt und in der entgegengesetzten Richtung innerviert werden. Dazu aber später mehr.

Die Vordehnung muss deswegen in einer zeitlichen Verschiebung, und zwar von oben nach unten erfolgen. **Die Ausholbewegung (Vordehnung) beginnt man mit der rückwärtigen Rotation des Schultergürtels** (nicht mit der Rückführung des Armes!). Sie wird dann über die Rückwärtsrotation der Hüften (schräge Bauchmuskulatur und Gesäßmuskulatur), weiter über die Oberschenkelmuskulatur bis zu den Unterschenkelmuskeln, die für die Sprunggelenke zuständig sind, fortgesetzt. Etwa im letzten Drittel dieses rückwärtigen Rotationsvorgangs wird auch der Schlagarm in die Ausholbewegung mit einbezogen (siehe Abb. 1).

Am Ende der Ausholbewegung soll der Spieler fast mit dem ganzen Rücken zum Netz zeigen. Selbstverständlich kommt es in der Ausprägung der Vordehnung zu schlagspezifischen (Aufschlag kontra Flugball), situativen (Schlag weit hinter der Grundlinie kontra Schlag auf der T-Linie) oder individuellen Variationen und Unterschieden. Die Reihenfolge soll aber immer eingehalten werden, und die Rückwärtsrotation **muss** stattfinden.

Durch diesen Vordehnungsprozess in Form der Rotation um die Körperachse wird in der ganzen kinematischen Kette von oben nach unten eine Spannung und gleichzeitige Energiespeicherung erzielt, die für eine ökonomische und biomechanisch optimale Schlagbewegung (siehe S. 36) unerlässlich ist.

Die Vordehnung soll unmittelbar in die Muskelkontraktion (Schlagbewegung) übergehen. Bei einer längeren Pause zwischen der Vordehnung und der Kontraktion kommt es zu einem steigenden Verlust der gespeicherten potentiellen Energie, die in dieser Zeit für die durch die Bewegungspause entstandene Haltearbeit verbraucht wird. Dadurch wird das eigentliche Ziel der Vordehnung verfehlt und das für die anschließende Schlagbewegung benötigte und noch zu erzeugende Potenzial an kinetischer Energie vermindert.

Für eine optimale Funktionalität der Muskulatur innerhalb der Vordehnungsprozesse ist eine hervorragende Muskelelastizität notwendig.

ABB. 1: *André Agassi in einer idealen Muskelvordehnung bei einer offenen Fuß-stellung am Ende der Ausholbewegung bei einer Vorhand*

U.a. sollen auch schon deswegen Dehnungsübungen für die gesamte Körpermuskulatur täglich auf dem Programm stehen.

Für das Erreichen einer optimalen, u.U. sogar einer maximalen Schlägerbeschleunigung während der Schlagbewegung ist offensichtlich nicht bloß die Tatsache verantwortlich, dass eine Ausholbewegung ausgeführt wird.

Vielmehr muss man annehmen, dass die zeitliche Zuordnung und das dynamische Verhältnis von Ausholbewegung und Schlagbewegung eine entscheidende Wirkung auf die Schlägergeschwindigkeit ausüben.

Was die **zeitliche Zuordnung** betrifft, kann man behaupten, dass die Ausholbewegung fließend (d.h. ohne eine längere Pause an ihrem Ende) in die Schlagbewegung übergehen muss.

Hinsichtlich des **dynamischen Verhältnisses** bzw. der Dynamik der Ausholbewegung muss angenommen werden, dass die Schlagkraft nicht proportional mit der Intensität der Ausholbewegung steigt.

Wenn die Muskeln eine Beschleunigungsarbeit verrichten sollen, so können sie nicht sofort mit maximaler Kraft die Arbeit beginnen, denn es bedarf einiger Zeit, bevor die beschleunigenden Muskelkräfte ihren maximalen oder optimalen Wert erreichen.

Wenn man nämlich einem Muskel eine hohe Spannung erteilen will, dann muss man versuchen, die Dehnbewegung (Ausholbewegung) zu bremsen. Man nennt diesen Vorgang negative oder auch nachgebende, bremsende, am häufigsten aber **exzentrische Muskelarbeit**. Bei dieser Arbeitsweise entsteht die höchste Kraft.

Durch exzentrische Muskelarbeit, die am Ende der Ausholbewegung ihren Höhepunkt erreicht, wird eine bedeutend höhere Muskelspannung und größere Energiespeicherung (Kumulation der Energie) erreicht als durch **konzentrische Muskelarbeit**, die man auch als positive, überwindende oder beschleunigende Muskelarbeit bezeichnet und die für die anschließende Schlägerbeschleunigung hin zum Treffpunkt benötigt wird.

Die Kombination von exzentrischer und konzentrischer Muskelarbeit nennt man **Reaktivkraft**. Diese generiert innerhalb eines Dehnungs-Verkürzungs-Zyklus einen höheren Kraftstoß, jedoch nur innerhalb von 200 Millisekunden.

Bei der Ausholbewegung ist die synergistische Muskulatur bereits innerviert und angespannt, sie wirkt wie Gummibänder. In der Umkehrphase wird die Muskulatur gedehnt und bremst den Schläger ab. Die kinetische Energie des rückwärts geführten Schlägers wird durch das Abbremsen in Verformungsenergie des Sehnen-Muskel-Systems umgewandelt und kurzfristig gespeichert. Während der anschließenden konzentrischen Arbeit erfolgt wieder eine Umwandlung in kinetische Energie, was eine Erhöhung des konzentrisch gebildeten Kraftstoßes ermöglicht.

Somit kann man sagen, dass bei einer Ausholbewegung, die mit einem exzentrischen Bremsvorgang abgeschlossen wird, die Muskelenergie kumuliert, womit die Freisetzung der Energie für die anschließende konzentrische Muskelarbeit während der Schlagbewegung erleichtert und verstärkt wird. Die Muskulatur hat vor dem Beginn der Schlagbewegung höhere Anspannungskraft, weil ihre zentrale Innervation und die reflektorische Verstärkung dieser Innervation mit dem Abbremsen der Ausholbewegung eingesetzt hat.

Diese Tatsachen beweisen, dass die alte Theorie, die besagt, dass die Aushol- und Schlagbewegung vom Anfang bis zum Treffpunkt eine geschlossene, ununterbrochene, in ihrer Beschleunigung kontinuierlich steigende Bewegung sei, nicht stimmt!

Die eigentliche Schlag- und dadurch Schlägerbeschleunigung fängt erst kurz vor der Bewegungsumkehr am Ende der Ausholbewegung an (siehe Abb. 2).

Diese Erkenntnisse sind wichtig für die Bestimmung der Dynamik der Ausholbewegung. Am Anfang der Ausholbewegung wird der Schläger beschleunigt, und zum Ende der Ausholbewegung wird er abgebremst. Erst danach wird er wieder zum Treffpunkt hin beschleunigt. Die Muskeln können während der Beschleunigungsarbeit nicht sofort mit maximaler Kraft arbeiten. Es bedarf einiger Zeit, bevor die beschleunigenden Muskelkräfte ihren maximalen Wert erreichen, der im Treffpunkt notwendig ist. Umso wichtiger ist es, dass davor ein Maximum an Energie in den zuständigen Muskeln vorhanden ist, was eben durch die exzentrische Muskelarbeit am Ende der Ausholbewegung erreicht wird.

Bei manchen Spitzenspielern kann man am Ende der Ausholbewegung (Grundlinienschläge, Aufschlag) sogar eine kurze Pause beobachten (Becker, Graf u.a.). So weit diese Unterbrechung unter 200 ms liegt, wirkt sie sich kaum negativ auf

ABB. 2: *Die Nr. 1 der Weltrangliste, Pete Sampras, am Anfang einer Schlagbewegung bei einer Vorhand*

die folgende Beschleunigung aus. Sie soll allerdings nicht länger werden. Bei einer längeren Unterbrechung zwischen der exzentrischen und der konzentrischen Phase geht ein Teil der gespeicherten Energie verloren.

Eine wesentliche Begründung der Schwungbewegung und Schwungübertragung ist in diesem biomechanischen Prinzip zu suchen.

1.4.2 PRINZIP DER GEGENWIRKUNG

Dieses Prinzip zeigt uns die Wichtigkeit und die Wirkung der **Verwringung** und der **zeitlichen Verschiebung des Phasenbeginns**.

Man spricht in diesem Zusammenhang von einer sogenannter **Sägebewegung**. Damit meint man die Ähnlichkeit zwischen der Sägebewegung und der sportlichen Bewegung eines Wurfes, Stoßes oder Schlages.

Wie schon aus dem Prinzip der Anfangskraft als auch aus dem später beschriebenen Prinzip der Impulsübertragung (Aufsummierung von Teilimpulsen) hervorgeht, besteht der Aushol- und Schlagvorgang nicht aus einer einzigen geschlossenen und gleichzeitig verlaufenden Ganzkörperbewegung, sondern die Muskeln der einzelnen Teile der kinematischen Kette (Teilkörper des Systems) werden immer nacheinander in eine Richtung vorgedehnt und anschließend in der entgegengesetzten Richtung innerviert.

Mit der zeitlichen Verschiebung des Phasenbeginns ist gemeint, dass **vor** und **nach** einer Phase der gleichsinnigen Bewegung von Rumpf und Arm jeweils eine Phase der Gegenbewegung stattfindet.

So wird zum Beispiel am Ende der Ausholbewegung der Rumpf schon in die Schlagbewegung vorwärts gedreht, während sich der Arm mit dem Schläger noch in der rückwärtigen Ausholbewegung befindet. Dies ist verursacht durch die schon erwähnte Phasenstruktur des Schlagablaufes (siehe Abb. 3). Dabei wird gleichzeitig durch die Senkung des Körperschwerpunktes über das Standbein (rechtes beim Rechtshänder) Druck auf den Boden ausgeübt (actio), was zum Gegendruck des Bodens führt (reactio), (siehe auch Seite. 37).

Durch diese Tatsache und dadurch, dass man den Schläger während der ganzen Ausholbewegung relativ locker mit entspannter Unterarmmuskulatur und dadurch lockerem Handgelenk hält (ein kräftigeres Zupacken erfolgt erst im Treff-

ABB. 3:

Anke Huber in der Phase der Gegenbewegung am Ende der Ausholbewegung

punkt, unmittelbar nachdem der Ball den Schläger berührt hat), wird der Schläger im Umkehrpunkt der Armbewegung (der Körper befindet sich zu diesem Zeitpunkt schon in der Vorwärtsrotation) durch die Zentrifugalkraft nach hinten getragen. Dadurch kommt es z.B. bei der Vorhand zu einer Dorsalflexion (Öffnen oder Strecken) des Handgelenks.

Je höher die Geschwindigkeit des Rumpfes bzw. des Armes ist, desto höher ist die Asynchronie am Ende der Ausholbewegung und desto später wird sich das Handgelenk „entwinkeln". „Eine Verzögerung beim Entwinkeln der Handgelenke wirkt sich vorteilhaft auf die Tendenz der Maximierung der Winkelgeschwindigkeit des Handgelenks aus, da diese Verzögerung zum einen dem Arm als zentralen Hebel das Erreichen größerer Beschleunigungswerte ermöglicht und zum anderen sich die Beschleunigung des Schlägers als peripherer Hebel zur vorhandenen und gesteigerten Winkelbeschleunigung des Armwinkels addiert." (K. LEHNERTZ, 1996). Diese Aussage bezieht sich auf einen Golfschlag, ist aber auf den Tennisschlag übertragbar, denn der Dehnungs-Verkürzungs-Zyklus der Unterarmmuskulatur, bzw. die Reflexinnervation ist die Voraussetzung für eine optimale Schlägerbeschleunigung.

Die „Sägebewegung" sorgt zusätzlich für die optimale Vorbereitung der zuständigen Muskulatur und für die Beschleunigung des Schlägers während der Schlagbewegung.

Das gleiche Phänomen erleben wir am Ende der Ausschwungbewegung. Der Arm wird noch in die Schlagrichtung beschleunigt, während der Rumpf bereits die Rückbewegung einleitet, was wiederum zu einem ökonomischen Abfangen des Schwungs führt (siehe Abb. 4).

ABB. 4: *André Agassi am Ende der Ausschwungbewegung.*

Der überwiegende Teil der Ausholbewegung als auch der Schlagbewegung verläuft dann als gleichsinnige Bewegung von Arm und Rumpf, allerdings, wie oben beschrieben, zeitversetzt.

Besonders in der Kehre der Ausholbewegung kommt es zusätzlich zu einer ausgeprägten **Verwringung zwischen dem Oberkörper und dem Unterkörper**, die jedoch schon während der rotatorischen Ausholbewegung des Körpers eingeleitet worden ist (siehe Abb. 5).

Auch diese Verwringung am Ende der Ausholbewegung dient einer optimalen Muskelvordehnung und Speicherung von Energie für die bevorstehende Schlagbewegung, vor allem in der so wichtigen **Rumpfmuskulatur**.

ABB. 5: *Thomas Muster bei einer starken Verwringung zwischen dem Oberkörper und dem Unterkörper*

Dabei spielen die muskulären Voraussetzungen des Menschen eine wichtige Rolle.

Im Verlaufe des Schlages, den man **immer** als einen **ganzkörperlichen Akt** betrachten muss, übernehmen die starken Muskeln des Rumpfes und der Beine die Aufgabe, die notwendige **kinetische Energie** für die Ausführung des Schlages herzustellen. Diese Aufgabe heißt **Kinetion der Bewegung**, und die daran beteiligten Muskeln nennt man **Kinetoren**.

Die Muskeln des Rumpfes und der Hüft- und Kniegelenke besitzen eine wesentlich höhere Anfangskraft bzw. Anfangsimpuls.

Sowohl die Schultermuskulatur als auch die Armmuskulatur ist demgegenüber relativ schwach, dafür aber sehr schnell und feinmotorisch leistungsfähig. In der Anfangsphase der Schlagbewegung wäre sie überfordert und würde wenig Beschleunigungsarbeit leisten. Sie hat deswegen bei ganzkörperlichen Bewegungen vor allem die Aufgabe, die in der Rumpfmuskulatur produzierte kinetische Energie im weiterem Verlauf des Schlages zu übernehmen, auf das gewünschte Maß abzustimmen und die Feinstruktur des Schlages zu **modulieren**.

Diese Aufgabe heißt **Modulation**, und die betreffenden Muskeln nennt man **Modulatoren**.

Nach TUSKER benötigt der Tennisspieler bei einem starken Schlag (Drive, Aufschlag) eine Leistung von ca. 4000 Watt. (TUSKER, 1994) Ein Kilo Muskelmasse erzeugt ca. 150 Watt. Da sich aber das Armgewicht je nach Geschlecht, Alter und antrainierter Muskelmasse zwischen 4 und 8 kg bewegt, allerdings synergistisch arbeitet, wodurch nur die Hälfte der Armmuskelmasse eingesetzt werden kann, erreicht man über die Armkraft eine Leistung von höchstens 600 Watt. Deswegen **müssen** in den Schlag weitere starke Muskelgruppen des Rumpfes und der Beine einbezogen werden, um für die benötigte Wattzahl eine Muskelmasse von ca. 26-27 kg aktivieren zu können. Nach BEN KIBLER wird bei einem Schlag durch die Rumpfmuskulatur und den Oberkörper 51% der benötigten kinetischen Energie und 54% der Kraft erzeugt, durch das Handgelenk aber nur 15 bzw. 10%.

Auf Grund all dieser Tatsachen stellt sich nun die Frage, **in welcher Weise** wird die starke Rumpf- und Beinmuskulatur beim Tennisschlag tatsächlich eingesetzt? Auf die Arbeit der Beinmuskulatur wird ausführlich in dem Abschnitt zum Prinzip der Impulsübertragung (Kap. 1.4.4) eingegangen.

Die Rumpfmuskulatur allein kann den menschlichen Körper im Raum nicht translatorisch bewegen. Das bedeutet z.B., dass das Step-in (translatorische Raumbewegung) nicht über diese Muskulatur erfolgt. Sie soll aber als Hauptlieferant der kinetischen Energie maßgeblich eingesetzt werden. Wie das?

Wenn das nicht über eine translatorische Bewegung möglich ist, so muss es eben über eine rotatorische erfolgen.

Für die Rotation des Oberkörpers (Verwringung gegenüber dem Unterkörper) sind vor allem sowohl die innere und äußere schräge Bauchmuskulatur als auch die Drehmuskeln (Mm. rotatores) im Rücken zuständig (siehe Abb. 6).

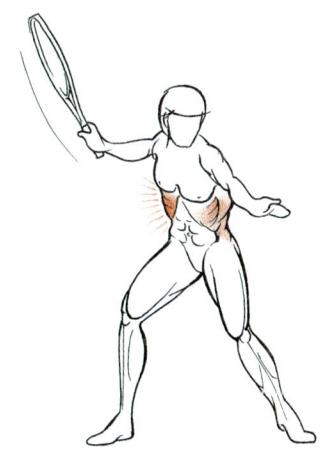

ABB. 6: *Diese Zeichnung verdeutlicht die Rolle der Rumpfmuskulatur bei einer Verwringung am Ende der Ausholbewegung.*

Das bedeutet, dass man sowohl **die Verwringung**, als Vorbereitung der entscheidenden Hüftmuskeln (Vordehnung und Energiespeicherung), als auch die anschließende **Rotation** des Körpers in die Schlagrichtung, zur **Beschleunigung** des Armes und des Schlägers bei allen Tennisschlägen (im Gegensatz zu der bisher weit verbreiteten Meinung, dass man nicht rotieren dürfte), als eine der **wichtigsten Komponenten** der modernen Tennistechnik betrachten muss! Nicht durch den sogenannten Step-in bzw. durch die translatorische Gewichtsverlagerung des Körpers in die Schlagrichtung, sondern **durch die Rotation** desselben **wird die Beschleunigung des Schlägers** erreicht! Die eventuelle Gewichtsverlagerung dient, falls es zu dieser überhaupt kommt, vor allem einer größeren Schlagkontrolle und Gleichgewichtserhaltung; deren Einfluss auf die Schlägerbeschleunigung ist aber relativ klein (siehe Abb. 7 und 8).

ABB. 7 UND ABB. 8: *Diese Bilder von Monika Seles zeigen deutlich den Anfang und das Ende der rotatorischen Schlagbewegung.*

Bei allen Sportarten oder Disziplinen, bei denen geworfen, gestoßen, geschlagen oder getreten wird, spielt die Rotation aus denselben biomechanischen Gründen seit eh und je eine wesentliche Rolle. Es gibt keinen Grund, warum Tennis eine Ausnahme bilden sollte.

ABB. 9: *Steffi Graf in einer offenen Vorhandstellung*

ABB. 10: *Einer der besten Rückhandspieler der Welt, Stefan Edberg bei einer idealen Verwringung am Ende der Ausholbewegung*

ABB. 11: *Bei einer geschlossenen Fußstellung blockiert sich der Spieler während der Schlagbewegung im gesamten Hüftbereich, was auf die Dauer zu Folgeschäden in der linken Hüfte als auch in der Lendenwirbelsäule führen kann (Aaron Krikstein).*

Am Anfang der Schlagbewegung geht die Hüftbewegung der Armbewegung ca. 0,20-0,25 s voraus.

In diesem Zusammenhang ist es notwendig, sich mit der geschlossenen und offenen Beinstellung im Schlag auseinander zu setzen.

Bei den Weltklassespielern beiderlei Geschlechts werden nach unseren neuesten Untersuchungen über 90% **aller** Vorhandschläge aus der offenen Stellung geschlagen (siehe Abb. 9). Die Spieler machen es intuitiv; sie fühlen, dass diese Beinstellung in der Mehrzahl der Situationen und Positionen vorteilhaft ist, sonst würden sie es ja nicht tun.

Nun geht es darum, diese Tatsache zu begründen, denn dass die Spieler es so machen, ist zwar eine Tatsachenfeststellung, aber damit noch lange kein Beweis für die Richtigkeit.

Wenn man den Rückhandschlag betrachtet, stellt man fest, dass man auch bei einer seitlichen Fußstellung eine ausreichende Verwringung und dadurch Vorspannung erreicht. Dadurch, dass sich die Schlagschulter bei diesem Schlag auch in der seitlichen Stellung naturgemäß vorne befindet, muss man während der Ausholbewegung den Oberkörper stark nach hinten drehen, um die Schulter und den Schlagarm ausreichend weit zurückzubringen. Dabei kommt es zwangsweise zur notwendigen Verwringung und Vorspannung der zuständigen Rücken- und Hüftmuskulatur (siehe Abb. 10).

Wenn man aber die Körperstellung in der gleichen Position bei einem Vorhandschlag vergleicht (siehe Abb. 11), sieht man eindeutig, dass es kaum zu einer Verwringung kommt. Bei der geschlossenen Fußstellung befindet sich der Oberkörper automatisch in einer seitlichen Stellung, und die rechte Schulter ist dadurch auch ohne jegliche Ausholbewegung nach hinten gerichtet. Die zuständige Hüft- und Brustmuskulatur bleibt praktisch auch während der Ausholbewegung des Armes ohne Vorspannung. Dadurch ist das notwendige Potenzial an gespeicherter Energie in den Kinetoren relativ klein, und der Schlag wird zwangsweise vor allem durch die Energie der Schulter und des Armes durchgeführt, was aber, wie oben beschrieben, nicht ausreicht und auch nicht sinnvoll ist.

Ganz anders ist die Situation bei einer offenen Beinstellung. Jetzt befindet sich auch der Oberkörper in einer frontalen Stellung. Beim Ausholen muss man nun zwangsweise den Oberkörper stark rückwärts drehen (Verwringung), und zwar so weit, dass fast die ganze Rückenpartie zum Netz zeigt, was zur Folge hat, dass die zuständige Oberschenkel-, Hüft- und Brustmuskulatur optimal vorgedehnt und aktiviert wird (siehe Abb. 12).

Dadurch wird die ideale Voraussetzung für die Schlagausführung erreicht; die kinetische Energie kann durch die Vorwärtsrotation freigesetzt und durch die Impulsübertragung (siehe Kap. 1.4.4) auf die weiteren Glieder der kinematischen Kette (Schulter, Arm, Schläger) übertragen werden.

Somit kann man die Behauptung aufstellen, dass vor allem dort, wo man einen schnelleren Vorhandschlag schlagen will, die offene Stellung von großem Vorteil ist, denn

ABB. 12: *Die Zeichnung verdeutlicht die vorgedehnte Muskulatur bei einer offenen Fußstellung.*

- sie garantiert während der schon erwähnten Rotation des Körpers eine hohe Gleichgewichtsstabilität (siehe unten),
- der gesamte Schlagablauf ist wesentlich ökonomischer,
- die biomechanische Koordination der Teilimpulse (siehe unten) ist wesentlich ausgeprägter,
- der Schlagrhythmus ist optimal,
- der Schlagablauf ist flüssig, der Beschleunigungsweg garantiert,
- man erreicht eine bis zu 15-20% höhere Schlägerbeschleunigung,
- der Schlägerkopf kann zweimal so lange die angestrebte Zielfläche ansteuern, wie bei einer geschlossenen Stellung, was vor allem bei Schlägen entlang der Linie von großem Vorteil ist,
- man erreicht eine bessere Absichtsverschleierung bei Schlagrichtungsentscheidungen,
- man hat viel bessere und schnellere Möglichkeiten, nach einem Schlag aus der Ecke des Platzes zur Mitte zurückzukehren,
- man erreicht eine bessere und schnellere Positionseinnahme beim Aufschlagreturn, sogar bei der Rückhand (Beckerblocker),

- man erreicht eine wesentlich bessere Ausgangsposition (Abstoßen vom rechten Bein bei Rechtshändern) zur Vorwärtsbewegung beim Angriffsschlag,
- man erreicht eine wesentlich bessere und mobilere Ausgangsposition, wenn man den Schlag unter Druck (z.B. beim Ausweichen rückwärts) spielen muss,
- es entsteht wesentlich geringerer Druck auf die linke Hüfte und auf das linke Knie (gesundheitsfördernd) bei der Linksrotation während des Schlages.

Die geschlossene Beinstellung wird vor allem bei langsameren oder bei sehr präzisen Schlägen (kurzer Passierball cross) situationsabhängig oder ganz individuell angewandt, allerdings, wie schon gesagt, nur in ca. 10% aller Vorhandschläge.

Auch bei der beidhändigen Rückhand, die bei über 90% der Bihänder eine Vorhand mit dem anderen Arm ist, wird die offene Fußstellung aus den gleichen Gründen immer mehr bevorzugt (siehe Abb. 13).

Sogar bei einer einhändigen Rückhand, vor allem in schwierigen Situationen und unter Zeitnot (Aufschlagreturn, Passierball), wird heutzutage die offene Stellung sehr oft angewandt (siehe Abb. 14).

Da die offene Stellung überwiegt, die geschlossene aber nach wie vor in gewissen Situationen ihre Berechtigung hat, ist es empfehlenswert, praktisch von Anfang an beide Beinstellungsarten zu lehren. Wie, das wird später beschrieben.

Hiermit sind die wichtigsten biomechanischen Aspekte der Ausholbewegung verdeutlicht.

Es folgt die Schlagbewegung.

ABB. 13:

Monika Seles bei einer offenen Fußstellung bei der beidhändigen Rückhand

ABB. 14: *Auch bei der einhändigen Rückhand wird in verschiedenen spezifischen Situationen die offene Fußstellung immer öfter angewendet (B. Becker).*

1.4.3 PRINZIP DER ZEITLICHEN KOORDINATION DER TEILIMPULSE

Wie oben beschrieben, verläuft die Ausholphase durch die Vordehnung der Muskulatur in Richtung von oben nach unten.

Demzufolge müssen logischerweise das Auflösen und der Verlauf der Schlagphase genau in der umgekehrten Richtung, nämlich von unten nach oben, erfolgen.

Hierbei handelt es sich um eine sogenannte Impulsübertragung über mehrere Teilkörper (einzelne Glieder der kinematischen Kette) hinweg oder aber um eine **Aufsummierung von Teilimpulsen.**
    Erst einmal ist der Begriff „Kraftimpuls" zu erklären.
    Aus der Physik ist bekannt, dass

> **Kraft ist gleich Masse mal Beschleunigung.**
> $$F = m \times a$$

Damit wird gesagt, dass **Kraft die Ursache von Beschleunigungen ist**. Körper leisten normalerweise **Widerstand**, bevor sie beschleunigt werden können. Diese Eigenschaft wird **Trägheit** genannt. Die Größe dieser Trägheit wird durch die Masse dieses Körpers, also durch sein Gewicht, bestimmt. Deswegen kann man die oben aufgeführte Formel auch so ausdrücken, dass die **Kraft F** den **Trägheitswiderstand m** überwindet, womit dieser Körper eine **Beschleunigung a** erhält.

Was uns aber vor allem interessieren muss, ist: Was wird durch die Beschleunigung nach einer gewissen Zeit tatsächlich erreicht, was ist das Ziel und das Resultat dieses Vorgangs?

Das Ergebnis bezeichnet man als **Kraftimpuls**. Dieser berücksichtigt sowohl die Kraft als auch die Zeit.

> **Impuls gleich Masse mal Geschwindigkeit**
> $$p = m \times v$$

Das bedeutet, dass **Impuls auch als Bewegungsgröße** bezeichnet werden kann. Erst ein Impuls ermöglicht ein Bewegungsgeschehen.

Bei einem Tennisschlag wird eine große Beschleunigung während der Schlagbewegung und eine optimale Schlägergeschwindigkeit im Treffpunkt angestrebt.

Dies kann man entweder durch einen größeren Einsatz von Kraft oder durch eine längere Beschleunigungszeit oder durch beides zusammen erreichen.
Vor allem aber soll das auf ökonomischstem Wege und im biomechanischen Optimum erreicht werden.

Aus diesem Grund ist es weniger sinnvoll, zu viel Kraft einzusetzen und noch sinnloser, zu versuchen, diese über eine längere Zeit aufrechtzuerhalten. In der Praxis würde dies bedeuten, dass man bei einer sehr kurzen Ausholbewegung entweder die gesamte Muskulatur viel zu stark in Anspruch nehmen müsste, was über eine längere Matchdauer sicherlich nicht empfehlenswert und durchführbar ist, oder aber dass man einen sehr langen Beschleunigungsweg (lange Ausholbewegung) anstreben müsste, was wiederum das heutige Spieltempo gar nicht erlaubt.

Darüber hinaus ist in vielen Untersuchungen erwiesen worden, dass es sehr schwierig, ja in vielen Fällen ganz unmöglich ist, eine hohe Krafteinwirkung über eine lange Zeitdauer (langer Schlagschwung) aufrechtzuerhalten. Ein langer Beschleunigungsweg, bei dem man Kraft verliert, ist daher nicht sinnvoll.
Deswegen kann man die Behauptung aufstellen, dass lange Ausholbewegungen, die noch immer so häufig empfohlen werden, im Tennis sinnlos sind.

Umso mehr muss man sich schon aus diesen Gründen auf das **biomechanische Optimum** konzentrieren, und das bedeutet zu versuchen, eine ideale Impulsübertragung durch die ganze kinematische Kette zu erreichen.
Und diese beginnt unten, das heißt auf der Unterlage, auf dem Boden.
Auf den Körper des Spielers wirkt eine äußere Kraft - **die Schwerkraft**, die durch die Anziehungskraft der Erde entsteht - ein.

Nach dem **dritten Newtonschen Gesetz, das actio = reactio** oder aber Kraft gleich Gegenkraft lautet, erwirkt das Gewicht des Spielers (actio) eine Kraft auf die Erdoberfläche, die **Aktionskraft** genannt wird. Die Erdoberfläche reagiert aber mit der gleiche Gegenkraft (reactio) gegen den Spieler. Man spricht in diesem Fall von **Bodenreaktionskraft**.

Bei einem 70 kg schweren Spieler (ca. 700 Newton) reagiert die Erde mit der gleichen Gegenkraft von 700 N, womit sich die Kräfte gegeneinander aufheben.

Kraft und Gegenkraft sind immer von gleicher Größe und entgegengesetzter Richtung. Wenn zwei gleiche Gegenstände aus dem gleichen Material mit dem gleichen Gewicht und mit der gleichen Geschwindigkeit in die gleiche Gegenrichtung aufeinander prallen, wirkt sich dieser Zusammenprall auf beide Gegenstände mit der gleichen Beschleunigung in die entgegengesetzte Richtung aus (siehe Abb. 15).

Wenn aber ein Gegenstand dabei z.B. die doppelte Masse (Gewicht) hat, wird das Verhalten dieser beiden Körper verschieden sein müssen; sie erfahren eine Beschleunigung im umgekehrten Verhältnis zu ihren Massen, obwohl dabei die Kräfte, die auf beide Gegenstände wirken, nach dem dritten Newtonschen Gesetz wieder gleich groß sind. Es kommt dabei zum gegenseitigen Kraftaustausch mit unterschiedlicher Auswirkung (siehe Abb. 16).

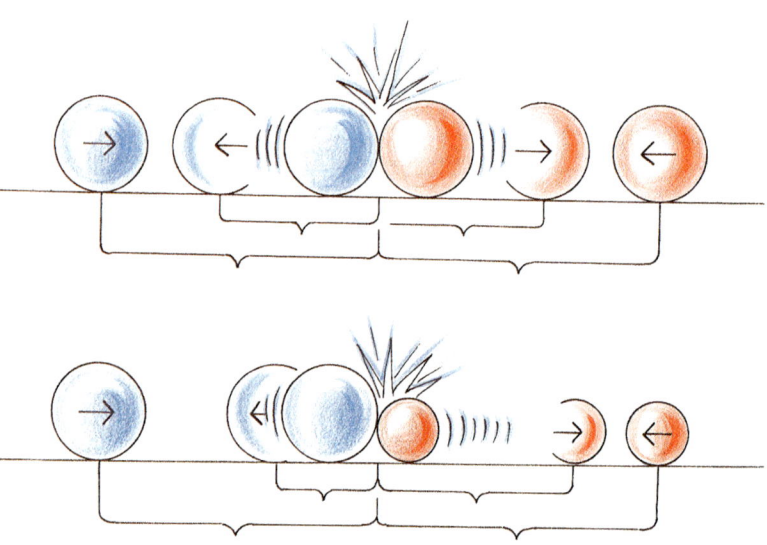

ABB. 15 UND ABB. 16

ABB. 17:
André Agassi bei einem vorbildlichen Körpereinsatz gegen die Erde, durch den er die notwendige Bodenreaktionskraft am Anfang der Schlagbewegung erzeugt.

Wenn also der menschliche Körper mit einem gesteigerten Druck gegen die Erde wirkt (z.B. bei einer starken Kniebeuge oder beim Niedersprung), reagiert die Erde mit der gleichen Gegenkraft (Reaktionskraft). Da allerdings die Erdmasse um ein Vielfaches größer ist als die Menschenmasse (10^{23}: 1), wird je nach der Stärke des Abstoßes die Schwerkraft, die der Körper ausgeübt hat, drei- bis u.U. siebenmal oder mehr multipliziert, was die Voraussetzung für einen starken Abstoß bzw. eine starke Beschleunigung (Lauf, Sprung) ist.

Dadurch, dass innere Kräfte zwischen dem Oberkörper und dem Unterkörper vergrößert werden, wird die Vergrößerung der Stützreaktion erreicht, die für den Absprung bzw. für den Abstoßimpuls notwendig ist.

Der Tennisspieler bedient sich bei einem Schlag der gleichen Gesetzmäßigkeiten. **Die erste Bewegung** am Anfang der Schlagbewegung ist deswegen immer **gegen die Erde (Unterlage) gerichtet**. Die Stärke dieses exzentrischen Krafteinsatzes im Fußgelenk und dadurch in der Unterschenkelmuskulatur ist von der beabsichtigten Schlaggeschwindigkeit abhängig, wie z.B. beim ersten oder zweiten Aufschlag oder beim harten Winner und weichen Stoppball (siehe Abb. 17).

Dann folgt der Kraftimpulseinsatz über die konzentrische Arbeit der Unterschenkelmuskulatur (Strecken des Fußgelenks), wobei auch der große Gesäßmuskel sehr stark beansprucht wird, die konzentrische Arbeit des Quadrizeps (Strecken des Kniegelenks), weiter über die Rumpfmuskulatur, die Oberkörpermuskulatur, die Schulter-, Oberarm-, Unterarmmuskulatur bis hin zur Hand, die das letzte Glied dieser kinematischen Kette ist.

Man spricht von einer zeitversetzten Aufeinanderfolge der Geschwindigkeitsmaxima der Körpersegmente – Beine, Rumpf, Schlagarm, Schlaghand, Schläger.

Bei optimaler inter- und intramuskulärer Koordination stellt sich die Schlägergeschwindigkeit dann schließlich als Summe aller Kraftimpulse dar, die sowohl nacheinander innerhalb dieser Kette in den einzelnen Gliedern erzeugt als auch von dem jeweils vorherigen Glied übernommen worden sind.

Die partielle Übertragung der Körpersegmentimpulse sowie der Trägheitskräfte auf das benachbarte distale Körpersegment erfolgt physikalisch immer durch das **Abbremsen** des jeweiligen vorherigen Gliedes (siehe Abb. 18). Wie aus Abbil-

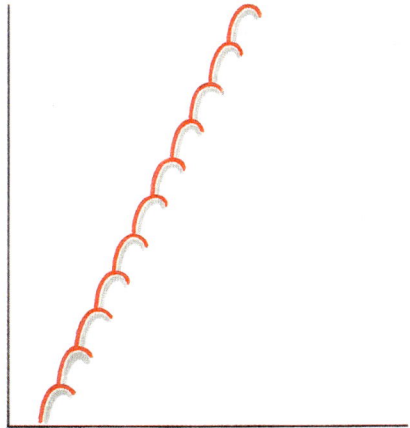

ABB. 18: *Eine optimale Koordination der Kraftimpulse in der gesamten kinematischen Kette*

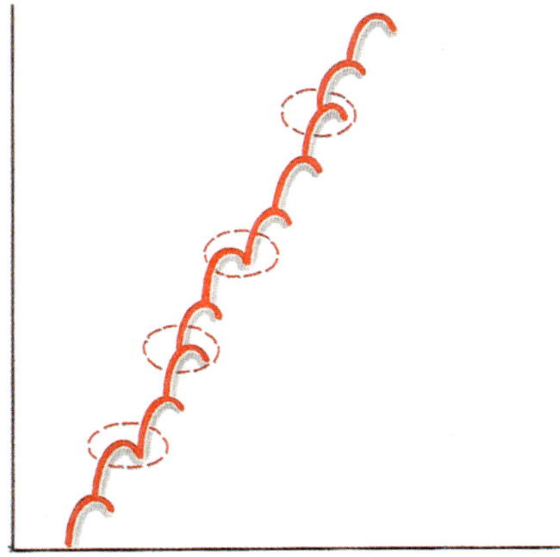

ABB. 19: *Koordinative Störungen in der kinematischen Kette*

dung 18 zu ersehen ist, wird der Kraftimpuls von einem Glied der Kette zum nächsten Glied immer dann übertragen, wenn die Beschleunigung ihren Höhepunkt, dass heißt die optimale Geschwindigkeit, erreicht hat.

An dieser Stelle ist es notwendig, die Wichtigkeit der Koordinationsfähigkeit und der Koordinationsschnelligkeit zu betonen. Diese beiden Faktoren sind die wichtigsten leistungslimitierenden Faktoren in Tennis.

Abbildung 19 zeigt koordinative Störungen in der Kette. Entweder wurde das nächste Glied vorzeitig oder aber zu spät innerviert und eingeschaltet. Und gerade das sind die Gründe für Fehler und missratene Schläge. „Das koordinative Fähigkeitspotenzial ist das qualitative Fundament der Technikansteuerung." (A. HOTZ, 1996) Näheres dazu später.

Immer öfter kann man bei den Spitzenspielern beobachten, dass sie bei vielen Schlägen von der Erde abheben (siehe Abb. 20 und 21). Da dabei die Rotation fortschreitet, landen sie dann z.B. bei der Vorhand (Rechtshänder) nicht nur mit der rechten Schulter in Schlagrichtung, sondern auch mit der rechten Hüfte und dem rechten Fuß. Die Spieler rotieren dabei im Schultergürtel um bis zu 220°!

ABB. 20 UND ABB. 21:
Spieler beim Abheben und Ro-
tieren bei einem harten Schlag

Dieses Abheben ist das Ergebnis und die Folgeerscheinung des enorm starken Körperdrucks gegen die Erde, den die Spieler am Anfang der Schlagbewegung ausüben, um eine hohe Beschleunigung zu iniziieren.

Oft wird irrtümlich behauptet, dass das Abheben erst nach dem Treffpunkt erfolgen muss, sonst gehe die Wirkung des Abstoßes verloren. Das stimmt nicht, wie uns schon die Aufschläge der gesamten Weltklasse dokumentieren. Die Reaktionskraft zur Kraft auf den Schläger wirkt im gleichen Verhältnis zurück auf den Tennisspieler, wobei aber die Massen des Schlägers und des Spielers etwa im Verhältnis 1 : 240 sind. Somit kann zwischen diesen beiden Massen auch nach dem Verlassen des Bodens actio = reactio sehr effektiv stattfinden. Die Beinabstoßkraft bzw. die Reaktionskraft zwischen Boden und Spieler erfolgte ja zeitlich gesehen schon vorher, wobei das Ergebnis – der erzeugte Kraftimpuls – schon längst in die Kette eingeflossen und mit den anderen Kraftimpulsen auf den Schläger übertragen worden ist.

1.4.4 PRINZIP DER IMPULSERHALTUNG

Das **1. Newtonsche Gesetz** besagt, dass ein Körper im Zustand der Ruhe oder der gleichförmigen Bewegung bleibt, wenn keine Kräfte auf ihn einwirken.

Beim Tennis wirken im Treffpunkt die Kräfte des Schlägers auf den Ball, wodurch der Ball seine Bewegungsrichtung und Bewegungsgeschwindigkeit verändert. Dadurch, dass der Schläger eine wesentlich größere Masse aufzuweisen hat als der Ball (6:1) und der Schläger im Treffpunkt in der absoluten Mehrzahl der Schläge eine höhere Geschwindigkeit als der Ball hat, tritt die schon oben beschriebene Auswirkung der Beschleunigung im umgekehrten Verhältnis zu deren Massen auf.

Für das Erzielen einer optimalen Auswirkung des Schlägerschwungs auf den Ball ist es notwendig, den Ball nicht nur im sogenannten „Sweet-spot" des Schlägers zu treffen, sondern diesen auch so zu treffen, dass der Vektor des Schlagimpulses in die beabsichtigte Schlagrichtung und -höhe zeigt. Da es aber den sogenannten geraden Schlag in der Praxis nicht gibt, sondern der Ball durch den Vorwärtsaufwärts-, Vorwärtsabwärts- oder Vorwärtsseitwärtsschwung des Schlägers in der Regel eine beabsichtigte Rotation (Vor-, Rück- oder Seitenrotation) bekommt,

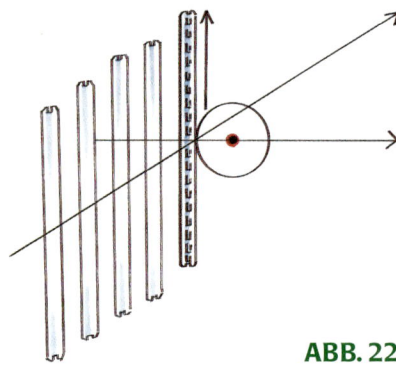

ABB. 22

geht der Vektor nicht durch das Zentrum des Balles, sondern an diesem Zentrum vorbei, denn durch den Aufprall entstehen zwei Kräfte auf den Ball: die eine geht senkrecht durch den Mittelpunkt des Balles, die zweite verläuft tangential (siehe Abb. 22).

Der Abflugimpuls des Balles setzt sich dann aus einem Vertikal- und einem Horizontalimpuls zusammen. Trotzdem aber will man den Ball zielgenau spielen.

Um dies zu erreichen, ist es notwendig, den Schläger, unter Auslassen von Störfaktoren, mit der höchstmöglichen Präzision zum Treffpunkt hin zu schwingen.

Das erreicht man dadurch, dass man versucht, die **Anlauf-, Angleit- und Anschwungbewegung in die gleiche Richtung zu leiten.**

Dafür sind unbedingt zwei Voraussetzungen zu erfüllen: **Der Körper muss im Gleichgewicht und der Körperschwerpunkt muss weitgehend hinter der Schlaghand sein.**

Es besteht ein enger Zusammenhang zwischen der Position des Körperschwerpunktes und dem Gleichgewicht bzw. der Stabilität des menschlichen Körpers bei sportlichen Bewegungsabläufen.

Der Körperschwerpunkt ändert seine Position mit der Art der Körperbewegung. Bei einer normal aufgerichteten Körperposition befindet sich der Körperschwerpunkt etwa vier bis fünf Zentimeter über der Mitte der Querachse durch die Hüftgelenke (siehe Abb. 23). Bei einer senkrechten Streckung des Körpers (Aufschlag) bewegt er sich zum Beispiel körperaufwärts, bei einer stärkeren Rückwärtsbeugung (Schmetterball) liegt er sogar hinter dem Körper usw. (siehe Abb. 24).

Die notwendige Voraussetzung für eine optimale Impulsübertragung in diesem Zusammenhang ist, dass der Körperschwerpunkt vor dem Auslösen der Schlagbewegung möglichst hinter der Schlaghand liegt und dass der Körper sich am Ball-

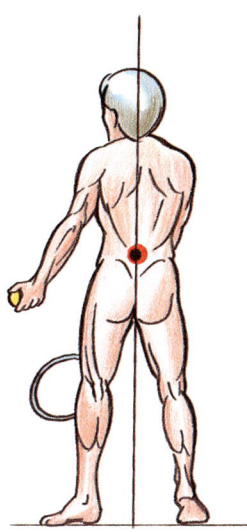

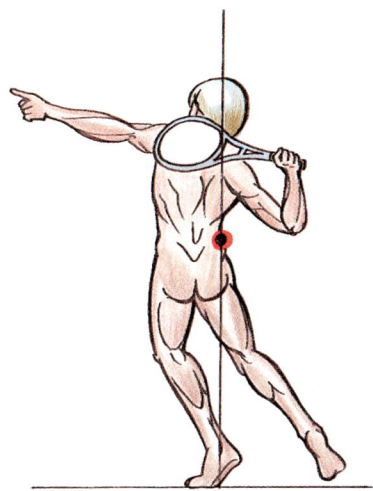

ABB. 23: *Die Position des Körperschwerpunktes bei einer aufrechten Körperposition*

ABB. 24: *Die Verlagerung des Körperschwerpunktes während einer Bewegung*

treffpunkt nicht rückwärts oder seitwärts bewegt, sondern je nach Situation und Absicht in einer stabilen Lage verharrt oder sich gegen den Ball in die beabsichtigte Schlagrichtung neigt oder sogar bewegt (siehe Abb. 25). Dafür sind gewisse notwendige Vorkehrungen zu schaffen.

ABB. 25: *André Agassi im Treffpunkt mit der Schlaghand vor dem Körperschwerpunkt*

45

Erst einmal sollte der Anlauf zum Treffpunkt möglichst so gestaltet werden, dass man besonders bei höheren Laufgeschwindigkeiten nicht von der Seite, sondern von hinten aus zum Treffpunkt gelangt, um damit den Körper während der Schlagbewegung zu stabilisieren (siehe Abb. 26). Das bedeutet, dass man in der Regel eine schnellere Laufgeschwindigkeit anstreben soll als nur eine solche, mit der man den Ball gerade noch erreicht. Man soll am Ort des Geschehens frühzeitig sein, um die Körpergeschwindigkeit rechtzeitig reduzieren zu können und den Körper dadurch noch vor der Schlagbewegung zu stabilisieren.

Dadurch kann sowohl die Angleitbewegung des Körpers zum Treffpunkt als auch die Anschwungbewegung in die beabsichtigte Schlagrichtung gerichtet werden (siehe Abb. 26).

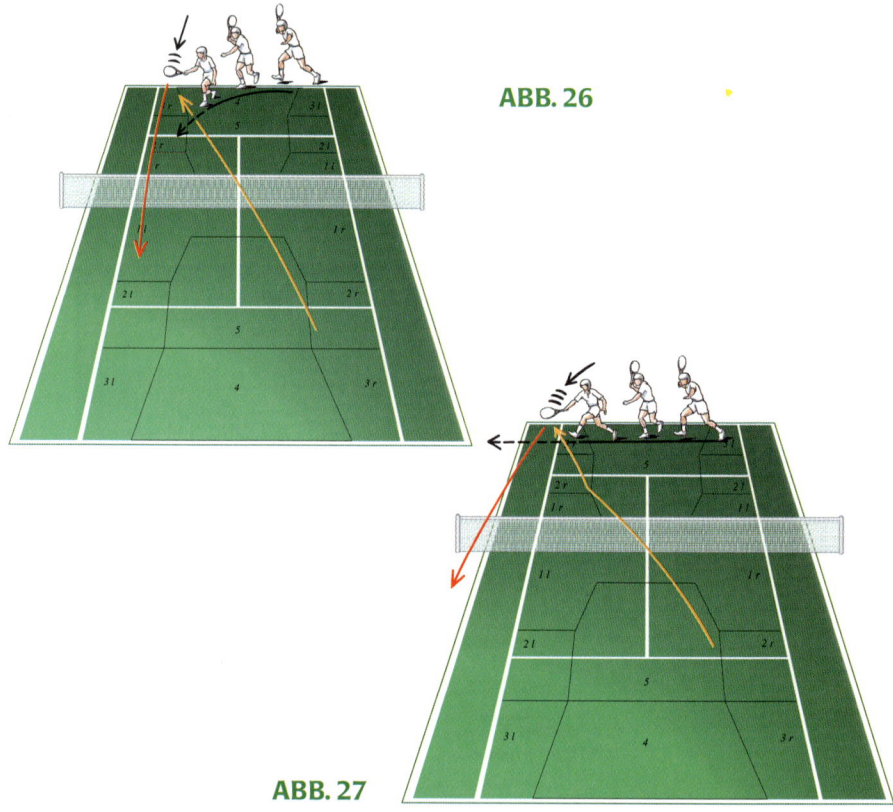

ABB. 26

ABB. 27

Wenn man zu spät zum Treffpunkt gelangt, tendiert der Körper durch seine Trägheit dazu, besonders bei höherer Laufgeschwindigkeit, sich in seiner ursprünglichen Laufrichtung weiter fortzubewegen. Dadurch kann innerhalb der Schlagbewegung bei normalem Verlauf sowohl das Angleiten als auch der Anschwung nicht optimal von hinten in die beabsichtigte Schlagrichtung erfolgen, was zur Folge hat, dass der Ball nicht die gewünschte Richtung erhält, sondern nach der Regel der **Komponentenzerlegung** z.B. seitlich ins Aus geht (siehe Abb. 27).

Sehr gute Spieler können dies in vielen Situationen durch die Improvisationsfähigkeit der Armbewegung zum großen Teil kompensieren. Sie retten zwar oft den Ball, aber auch bei ihnen lässt in solchen Fällen häufig die Präzision zu wünschen übrig.

Bei sehr hoher Laufgeschwindigkeit ist allerdings ein sofortiges bzw. ein frühzeitiges Abbremsen aus physikalischen Gründen nicht möglich. In einem solchen Fall soll man versuchen, wenigstens während der Schlagbewegung, die ja nur ca. 0,1-0,3 s dauert, die seitwärtige Körperbewegung so weit wie nur möglich mindestens für diese kurze Zeit zu stabilisieren, bevor man die fortlaufende Laufbewegung anschließend abbremst. Dies wird vor allem durch einen **sehr langen Schritt** mit dem rechten Bein (Rechtshänder) erleichtert (siehe Abb. 28). Auf keinen Fall sollte man versuchen, den Ball zu schlagen, während man sich im vollen Lauf an der Grundlinie entlang mit kurzen Schritten bewegt.

Zweitens ist es notwendig, das Standbein, das bei allen Grundschlägen bei einem Rechtshänder das rechte ist, hinter den Treffpunkt bzw. hinter die Schlaghand zu bringen, um die richtige Positionie-

ABB. 28:

Alex Radulescu bei einem weiten Schlagschritt

rung des Körperschwerpunktes zu erreichen. Über das Standbein wird nämlich die Impulsübertragung begonnen (siehe oben).

Hierbei ist wieder einmal die offene Fußstellung bei der Vorhand von großem Vorteil. Bei der geschlossenen Stellung befindet sich nämlich das Standbein seitlich vom Körperschwerpunkt, wodurch die optimale Positionierung des Körperschwerpunktes nicht gewährleistet werden kann (siehe Abb. 29).

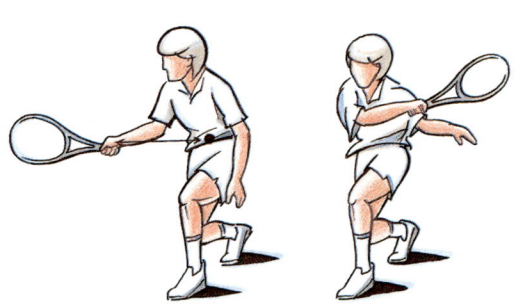

In diesem Zusammenhang ist es notwendig, die enorme Wichtigkeit der Körperstabilität bzw. des Gleichgewichts im Tennis zu betonen. Nach wie vor wird dieser Bereich sowohl im Unterricht als auch im Training vernachlässigt, obwohl er einer der allerwichtigsten Bestandteile bei der Bewältigung der Technik ist.

ABB. 29

Untersuchungen im Jugendleistungstennis haben ergeben (SCHÖNBORN 1991), dass an die 80% aller Fehler durch den Verlust des Gleichgewichts während des Schlages verursacht werden. Meistens werden Ursachen, wie z.B. Treffpunkt zu nah am oder zu weit vom Körper, schlechte Ellbogenposition, zu hohe Schulter usw. usw. als Fehlerquote bezeichnet; der wahre Grund aber ist, dass diese Mängel erst als Folgefehler des vorher aufgetretenen Gleichgewichtsverlustes entstanden sind.

Die schon oben erwähnte **Lage des Körperschwerpunktes** hängt sehr eng mit dem **Gleichgewicht** zusammen.

Für **die Erhaltung des Gleichgewichts** sind vor allem **drei Hauptfaktoren** verantwortlich:
   1. Die Kopfstellung
   2. Die Oberkörperstellung
   3. Die Beinstellung.

ABB. 30:

Aufrechte Kopfstellung bei Boris Becker

1. **Im Kopf** (genauer: in den Ohren) befindet sich das **Gleichgewichtsorgan** (Vestibulum). Die besten Voraussetzungen für eine hohe Körperstabilität sind bei einer aufrechten und ruhigen Kopfstellung gegeben. Je mehr man den Kopf in irgendeine Richtung neigt, desto labiler wird die Körperstellung. Das bedeutet, dass man möglichst bei allen Schlägen (auch z.B. bei tiefen Flugbällen) versuchen soll, den Kopf aufrecht zu halten (Abb. 30).

2. Der **Oberkörper** ist der schwerste Teil des menschlichen Gliedersystems.

In der Regel nimmt er 43,46% des Gesamtkörpergewichts ein. Auf den Kopf entfallen 6,94%, auf die Arme jeweils 4,94% und auf die Beine jeweils 19,86%.
   Dieses Gewichtsverhältnis deutet schon darauf hin, dass jegliche starke Neigung des Oberkörpers neben der Verschiebung des Körperschwerpunktes (siehe unten) zu einer Stellungslabilität führen muss. Somit kann man sagen, dass in diesem Zusammenhang der Kopf und der Oberkörper eine Einheit bilden. Deswegen soll darauf geachtet werden, dass während des Schlages auch der Oberkörper, so weit es die Situation erlaubt, in einer aufrechten Stellung gehalten wird.

3. **Das Gleichgewichtsverhalten** ist in zweierlei Hinsicht sehr stark von der **räumlichen Lage des Körperschwerpunktes** abhängig: zum einen von seiner **Position zur Stützfläche**, zum anderen von seiner **Entfernung zu derselben**.

Als Stützfläche bezeichnet man eine von Unterstützungspunkten eingegrenzte Fläche. Beim Tennisspiel sind die Unterstützungspunkte immer die Füße des Tennisspielers. Je enger diese zusammenstehen, desto kleiner ist die Stützfläche und desto eher und öfter kann der Körperschwerpunkt außerhalb dieser Stützfläche geraten (siehe Abb. 31). In einem solchen Fall verliert man sofort das Gleichgewicht.

Deswegen ist es sinnvoll und unbedingt erforderlich, dass **die Füße** nicht nur in der Grund- bzw. Ausgangsstellung, sondern bei jedem Schlag **in einer Breitstellung** weit voneinander entfernt sind. Dadurch wird die Stützfläche vergrößert, und der Körperschwerpunkt kann sich während des Schlages recht weit innerhalb dieser Stützfläche bewegen, ohne darüber hinaus zu geraten, womit die Körperstabilität praktisch in jeder Spielsituation erhalten bleibt. Die Fußstellung soll grundsätzlich mindestens der Schulterbreite entsprechen (siehe Abb. 32).

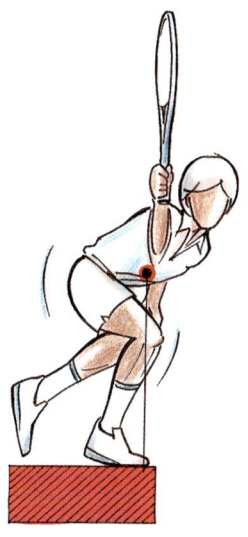 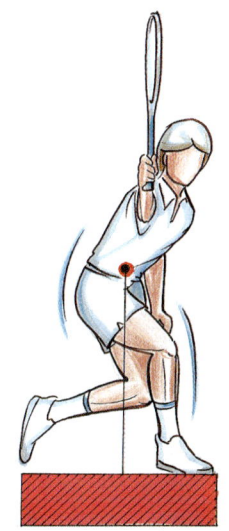

ABB. 31 UND ABB. 32:

Bei einem kleinen Schlagschritt gerät der Körperschwerpunkt außerhalb der Stütz-fläche und der Spieler verliert das Gleichgewicht. Bei einem langen Schlagschritt bewegt sich der Körperschwerpunkt innerhalb der Stützfläche und der Spieler bleibt immer im idealen Gleichgewicht.

Empfehlenswert ist allerdings, eine noch breitere Fußstellung einzunehmen, besonders bei Schlägen, die nach hoher Körpergeschwindigkeit durchgeführt werden (siehe Abb. 33).

ABB. 33:

Amanda Coetzer bei einer weiten Fuß-stellung und einer tiefen Körperstellung

Die Entfernung des Körperschwerpunktes von der Stützfläche spielt ebenso eine entscheidende Rolle. Je weiter sich der Körperschwerpunkt von der Stützfläche entfernt, desto labiler ist der Körper. Das bedeutet, dass ein Tennisspieler, der sich vorwiegend mit mehr oder weniger durchgestreckten Knien bewegt und vor allem spielt, viel eher aus dem Gleichgewicht gerät als derjenige, der den Körperschwerpunkt durch die Beugung der Knie näher zur Stützfläche bringt (siehe Abb. 34 und 35).

ABB. 34:

Sergi Bruguera bei einer ungünstigen Durchstreckung der Knie

ABB. 35:

Thomas Muster bei einer idealen tiefen Kniebeuge am Ende der Ausholbewegung

Man kann dieses Phänomen z.B. in der Formel 1 im Motorsport beobachten. Weil die Boliden sehr hohe Geschwindigkeiten erreichen und mit diesen auch in die Kurven jagen, liegt deren Karosserie und damit der Wagenschwerpunkt sehr tief, der Freiraum zwischen dem Wagen und der Straße ist minimal. Darüber hinaus haben sie einen sehr breiten Radstand, um die Stützfläche so weit wie möglich auszudehnen. Ein normales Auto würde bei solchen Kurvengeschwindigkeiten durch die Trägheit (Zentrifugalkraft) längst von der Strecke fliegen.

Das bedeutet, dass neben der breiten Fußstellung auch eine tiefere Position des Körperschwerpunktes während der Ausholbewegung maßgebend zum optimalen Gleichgewichtsvermögen· beiträgt. Im Einklang mit der oben beschriebenen optimalen Muskelvordehnung um ca. 20% über die Ruhelänge hinaus sollte man während der Ausholbewegung je nach Situation eine Kniebeuge in einem Winkel von ca. 90-120° zwischen dem Unter- und Oberschenkel einnehmen. Wenn man z.B. die Knie zu tief (etwa beim Aufschlag) beugen würde, dann müsste man einen zu großen Widerstand (Trägheit bzw. Schwerkraftmoment) in der Kehre beim Einlenken in die entgegengesetzte Richtung überwinden, was nicht sinnvoll und notwendig ist, wie uns z.B. Hochspringer dokumentieren.

Dem Gleichgewichtsvermögen muss im Technikerwerbs- und Technikanwendungstraining vom Anfang an sehr große Aufmerksamkeit gewidmet werden. Spitzenspieler kommen praktisch nie aus dem Gleichgewicht, und wenn es doch passiert, dann verschlagen sie meistens den Ball wie jeder andere Spieler auch, weil für sie die gleichen mechanischen Gesetze gelten wie für die große Masse der Hobbyspieler. Selbstverständlich retten die absoluten Spitzenkönner auf Grund ihrer Virtuosität, ja sogar ihres artistischen Vermögens noch etliche Situationen, aber diese Gabe ist nur wenigen gegeben, und es funktioniert auch eher ausnahmsweise.

1.4.5 PRINZIP DES OPTIMALEN BESCHLEU-NIGUNGSWEGES

Weil man im Tennis in der Regel nie die maximale, sondern nur die optimale Ballgeschwindigkeit anstreben kann, ist eine weite Ausholbewegung auch aus Gründen, die schon in den vorherigen Prinzipien beschrieben wurden, nicht erstrebenswert. Die Praxis zeigt auch, dass immer mehr Spitzenspieler die kurze Ausholbewegung, die vielerlei weitere Vorzüge in Zusammenhang mit der heutigen Taktikentwicklung mit sich bringt, bevorzugen.

Wenn man eine hohe Schlägerbeschleunigung und eine hohe Schlägergeschwindigkeit im Treffpunkt erzielen will, muss der Schläger vorher in die entgegengesetzte Richtung gebracht werden (Ausholbewegung), damit während der Schlagbewegung genügend Zeit und Raum für die Wirkung der Muskelkraft auf den Schläger vorhanden ist.

Die physikalische Bedingung verlangt, die Ausholbewegung möglichst großräumig zu gestalten, damit man einen möglichst großen (maximalen) Beschleunigungsweg für die Muskelkraftübertragung zu Verfügung hat.

Physikalisch heißt es: Je größer die Zeit (t) ist, während der die Kraft (F) auf den Körper wirkt, desto größer wird der Kraftstoß (F x t), der dem Körper bis zum Ende des Kraftstoßes einen möglichst großen Kraftimpuls (m x v) übermitteln kann.

Die biologische Bedingung verlangt ihrerseits, die Ausholbewegung nicht zu weit auszudehnen, damit die Schwerkraftmomente, die die Muskelkraft überwinden muss, nicht zu groß werden und den Organismus damit nicht überfordern.

Beide Bedingungen müssen in ein möglichst günstiges (optimales) Verhältnis gebracht werden, damit der Beschleunigungsweg eine den jeweiligen Bedingungen entsprechende optimale Länge erhält.

Der **Treffpunkt** ist der wichtigste Teil des gesamten Schlages. An dieser Stelle wird das Schicksal des Ballflugs entschieden. Das Problem dabei ist, dass der Ball nur zwischen 0,005 und 0,003 s im Kontakt mit der Schlägerbespannung ist. Diese kurze Zeitspanne ist durch das menschliche Gehirn bewusst nicht wahrnehmbar.

Das bedeutet, dass man den Kontakt mit dem Ball im Kortex erst dann wahrnimmt, wenn dieser schon längst den Schläger wieder verlassen hat, denn die afferente Leitungszeit zwischen den Rezeptoren der Hand und dem Kortex ist länger als die Ball-Schläger-Kontaktzeit.

Auf der einen Seite wissen wir, wie wichtig der Treffpunkt ist; auf der anderen Seite kann man aber den Ball im Treffpunkt nicht mehr beeinflussen. Deshalb ist all das umso wichtiger, was vorher passiert. Und das wurde in diesem Kapitel ausführlich beschrieben.

Als Resultat all dieser Vorbereitungen während der Aushol- und Schlagbewegung soll sich der Schlägerkopf im Treffpunkt für den genannten Bruchteil der Sekunde in einer optimalen Position zum Körper und zur beabsichtigten Schlagrichtung, Schlaghöhe und Schlaggeschwindigkeit befinden.

Hierfür sind gewisse **Voraussetzungen** notwendig:
1. Der Körper soll sich im idealen Gleichgewicht befinden.
2. Die Schlaghand soll weitgehend vor dem Körperschwerpunkt liegen.
3. Der Ball soll nach Möglichkeit im Sweet-point des Schlägers getroffen werden, auf jeden Fall aber im Sweet-spot.
4. Das Handgelenk soll im Treffpunkt für diesen Sekundenbruchteil fest fixiert sein.
5. Für die jeweilige Schlagart muss die optimale Griffhaltung eingenommen werden.
6. Der Ball muss in einer individuell günstigen Entfernung zum Körper getroffen werden.

Die Punkte 1-3 wurden schon erläutert.

Zu 4. Über die **Handgelenkarbeit** existieren zum Teil immer noch die abenteuerlichsten Theorien. Um diesen Bereich des Schlages endlich einmal abzuklären, haben wir ausgiebige kinematografische, anatomische und biomechanische Studien durchgeführt. Die Resultate wurden in unserem neuen Tennislehrplan – Band 1 beschrieben. Weil sie in engem Zusammenhang mit den biomechanischen Prinzipien stehen, ist es notwendig, sie auch hier etwas präzisiert zu zitieren.

„Aufgrund der biomechanischen Kettenreaktion wird im letzten Teil der Schlagbewegung die ganze Energie der Körpergesamtbewegung in den Unterarm gespeichert, um anschließend freigesetzt oder entladen zu werden. Ziel ist das Erreichen einer stark ansteigenden Geschwindigkeit des Schlägers (Geschwindigkeitszuwachs) im letzten Teil der Schlagbewegung.

Der Ursprung ist vor allem im Einsatz der Rumpfmuskulatur (Rotation) zu suchen. Das Bindeglied zwischen dem Unterarm, in dem es dabei zu einer starken Dehnung der Rotatoren kommt, und dem Schläger, ist das Handgelenk.

Es wird (z.B. beim Aufschlag oder bei den Grundlinienschlägen) im letzten Teil des Bewegungsablaufes bis zum Treffpunkt hin zum Teil bewusst mit einbezogen. Dies geschieht folgendermaßen:

Im ersten Teil der Schlagbewegung, bei dem der Schläger in den hinteren (bei Grundlinienschlägen) bzw. unteren (beim Aufschlag) Bogen eingeführt wird, kommt es zur **Dorsalflexion** (Streckung) bei der Vorhand und beim Aufschlag (siehe Abb. 36) und zur **Palmarflexion** (Beugung) bei der Rückhand (siehe Abb. 37).

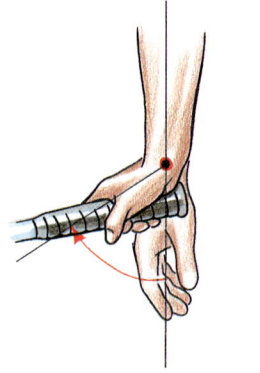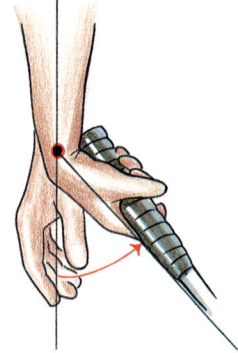

ABB. 36:

Dorsalflexion des Handgelenks

ABB. 37:

Palmarflexion des Handgelenks

Während sich der Schläger sowohl bei der Vorhand als auch bei der Rückhand aus der Sicht der Schlagrichtung noch nach hinten bewegt, wird der Unterarm schon in die Schlagrichtung beschleunigt. Weil zu diesem Zeitpunkt der Schläger noch relativ locker gehalten wird, müssen die Handgelenkmuskeln gelockert sein, was zur Folge hat, dass sich das Handgelenk auf Grund der Trägheit bei der Vorhand öffnet bzw. streckt und bei der Rückhand schließt bzw. beugt (Dorsalflexion und Palmarflexion). Dadurch entsteht in der Unterarmmuskulatur eine sogenannte 'Reflexinnervation'.

Hohe Endgeschwindigkeit beim Schlag ist nämlich dann zu erzielen, wenn für die notwendig zuletzt einzusetzende Unterarmmuskulatur noch ausreichend **Trägheitswiderstand** vorhanden ist.

In dem darauf folgenden Teil der Schlagbewegung wird durch eine Palmar- bzw. Dorsalflexion der Unterarm vom Handgelenk wieder 'eingeholt' (zusätzliche

Hand- und Schlägerbeschleunigung), und der Kraftimpuls des letzten Gliedes der Kettenreaktion wird
auf den Schläger übertragen.

Während des ersten Teils der Schlagbewegung
kommt es darüber hinaus auch noch zur sog. **Ulnarflexion** (Handbewegung zur Kleinfingerseite), die
durch die aktive Verkürzung des Ulnarflexors be-
wirkt wird (siehe Abb. 38).

Dieser relativ lange Muskel (ca. 20 cm) erreicht
eine recht hohe Verkürzungsgeschwindigkeit, wodurch er während dieser Phase der Schlagbewegung
die aktive Beschleunigungsarbeit übernimmt. Der
Ulnarflexor spielt somit bei der Beschleunigung des
Schlägers eine bedeutende Rolle, wobei der Zeitpunkt und die Stärke dieser Beschleunigung bei verschiedenen Schlagtechniken unterschiedlich gestaltet sind.

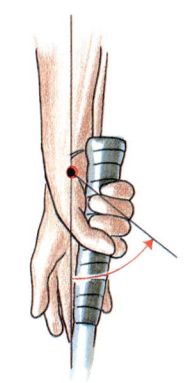

ABB. 38:
*Ulnarflexion des Hand-
gelenks*

Gleichzeitig kommt es aber noch zusätzlich beim Aufschlag und bei der Vorhand
zur **Pronation** (Innendrehung, siehe Abb. 39), und bei der Rückhand zur **Supination** (Auswärtsdrehung, siehe Abb. 40) des Unterarms, was aber eher eine steu-
ernde Funktion hat.

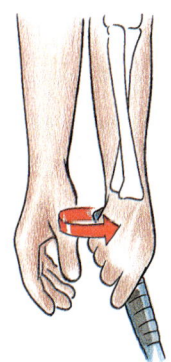

ABB. 39:
Pronation des Unterarms

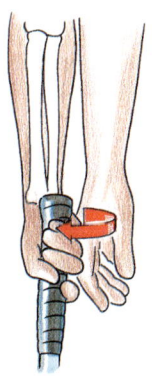

ABB. 40: *Supination
des Unterarms*

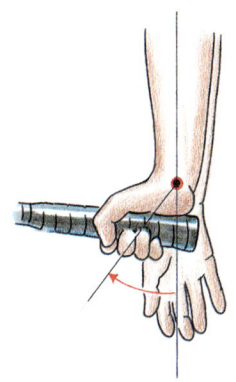

ABB. 41: *Radialflexion
des Handgelenks*

Im Treffpunkt setzt sich beim Aufschlag die **Ulnarflexion** fort, wobei beim Vorhand- und Rückhandtopspin schon vor dem Treffpunkt in der zweiten Phase der Schlagbewegung eine **Radialflexion** (Handbewegung zur Daumenseite, siehe Abb. 41) erfolgt.

Somit kann man zusammenfassen, dass während des aktiven Schlägergeschwindigkeitszuwachses bis zum Treffpunkt hin und teilweise darüber hinaus das Handgelenk zusammen mit dem Unterarm drei bzw. vier unterschiedliche Bewegungsvorgänge vollzieht. Dies alles läuft in einer zehntel bzw. in hundertstel Sekunden ab.

Wie Untersuchungen gezeigt haben, wird das Handgelenk nur im Treffpunkt (beginnend mit dem Schläger-Ball-Kontakt, der nur ca. 0.005-0.003 s andauert) fest fixiert, denn in diesem kurzen Augenblick muss es dem geschlagenen Ball Widerstand leisten, wobei die Unterarmmuskulatur durch das notwendige feste Zupacken am Schlägergriff über kurze Zeit stark innerviert wird. Offensichtlich muss der Moment der Festigkeit des Handgelenks antizipatorisch und reflexartig unmittelbar vor dem Treffpunkt festgelegt werden. Das Handgelenk soll sich in dieser Zeit in seiner natürlichen Mittellage befinden, weder gestreckt noch gebeugt. Dabei soll die Stellung des Handgelenks an die geplante Schlagrichtung angepasst sein.

Das sog. 'Zuschnappen' **(Palmarflexion)** des Handgelenks, das man früher beim Handgelenkeinsatz im Treffpunkt und über den Treffpunkt hinaus vermutet hat, findet während des Schläger-Ball-Kontakts nicht statt. Erst in der letzten Phase des Ausschwungs kann das Handgelenk bei gewissen Schlägen (z.B. beim Aufschlag) durch Schwungreduzierung und Lockern der Unterarmmuskulatur auf der einen und durch den gleichzeitigen Einfluss des Schlägergewichtes (Trägheit) auf der anderen Seite 'zuschnappen'. Dies hat aber keinen Einfluss mehr auf den Ball, der schon längst zum Gegner unterwegs ist; es ist praktisch nur der ökonomische Abschluss des ganzen Schlages." (DTB-Lehrplan 1+2, 1995/96)

Hiermit ist der so oft umstrittene Einsatz des Handgelenks geklärt. Selbstverständlich kommt es sowohl auf Grund individueller Gewohnheiten als auch situationsabhängig notwendiger Improvisation zu Abweichungen oder zu Variationen, die allerdings an den oben beschriebenen Tatsachen prinzipiell nichts ändern.

Zu 5. Über **Schlägerhaltungen** wurden schon ganze Bücher geschrieben, es existiert eine fast irritierende Menge an Namen und Bezeichnungen von verschiedenen Griffarten. Um das Chaos noch weiter zu steigern, unterscheidet sich die europäische Terminologie zum Teil von der amerikanischen und der australischen.

Ungeachtet verschiedener Namen und Bezeichnungen sollte man versuchen, die vorteilhaften Griffhaltungen vernünftig und logisch zu begründen, deren Sinn und Aufgaben zu erörtern und Empfehlungen für die einzelnen Schlagarten zu geben. Schon deswegen soll man auch für die Wahl der richtigen Griffart sowohl die anatomisch-funktionellen Gegebenheiten als auch die biomechanischen Voraussetzungen berücksichtigen.

Ein **optimaler Griff** soll für den jeweiligen Schlag **optimale Voraussetzungen** für eine **optimale Impulsübertragung** in einem **optimalen Treffpunkt** schaffen.
 Eine optimale Impulsübertragung ist aber nur dann gegeben, wenn das Handgelenk dem getroffenen Ball gegenüber einen großen Widerstand leistet, wenn der Schlägerkopf in einer richtigen Entfernung und Richtung zum Körper ist und wenn sich der Körper im Gleichgewicht befindet!
 Weil der ideale Treffpunkt für alle Schläge festgelegt ist, bietet es sich an, bei der Festlegung des richtigen Griffs den Schläger mit der nichtspielenden Hand zuerst in diese Position zu bringen.
 So wird z.B. der Schlägerkopf bei der **Vorhand** bei angewinkeltem Ellbogen etwas seitlich vor dem Körperschwerpunkt in eine senkrechte Stellung gebracht. Den so gestellten Schläger umfasst man dann mit der Schlaghand, und der optimale Griff für diesen Schlag ist perfekt (siehe Abb. 42).

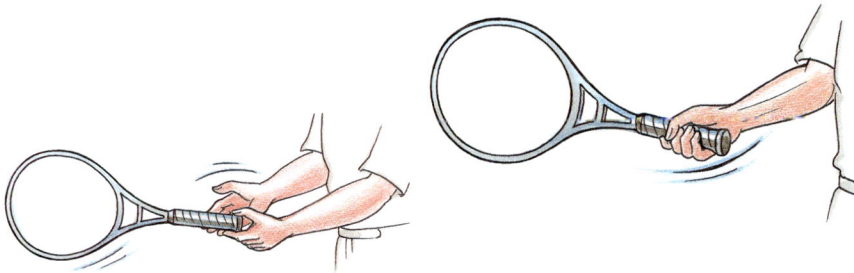

ABB. 42

Diesen Griff nennt man **Vorhandgriff** (Eastern- oder auch Shake-hand-Griff, siehe Abb. 43).

Er ermöglicht es, alle Vorhandschläge (Drive, Topspin, Slice, Stoppball, Vorhandflugball) im optimalen Treffpunkt mit natürlich gestelltem Handgelenk und relativ entspannter Unterarmmuskulatur zu schlagen. Dadurch, dass sich das Handgelenk und die Handfläche hinter dem Griff befinden, leisten sie dem Druck des Balles einen optimalen Widerstand.

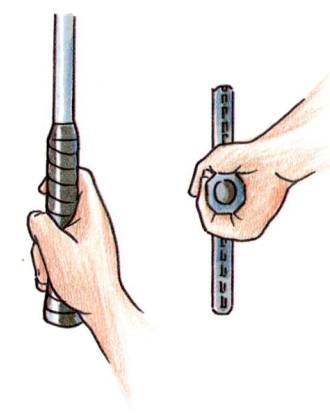

ABB. 43: *Easterngriff*

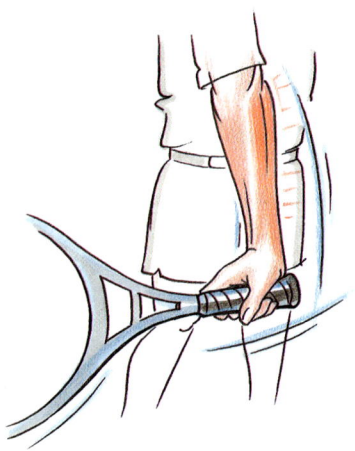

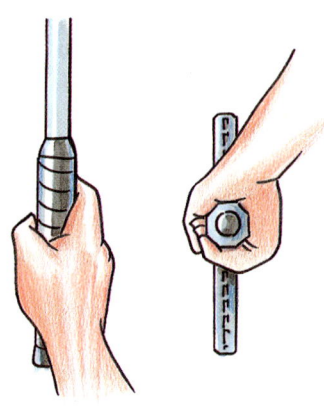

ABB. 45: *Semikontinentalgriff*

ABB. 44: *Beim Kontinental- und/oder Semikontinentalgriff bei der Vorhand muss der Ellbogen unnatürlich durchgestreckt werden und es kommt zu einer Verkrampfung der gesamten Armmuskulatur.*

Jegliche Abweichungen von dieser Griffhaltung bringen mehr Nachteile als Vorteile. Trotzdem sind sie möglich, im Einzelfall sogar empfehlenswert.

Je mehr man die Handfläche nach links dreht, desto mehr verschiebt sich der Treffpunkt nach hinten, und desto weniger Widerstand kann die Hand leisten, weil das Handgelenk und dadurch die Handfläche mehr und mehr über den Griff gleiten. Umso mehr muss man dann mit dem Öffnen des Handgelenks nachhelfen, was wiederum zu größerer Innervation der Unterarmmuskulatur führt, die nicht empfehlenswert ist (siehe Abb. 44). Man kommt auf diesem Weg bis zum sogenannten **Mittelgriff** (Semikontinentalgriff, siehe Abb. 45). Für Drive und Topspin ist dieser Griff wenig geeignet.

Je mehr man die Handfläche nach rechts dreht, desto mehr rutscht sie unter den Griff. Dadurch verlagert sich der Treffpunkt immer weiter nach vorne, und auch in diesem Fall lässt der Handwiderstand immer mehr nach. Im weiteren Verlauf kommt man in der extremen Lage bis zum sogenannten **extremen Vorhandgriff** (Westerngriff), der sich recht gut für starken Topspin eignet (früher Borg, Vilas, Salomon u.a.). Für den Drive und besonders für Slice, Stoppball und Flugball ist er aber absolut ungeeignet (siehe Abb. 46). Beim modernen Tennis ist dieser Griff aus verschiedenen Gründen ein Nachteil. Viele Topspieler benutzen heute den sogenannten **Semiwesterngriff** (siehe Abb. 47).

Für die **Rückhand** wiederholt man den oben beschriebenen Vorgang, jetzt aber auf der Rückhandseite. Bei seitlich gestelltem Körper hält man den Schläger mit der linken Hand so vor dem Körper, dass man ihn bei natürlich durchgestrecktem Ellbogen und senkrecht gestellter Schlägerfläche mit der rechten Hand vor dem Körperschwerpunkt von oben greifen kann. Diesen Griff nennt man **Rückhandgriff** (Kontinentalgriff). Dieser Griff eignet sich für alle Rückhandschläge (Drive, Topspin, Slice, Stoppball, Rückhandflugball, siehe Abb. 48).

Wenn man die Handfläche weiter nach rechts dreht, kommt man wiederum bis zum **Mittelgriff** (Semikontinentalgriff), der allerdings für Drive und Flugball sehr wenig und für Topspin schon gar nicht geeignet ist, weil sich der Treffpunkt weiter nach hinten verlagert. Wenn man die Hand nach links dreht, erreicht man einen sogenannten **extremen Rückhandgriff** (Easternrückhandgriff), der zwar Vorteile für extremen Topspin bringt, mit dem man aber Slice oder Flugball kaum spielen kann (siehe Abb. 49).

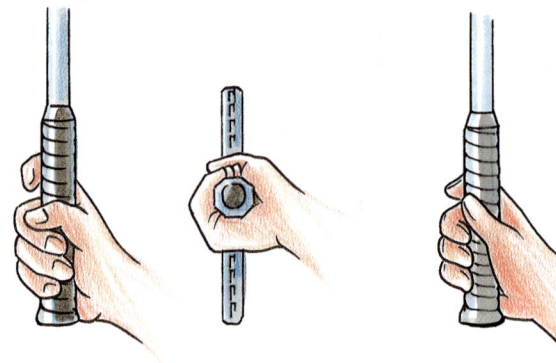

ABB. 46: *Westerngriff*

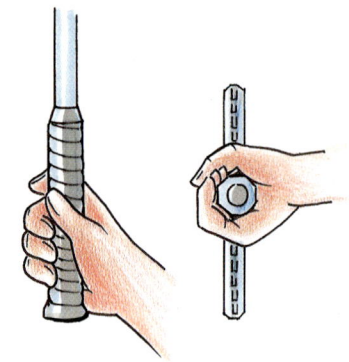

ABB. 47: *Semiwesterngriff*

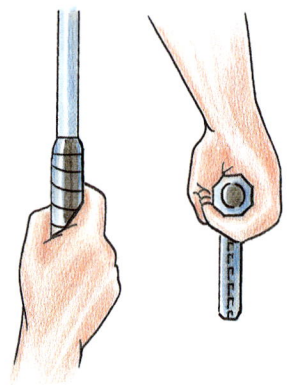

ABB. 48: *Kontinentalgriff*

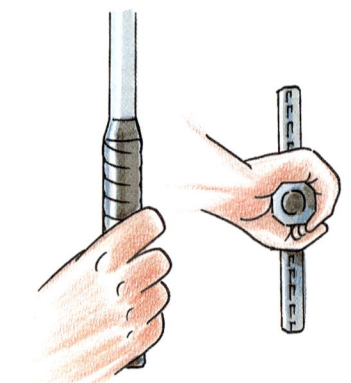

ABB. 49: *Easternrückhandgriff*

Wie man sieht, spielt der richtige Griff bei diesem biomechanischen Prinzip eine wesentliche Rolle. Selbstverständlich wäre es absolut falsch, jedem Spieler die gleiche Griffart beibringen zu wollen. Man soll aber von den oben beschriebenen günstigen Griffen wenigstens am Anfang ausgehen und dem Spieler im Verlaufe der Zeit die Möglichkeit geben, durch Ausgleichen auf Grund des eigenen Gefühls seinen eigenen idealen Griff für jeden Schlag zu finden. Es ist allerdings empfehlenswert, die individuelle Anpassung so weit zu überwachen, dass der Spieler nicht in extreme oder sogar falsche Griffarten abrutscht. Extreme Griffe führen zu extremen Schlagtechniken und schränken sowohl die situative Schlagvariabilität, Schlagqualität als auch das Schlagrepertoire ein.

Für den **Aufschlag** und den **Schmetterball** wird im Allgemeinen der **Rückhandgriff** (Kontinentalgriff) empfohlen. In der letzten Zeit wenden aber besonders die besten Aufschläger immer öfter den **Mittelgriff** (Semikontinentalgriff) an.

Ein Streitthema ist immer noch der Griff beim **Flugball**. Meistens wird immer noch der Kontinentalgriff als Einheitsgriff für beide Flugbälle empfohlen. Begründet wird das mit Zeitmangel für ein Umgreifen am Netz. Auch das ist ein Mythos aus der alten Zeit.

Der Ball ist vom Flugballspieler zum Passierballspieler im Durchschnitt 0,5-0,8 s unterwegs. In dieser Zeit nimmt der Angreifer die Situation wahr und antizipiert den wahrscheinlichen Passierball des Gegners, womit er für den Vorhand- oder Rückhandflugball schon geistig vorbereitet ist. Vom Passierballspieler zum Netzspieler ist der Ball im extremen Fall, der selten vorkommt, bei maximaler Geschwindigkeit von 110 km/h ca. 0,47-0,57 s unterwegs. In dieser Zeit muss der Netzspieler fähig sein, u.U. 2-3 m weit zu springen, kurz auszuholen bzw. den Arm zu strecken und den Ball zu schlagen. Wenn er in dieser Zeitspanne all dies zu schaffen vermag, dann kann er den Griff sogar zwei- bis dreimal vom Vor- zum Rückhandgriff und zurück wechseln. Das ist nur eine reine Übungssache.

Es gibt im Tennis nur eine Situation, bei der man tatsächlich in Zeitprobleme beim Umgreifen kommen könnte, nämlich bei einem Flugballduell im Doppel, wobei alle vier Spieler vor der Aufschlaglinie stehen müssen. So eine Situation kommt aber im Vergleich zu allen anderen Flugballsituationen pro Jahr ungefähr im Prozentsatz von 1:99 vor!

Warum soll man also in 49,5% aller Flugballsituationen auf der einen Schlagseite Nachteile, die durch ungünstige Schlägerhaltung verursacht sind, in Kauf nehmen? Der Spieler wird im Verlauf der Zeit sowieso die einzelnen Griffarten selbst erforschen und seinem individuellen Gefühl anpassen. Am Anfang soll man es ihm aber so leicht machen, wie es nur geht. Ganz abgesehen davon, dass man bestimmt keinen Anfänger findet, der mit 110 km/h passiert.

Wie schon gesagt, wird als sogenannter Einheitsgriff in der Regel der Kontinentalgriff angewandt, der nachweislich für den Vorhandschlag ungünstig ist. Das ist auch der Grund, warum eine Masse von Jugendlichen, die mit diesem Griff aufwachsen müssen, sich über eine lange Zeit hinweg oder sogar lebenslang mit Flugballschwächen auf der Vorhandseite auseinander setzen müssen.

Man kann deswegen behaupten, dass es aus anatomisch-funktionalen und biomechanischen Gründen den „Einheitsgriff" oder aber den Universalgriff für alle Schläge gar nicht geben kann. Bei einer vernünftigen Schlägerhaltung, die nicht ins Extreme ausartet, kann man und soll man am Anfang auf der Vorhandseite mit einem Vorhandgriff, auf der Rückhandseite mit einem Rückhandgriff und bei Überkopfschlägen mit dem Kontinentalgriff bei allen Schlagvariationen bequem auskommen können. Später wird jeder Spieler nach und nach „seine" individuelle Variante, mit der er sich wohl fühlt, finden. Schon sehr viele Talente sind an einer Schlagschwäche, die durch einen falschen Griff verursacht worden ist, gescheitert.

Vollständigkeitshalber sind noch die Griffe bei der **beidhändigen Rückhand** anzusprechen. Wie schon erwähnt, ist die beidhändige Rückhand in über 90% der Fälle eine Vorhand mit dem linken Arm (Rechtshänder). Schon deswegen ist es aus den oben genannten Gründen vorteilhaft, beim Anfassen des Schlägers mit der linken Hand prinzipiell den Vorhandgriff anzuwenden.

Für den Griff mit der rechten Hand gibt es **zwei Varianten**: Rückhandgriff oder Vorhandgriff. Die Tendenz geht immer mehr zum Vorhandgriff, denn bei der Anwendung dieses Griffes kommt es durch das Anwinkeln beider Ellbogen zum kleinen Rotationsradius, dessen Vorteile weiter unten beschrieben sind (siehe Abb. 50).

Bei einem Rückhandgriff der rechten Hand kommen die Gesetzmäßigkeiten der Rückhand zum Tragen (siehe unten), die nicht so vorteilhaft sind (siehe Abb. 51).

Zu 6. Die Treffpunktentfernung zum Körper ist sehr oft situationsabhängig, trotzdem gibt es aber die ideale Entfernung, die man anstreben soll, denn nur in dieser kann man all die oben beschriebenen Prinzipien auch optimal umsetzen.

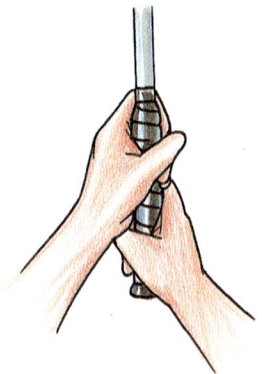
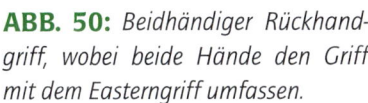
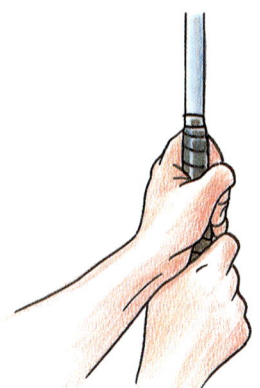

ABB. 50: *Beidhändiger Rückhand-griff, wobei beide Hände den Griff mit dem Easterngriff umfassen.*

ABB. 51: *Beidhändiger Rückhand-griff, bei dem die linke Hand den Griff mit Easterngriff und die rechte Hand mit Kontinentalgriff umfasst.*

Im Treffpunkt gibt es sowohl für die Vorhandseite, für die Rückhandseite als auch für die Überkopfschläge aus unterschiedlichen Gründen **unterschiedliche Winkelstellungen im Ellbogen**. Vorweg kann man sagen, dass bei einem Vor-handtopspin oder -drive der Ellbogen mehr oder weniger angewinkelt ist, bei einer Rückhand, bei Flugbällen und beim Vorhandslice ist er mehr oder weniger durchgestreckt, und bei Überkopfschlägen ist er ganz durchgestreckt.

Auch hier existieren nach wie vor alte, überholte Theorien, die durch nichts be-gründet sind, und deswegen wollen wir versuchen, die tatsächlichen Gründe zu erläutern.

Wie schon oben beschrieben wurde, ist neben der Impulsübertragung einer der wichtigsten Gründe für eine optimale Schlägerbeschleunigung die Körperrotati-on.

Das bedeutet, dass es vorteilhaft ist, praktisch bei allen Schlägen je nach Situati-on, Schlagart, Beschleunigungsabsicht usw. den Körper mehr oder weniger und schneller oder langsamer in eine rotatorische Bewegung um die eigene Körperachse zu bringen. Dadurch erreicht man die beabsichtigte und gewünschte **Winkelgeschwindigkeit** des Schlägers. Der Schläger schwingt schon aus anatomisch-funktionellen Gründen immer bogenförmig, nie translatorisch, weil die Drehachse des schwingenden Armes das Schultergelenk ist, beim Unterarm ist es der Ellbogen. Deswegen kann es im Tennis praktisch keine translatorische Stoßbewegung geben, wie es z.B. beim Kugelstoßen der Fall ist. Aus diesem Grunde ist es falsch zu behaupten, dass z.B. der Flugball gestoßen werden soll, auch wenn er in gewissen Situationen u.U. nur aus dem Ellbogen gespielt werden muss, denn auch dabei dreht sich der Unterarm um die Drehachse Ellbogen.

Aus diesen und den weiter oben vorgebrachten Ausführungen geht hervor, dass, wie im Lernstadium so auch später im Trainingsprozess **die rotatorische Ganzkörperbewegung forciert werden soll**, mit anderen Worten, dass der ganze Technikentwicklungsprozess von Anfang an **dynamisch** und nicht statisch aufgefasst werden muss und dass das **Schwunggefühl** im Mittelpunkt stehen soll.

Um aber zu verstehen, wie eine hohe Schlägergeschwindigkeit z.B. bei einem Vorhanddrive oder -topspin zu erreichen ist, ist es notwendig, den Zusammenhang zwischen **Massenträgheitsmoment** und **Winkelgeschwindigkeit** zu erläutern.

Genauso wie bei einer translatorischen Bewegung (Sprint z.B.) gilt auch bei einer rotatorischen Bewegung das 1. Newtonsche Gesetz. Den Trägheitswiderstand nennt man hier **Drehwiderstand** bzw. **Trägheitsmoment.** Dieser Begriff beinhaltet den Zusammenhang von Drehwiderstand und Lageverteilung der Masse.

Theoretisch gesehen kann man den Tennisschlag mittels physikalischer Gesetze erklären, es wird im folgenden Text auf einige eingegangen.

Das **Trägheitsmoment** wird bestimmt durch die in Drehbewegung zu versetzende Masse und deren Entfernung von der Drehachse.

$$\text{Trägheitsmoment} = \text{Masse} \times \text{Rotationsradius}^2$$
$$I = m \cdot r^2$$

Man kann auch sagen, dass das **Trägheitsmoment I** gleich dem **Produkt aus der Masse m** und dem **Quadrat des Abstandes r** ist.

Nehmen wir nun an, dass der Arm 5 kg wiegt und 1 m lang ist.

> Dann ist: $I = 5 \text{ kg x } 1 \text{m}^2$
> $I = 5 \text{ kg m}^2$ (bei gestrecktem Arm)

Wenn wir nun den Rotationsradius durch Beugen des Schlagarmes um die Hälfte verringern, erreichen wir folgendes Ergebnis:

> $I = 5 \text{ kg x } 0,5 \text{ m}^2$
> $I = 1,25 \text{ kg m}^2$ (bei gebeugtem Arm)

Die Verringerung des Rotationsradius auf die Hälfte führt zu einer **Verringerung des Trägheitsmoments auf 25%!**

Nun wurde schon oben der Begriff **Impuls** erklärt. Man kann den Begriff **Drehimpuls** damit vergleichen.

Der **Drehimpuls** wird bestimmt durch das **Trägheitsmoment** und die **Winkelgeschwindigkeit**.

> **Drehimpuls = Trägheitsmoment x Winkelgeschwindigkeit**
> $L = I \text{ x } Q$

Wenn man nun die Drehgeschwindigkeit feststellen will, muss man die Formel dementsprechend anpassen:

> **Winkelgeschwindigkeit = Drehimpuls : Trägheitsmoment**
> $Q = L : I$

Damit ist bewiesen, dass ein **geringeres Trägheitsmoment** (gebeugter Schlagarm) eine **größere Winkelgeschwindigkeit** ermöglicht!

Letztlich ist jedoch zu berücksichtigen, dass diese Gesetzmäßigkeiten exakt nur anwendbar sind, wenn der physikalische Drehpunkt genau bestimmbar ist. Es ist aber bekannt, dass dies bei sportlichen Bewegungen selten der Fall ist. So gesehen sind diese Ausführungen vor allem als theoretische Annahme zu verstehen.

Mit anderen Worten: Nicht – nach dem alten „Gesetz" – mit langem Schlagarm und großem Hebel wird eine höhere Beschleunigung des Schlägers erreicht, sondern die **Verringerung des Rotationsradius zusammen mit der Körperrotation ermöglicht eine höhere Winkelgeschwindigkeit des Schlägers.**

Für die Schlägerbeschleunigung beim Vorhandschlag mit Vorwärtsdrall hat man somit ideale Bedingungen.

Wenn wir uns die besten Vorhandspieler der Welt anschauen, stellen wir fest, dass praktisch alle mit mehr oder weniger stark (die meisten eher mehr) angewinkeltem Ellbogen schlagen.

Das bedeutet, dass die ideale Entfernung des Treffpunktes zum Körper durch all die schon erwähnten Regeln und Gesetze vorgegeben ist (siehe Abb. 52).

Etwas anders und nicht ganz so günstig ist die Situation bei der **Rückhand**.

Beim **Vorhandschlag** sind während der Schlagphase der starke **zweiköpfige Armmuskel** (M. biceps brachii), **der Armbeuger** (M. brachialis) und **der Oberarmspeichenmuskel** (M. brachioradialis) für die **Beugung des Ellbogens** und dadurch für die Vorwärtsbewegung des Unterarmes während der Schlagbewegung zuständig.

Bei der **Rückhand** wie auch beim **Aufschlag**, beim **Vorhandslice** und bei **unterschnittenen Vorhandflugbällen** übernimmt die Arbeit der **Streckmuskel des Ellbogens** (M. triceps brachii), denn bei diesen Schlägen ist bis auf situative Ausnahmen (ausgenommen die Überkopfschläge) nicht die Beugung, sondern die **Streckung des Ellbogens** bei der Beschleunigung des Unterarmes gegen den Ball typisch.

Im Verlaufe der Schlagbewegung hin zum Treffpunkt vergrößert sich die Entfernung der Masse des Schlägers von der Drehachse, wodurch das Trägheitsmoment wächst.

Es kommen uns allerdings folgende Tatsachen entgegen, die diesen Nachteil etwas kompensieren:

Erstens ist der Ansatzpunkt des erwähnten Streckmuskels weit hinten am Hakenfortsatz der Elle, woraus sich bei allen Stellungen des Ellbogengelenkes ein

ABB. 52:
Jim Courier mit angewinkeltem Ellbogen bei einer Vorhand

vorteilhafter Hebelarm ergibt, und zweitens wird der Schwerpunkt des Armes durch die Beugung des Armes in der Kehre während des anschließenden ersten Teils der Beschleunigungsphase in der Schulternähe (nahe der Drehachse) liegen. Deswegen ist es vorteilhaft, die Streckung des Ellbogens bis kurz vor dem Treffpunkt hinauszuschieben und diese vollständig erst nach dem Treffpunkt zu beenden und die Beschleunigung vor allem mit angewinkeltem Ellbogen zu vollziehen. Darüber hinaus wirkt auf den Schläger während der bogenförmigen Schlagphase die Zentrifugalkraft, die auf Grund des 3. Newtonschen Gesetzes (Kraft und Gegenkraft sind immer gleich groß) genauso groß sein muss wie die Zentripetalkraft, die wiederum vom Spieler erzeugt und dadurch beeinflussbar ist.

Der Ellbogen ist im Treffpunkt bei den erwähnten Schlägen aus den oben beschriebenen Gründen mehr oder weniger durchgestreckt.

Zum Abschluss dieses Punktes ist zu betonen, dass **die ideale Körperentfernung zum Treffpunkt ausschließlich über die Beinarbeit zu steuern und zu erreichen ist.** Ohne perfekte Beinarbeit wird der Spieler zwangsweise Probleme mit dem Gleichgewicht und dadurch mit dem idealen Treffpunkt bekommen. Das ist der nächste wichtige Grund, warum das gesamte Technikerwerbstraining von Anfang an **dynamisch** und nicht statisch erfolgen soll!

Wie man sieht, wurde bei der Beschreibung der Technik weitgehend auf Details verzichtet, und es wurden nur diejenigen Bereiche angesprochen, die für das Verständnis der Komplexität der Tennistechnik von großer Bedeutung sind und die jeder gute Spieler in sein Schlagrepertoire eingebaut haben muss.

Die Biomechanik gibt uns ziemlich eindeutige Hinweise, worauf es beim Erlernen und beim Training der Technik besonders ankommt und was die erfolgreichsten Weltspitzenspieler einheitlich einhalten; sonst wären sie nicht Weltspitzenspieler.

Erst die Kenntnis dieser Gesetzmäßigkeiten und Prinzipien ermöglicht es, Verständnis für die später beschriebenen Lern- und Trainingsmethoden zu wecken.

INDIVIDUALITÄT UND INDIVIDUELLER STIL

1.5 Bei allem Respekt für Gesetze und Prinzipien gibt es Bereiche der sportlichen Bewegungsabläufe, die man nicht beeinflussen kann, ja nicht beeinflussen darf!

Jeder Mensch ist eine selbständige, unvergleichbare Einheit von vielen physischen und psychischen Faktoren, die alle zusammen seine einmalige und einzigartige Individualität ausmachen.

Der Mensch kann im normalen Leben oder im Berufsleben nur dann erfolgreich werden, wenn es ihm erlaubt und ermöglicht wird, seine Individualität, seine Stärken, seine besonderen Fähigkeiten zu entwickeln, zu entfalten, zu perfektionieren und voll zur Geltung zu bringen.

Genauso kann ein Individuum im Sport nur dann ganz groß herauskommen, wenn sein Trainer es versteht, seine Fähigkeiten mit den notwendigen Regeln und Gesetzmäßigkeiten so in Einklang zu bringen, dass der Sportler sich im Rahmen seiner Begabung und seines Talents voll entfalten kann. Alle „Großen", alle Genies waren und sind in irgendeiner Art und Weise schwierig, sie sind nicht leicht einzuordnen, schon gar nicht in eine Schublade X zu stecken; man muss sie akzeptieren und respektieren, so wie sie sind, ihnen Vertrauen schenken und sie vor allem durch Fachwissen und Überzeugungskraft zur Selbständigkeit, Selbstdisziplin und Selbstverantwortung führen. Manchmal misslingt dieser Weg, einen anderen gibt es aber bei solchen Individuen kaum.

Wie viele potenzielle Spitzenkräfte sind schon untergegangen und gescheitert, weil deren individuelle Stärken und Fähigkeiten nicht erkannt oder aber nicht respektiert oder sogar bewusst oder unbewusst unterdrückt worden sind.

Jeder Spieler muss sein eigenes und einzigartiges **Original** werden. Auch die besten Kopien sind nur Kopien, und die sind bekanntlich wertlos.

Es wurde in dem bisherigen Text der Versuch unternommen, einige der wichtigsten Regeln und Gesetze zu verdeutlichen, die alle Tennisspieler, die gut werden wollen, betreffen. Die Anwendung und Umsetzung dieser Vorgaben muss aber ab einem gewissen Grad oder Standard des Einzelnen individuell vorgenommen werden.

Und das ist eigentlich der Sinn des modernen Trainings. Ein eingefleischter Grundlinienspieler wird aus vielerlei Hinsicht etliche Trainingsinhalte anders gestaltet haben müssen als z.B. ein Serve- und Volleyspieler. Das betrifft die Technik, die Kondition, die Taktik, die Physiologie des Trainings (Umfänge, Intensitäten usw.) und vieles mehr. Je früher die natürlichen individuellen Stärken und Schwächen, der Charakter des Spielers, seine Motivation und vieles mehr erkannt werden, desto früher kann man anfangen, den Rohdiamanten zu schleifen, und ein desto feinerer Brillant wird einmal als Resultat herauskommen.

Deswegen kann man sagen, dass es **den idealen einheitlichen Schubladenweg** bei der Aneignung und der Vervollkommnung der Technik **nicht gib**t, wie uns übrigens alle anderen Sportarten deutlich dokumentieren, sondern es können nur optimale und vor allem vernünftige und immer dem neuesten Wissensstand entsprechende richtungsweisende Rahmenrichtlinien aufgestellt werden, die je nach Umweltbedingungen, Talent, Motivation, Alter, individuellen Zielsetzungen sowie Wissens- und Erfahrungsgrad des Trainers eingesetzt werden sollen.

Viele Wege führen nach Rom!

TECHNIK-TRAINING

– ENTWICKLUNG DER TENNISTECHNIK

2.1 SYSTEMATISIERUNG DER TECHNIK-ENTWICKLUNG

2.1.1 DER TENNISSPIELER ALS BIOPSYCHO-SOZIALE EINHEIT

Weder gute individuelle Kenntnisse über die Technik noch die besten biomechanischen Analysen und Begründungen eines Bewegungsablaufes führen automatisch zu theoretischem und praktischem Verständnis darüber, wie der Spieler seine technischen Fertigkeiten am ökonomischsten und am schnellsten lernt und vor allem, wie er lernt, diese erworbenen Fertigkeiten **in ein Ganzes** und somit in die **sportliche Leistung** umzusetzen.

Auf der anderen Seite ist es aber kaum möglich, ohne ausgezeichnete theoretische Grundkenntnisse eine erfolgreiche praktische Arbeit im modernen Sinne durchzuführen.

Es darf nicht außer Acht gelassen werden, dass die Tennistechnik nur dann optimal entwickelt werden kann, wenn sie als **ein Teil eines ganzen Systems** verstanden wird. Das bedeutet aber, dass in jeder Phase und auf jeder Stufe der Entwicklung nicht nur die Technik allein, sondern das **ganze System entwickelt werden muss!**

In der derzeitigen Praxis wird die Technikschulung immer noch vorwiegend verselbständigt. Damit ist gemeint, dass vor allem am Anfang, aber nicht nur dort, der koordinative, konditionelle und taktische Bereich entweder gar nicht oder nur unzureichend und wenn doch, dann ohne Zusammenhang und Integration in den Techniklernprozess entwickelt wird.

„Die Technikschulung und das Techniktraining müssen sich von Anfang an durch eine erhebliche Vielfalt und hohe Komplexität auszeichnen."
(K. LEHNERTZ, 1996)

In der tennisspezifischen Trainingsmethodik existieren noch **drei maßgebliche Schwachstellen**. Es sind:

a. Die **Systematisierung** des gesamten Ausbildungs- und Trainingsprozesses
b. Die direkte **Verbindung** zwischen Technik-, Taktik- und Konditionstraining
c. Die **Belastungsgestaltung** des Techniktrainings.

Man muss begreifen, dass die sportliche Ausbildung und das Training als **eine Einheit von Koordination, Kondition, Technik, Taktik, Mentalität und sozialem Umfeld** verstanden werden müssen!

Unter einer Einheit darf aber nicht verstanden werden, dass alle diese Bereiche im Verlaufe der Ausbildungszeit nur als parallel oder sogar nacheinander verlaufende Ausbildungsteile berücksichtigt werden sollen, sondern dass sie im Training laufend miteinander verbunden werden müssen, denn die Entwicklung jedes einzelnen Teiles beeinflusst positiv die Entwicklung aller anderen Bereiche und umgekehrt, jede Schwachstelle in einem Bereich verhindert automatisch die optimale Entwicklung in den übrigen Bereichen.

Dabei spielt der koordinative Teil die Hauptrolle. Eine ausgezeichnete Koordinationsfähigkeit und -schnelligkeit ist nicht nur der wichtigste Grundfaktor beim Erlernen von Techniken, sondern sie dient als Übertragungs- und Verbindungsbrücke zwischen den beiden Säulen Kondition und Technik. Den konditionellen Anteil kann man optimal nur über den koordinativen in die Technik einfließen lassen (siehe Abb. 53).

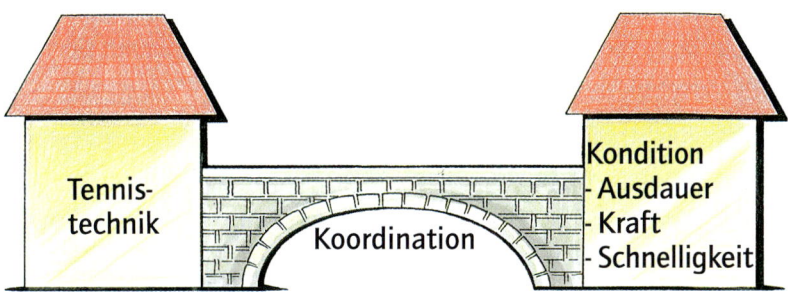

ABB. 53: *Die „Koordinationsbrücke" als wichtiger Verbindungsfaktor zwischen dem Konditionsbereich und dem Technikbereich*

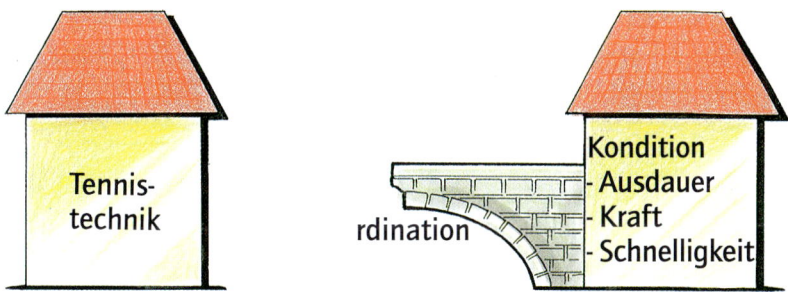

ABB. 54: *Bei mangelnder Koordinationsfähigkeit ist die harmonische Verbindung zwischen Kondition und Technik gestört.*

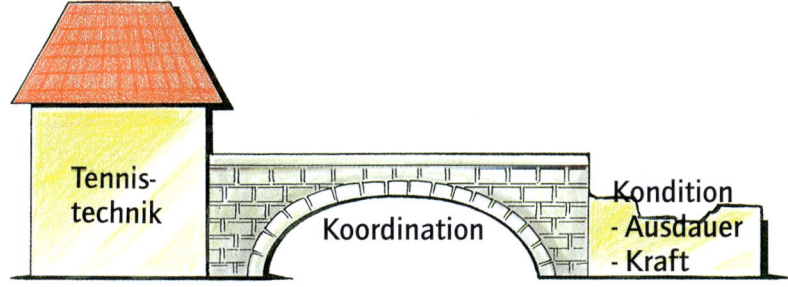

ABB. 55: *Mangelnde Kondition verursacht folgenschwere Störungen bei der Technikentwicklung.*

75

Wenn der koordinative Bereich mangelhaft ausgebildet ist, ist diese Brücke brüchig, die Verbindung gestört oder nicht vorhanden, und dadurch kann auch eine ausgezeichnete Kondition sowohl die technische Ausbildung als auch vor allem die situative Anwendung der Technik nicht unterstützen und positiv beeinflussen.

Insbesondere alle Arten der Kraft und der Schnelligkeit können nur über den koordinativen Bereich in die Technik integriert werden, besonders dort, wo es sich um hohe Körperbewegungsdynamik, vor allem auch im Zusammenhang mit Gleichgewicht, oder um hohe Durchführungsgeschwindigkeiten handelt (siehe Abb. 54).

Auf der anderen Seite werden mangelnde konditionelle Voraussetzungen wie im Training so auch im Match eine negative Auswirkung auf die technische Ausbildung und auf deren Umsetzung haben. Ein Manko an Kraft, Schnelligkeit oder Ausdauer limitiert die individuelle Lern- und Leistungsfähigkeit; auch die schon vorhandenen technischen Fertigkeiten können in der Praxis nicht wirkungsvoll umgesetzt werden (siehe Abb. 55).

Der Mensch und demgemäß auch der Tennisspieler muss immer als eine **biopsychosoziale Einheit** betrachtet werden.

2.1.2 ENTWICKLUNGSETAPPEN IN DER TECHNIKSCHULUNG

Die Vermittlung der Technik muss in Etappen stattfinden, die jeweils unterschiedliche **Grundziele** ansteuern. Das erfordert eine **Differenzierung der einzelnen Entwicklungsziele und dadurch auch der Entwicklungsinhalte**.

Der gesamte technische Entwicklungsprozess basiert auf fortlaufenden biochemischen Anpassungsvorgängen (physiologischer Adaptation) des Gesamtorganismus. Diese Adaptationsprozesse haben eigene Gesetze, die man nicht umgehen oder außer Kraft setzen kann. Deswegen ist es sinnvoll und notwendig, **exakte Ziele** für die einzelnen Entwicklungsstufen zu setzen. Ein langfristiges planmäßiges und vor allem systematisches Vorgehen in der Technik- und Leistungsentwicklung ist eine Voraussetzung dafür, dass der Spieler, wenn er höhere Leistungsstufen anstreben will, seine individuelle potentielle Leistungsgrenze erreichen kann.

In Übereinstimmung mit D. MARTIN (1991) kann man den Entwicklungsweg folgendermaßen kennzeichnen:

a. **Einschleifen von Engrammen** der technikbestimmenden Fertigkeiten im biomechanischen Optimum.
Hierbei werden die Zweckmäßigkeit, die Effektivität und die Ökonomie der Technik angestrebt. Dieser Prozess verläuft unter dem Oberbegriff **Technikerwerbstraining – Lernen**.

b. **Stabilität und Durchsetzungsfähigkeit** der Techniken bei sich verändernden äußeren und inneren Bedingungen.
Die Technik muss nicht nur unter idealen Bedingungen funktionieren, sondern sie muss eine hohe Konstanz des Verhaltens in allen noch so schwierigen Matchsituationen aufzeigen. Das erreicht man in der Etappe **Technikerwerbstraining – Automatisierung**.

c. **Virtuosität der Technikbeherrschung**
Darunter versteht man die vollendete meisterliche Beherrschung der Technik.

d. **Fähigkeit der variablen Anwendung**
Damit ist die variable, situationsbedingte Anwendbarkeit gemeint, die es erlaubt, schwierige Situationen gemäß den taktischen Absichten auf mehrere Arten zu lösen. Sowohl die Virtuosität als auch die Fähigkeit der variablen Anwendung steht im Mittelpunkt des **Technikanwendungstrainings**.

Dieses Stufenprogramm zeigt uns die jeweils unterschiedlichen Etappen der Vorgehensweise. Und wenn es sich um unterschiedliche Stufen mit unterschiedlichen Zielen handelt, müssen diese logischerweise unterschiedliche Inhalte haben. Es muss demnach eine **Systematisierung des Techniktrainings** vorgenommen werden.

Nun ist aber der Bewegungsvorgang eines Schlages keine Frage allein der Funktion des Armes, sondern daran sind das zentrale und periphere Nervensystem, mehr oder weniger das gesamte Skelettmuskelsystem des Körpers bzw. verschiedene Segmente in genau festgelegter Reihenfolge, die kognitiven Vorgänge mit ihren Informationsverarbeitungsprozessen, die verschiedenen Energiearten und -kapazitäten und das kardiopulmonale bzw. kardiorespiratorische System beteiligt.

Das bedeutet, dass während dieses langfristigen Entwicklungsprozesses alle diese Bereiche laufend respektiert und mit einbezogen werden müssen, und zwar als eine **harmonische Einheit**. Die konditionellen Fähigkeiten und die technischen und taktischen Fähigkeiten und Fertigkeiten müssen im **untrennbaren Zusammenhang** entwickelt werden.

Das gesamte **Bewegungspotenzial** eines Tennisspielers ist durch seine individuellen konditionellen und koordinativen Fähigkeiten geprägt, und deswegen müssen diese Fähigkeiten kontinuierlich in die Tennistechnik integriert werden.

„Mittels der sportlichen Technik wird also das vorhandene Bewegungspotenzial (die konditionellen Fähigkeiten) in die sportliche Leistung transferiert."
(H. SAß, 1995)

Man kann dieses Zitat auch umkehren – mittels des vorhandenen Bewegungspotenzials (konditionelle und koordinative Fähigkeiten) wird die Technik in die sportliche Leistung transferiert, womit sich der Kreis wieder schließt (siehe Abb. 56).

ABB. 56

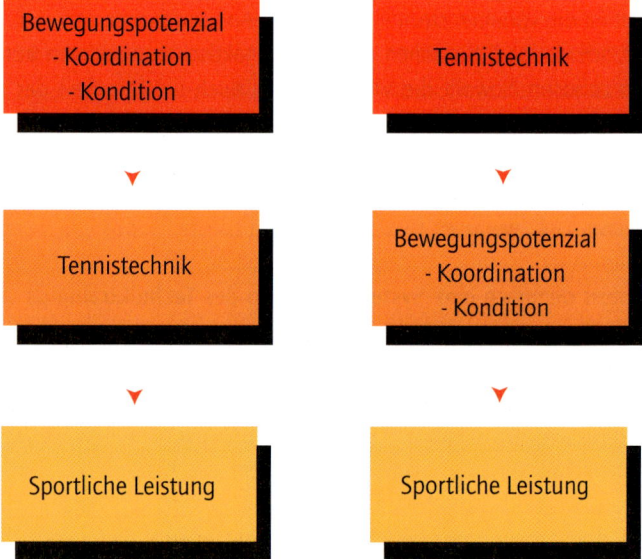

2.1.3 SYSTEMATISIERUNG DES TECHNIKTRAININGS

Die eben aufgeführten Stufen mit ihren speziellen Zielen sind die Grundlage für einen Versuch, das Techniktraining neu zu systematisieren, daraus Rückschlüsse für die Praxis zu ziehen und Trainingsvorschläge zu erstellen.

Abbildung 57 zeigt eine Übersicht der neuen Systematisierung (R. SCHÖNBORN, 1995). Sie ist entstanden nach Anregungen aus Modellen von K. ROTH (unveröffentlicht) und K. WILLIMCZIK (1991). Diese Tabelle wird nach und nach in den folgenden Abschnitten beschrieben und erklärt.

2.1.3.1 ERSTE ETAPPE – TECHNIKERWERBSTRAINING
2.1.3.1.1 LERNEN

Am Anfang steht das Erlernen von Tennistechniken (linker Teil der Abbildung). Hierbei handelt es sich um die systematische **Ausbildung sogenannter Engramme** der tennistechnischen Fertigkeiten.

Dies ist vor allem ein neurophysiologischer Vorgang, bei dem das sogenannte **motorische Gedächtnis in den Bewegungszentren des Gehirns** ausgebildet wird.

Ein **Engramm** ist eine bleibende Spur eines neurophysiologischen Vorgangs in der Großhirnrinde. Es ist das Endergebnis der Gedächtnisfähigkeit neuronaler Strukturen, die durch sogenannte interneuronale Verknüpfungen entstehen, bei denen Verbände von Nervenzellen über Synapsen geschaltet werden. Dies geschieht durch regelmäßiges Wiederholen von gleichen Reizen (Lernen, Üben).

„Eine Information (Trainingsreiz z.B.) wird zunächst in Form kreisender Erregungen in einem räumlich-zeitlich geordneten Muster als **dynamisches Engramm** gespeichert. Diese kreisende Erregung führt anschließend zu **strukturellen Veränderungen an den beteiligten Synapsen** und damit zur Konsolidierung, zu einem **strukturellen Engramm**. Der Gedächtnisinhalt kann dann über eine entsprechende Aktivierung dieser Synapsen wieder abgerufen werden."
(R. A. SCHMIDT, 1976, siehe Abb. 58)

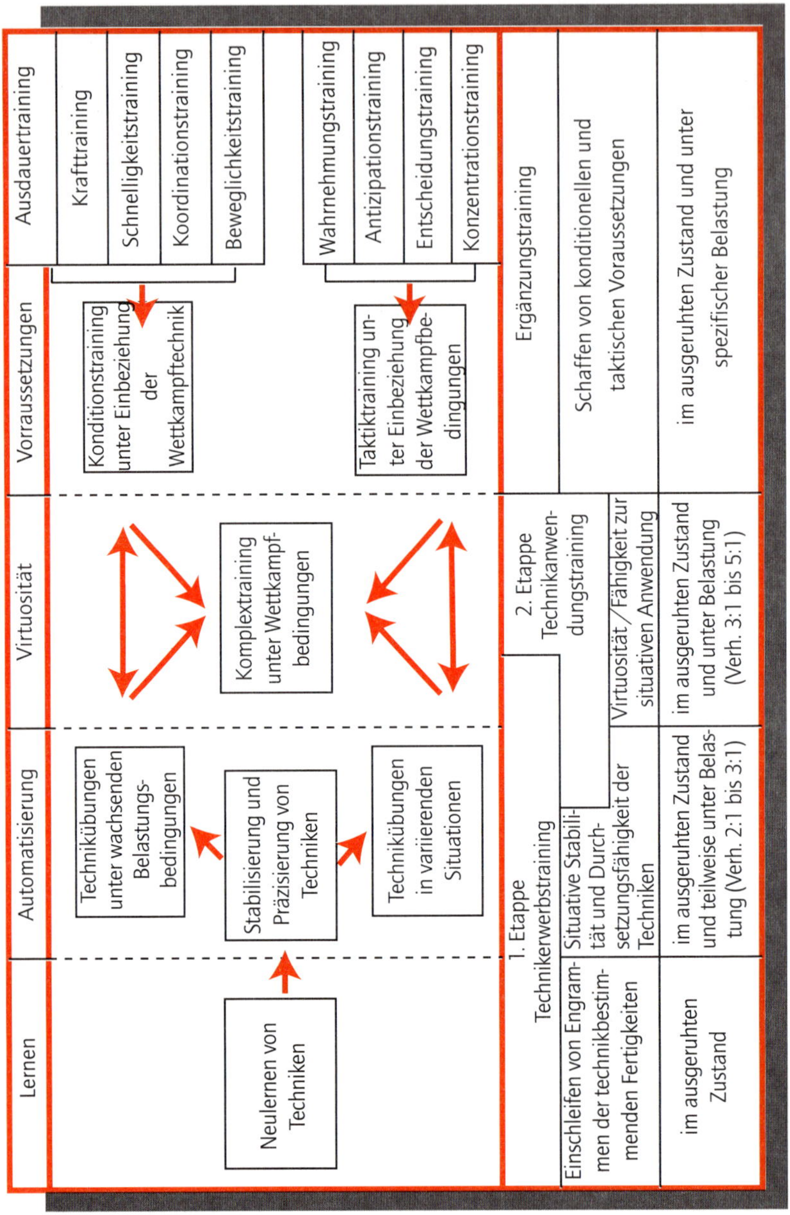

Lernen	Automatisierung	Virtuosität	Vorraussetzungen	Ausdauertraining
				Krafttraining
				Schnelligkeitstraining
				Koordinationstraining
				Beweglichkeitstraining
				Wahrnehmungstraining
				Antizipationstraining
				Entscheidungstraining
				Konzentrationstraining

			Vorraussetzungen	
			Konditionstraining unter Einbeziehung der Wettkampftechnik	
			Taktiktraining unter Einbeziehung der Wettkampfbedingungen	

Virtuosität: Komplextraining unter Wettkampfbedingungen

Automatisierung:
- Technikübungen unter wachsenden Belastungsbedingungen
- Stabilisierung und Präzisierung von Techniken
- Technikübungen in variierenden Situationen

Lernen: Neulernen von Techniken

Ergänzungstraining: Schaffen von konditionellen und taktischen Voraussetzungen — im ausgeruhten Zustand und unter spezifischer Belastung

1. Etappe Technikerwerbstraining	2. Etappe Technikanwendungstraining
Einschleifen von Engrammen der technikbestimmenden Fertigkeiten	Situative Stabilität und Durchsetzungsfähigkeit der Techniken	Virtuosität/Fähigkeit zur situativen Anwendung
im ausgeruhten Zustand	im ausgeruhten Zustand und teilweise unter Belastung (Verh. 2:1 bis 3:1)	im ausgeruhten Zustand und unter Belastung (Verh. 3:1 bis 5:1)

ABB. 57: *Systematisierung der technischen Entwicklung*

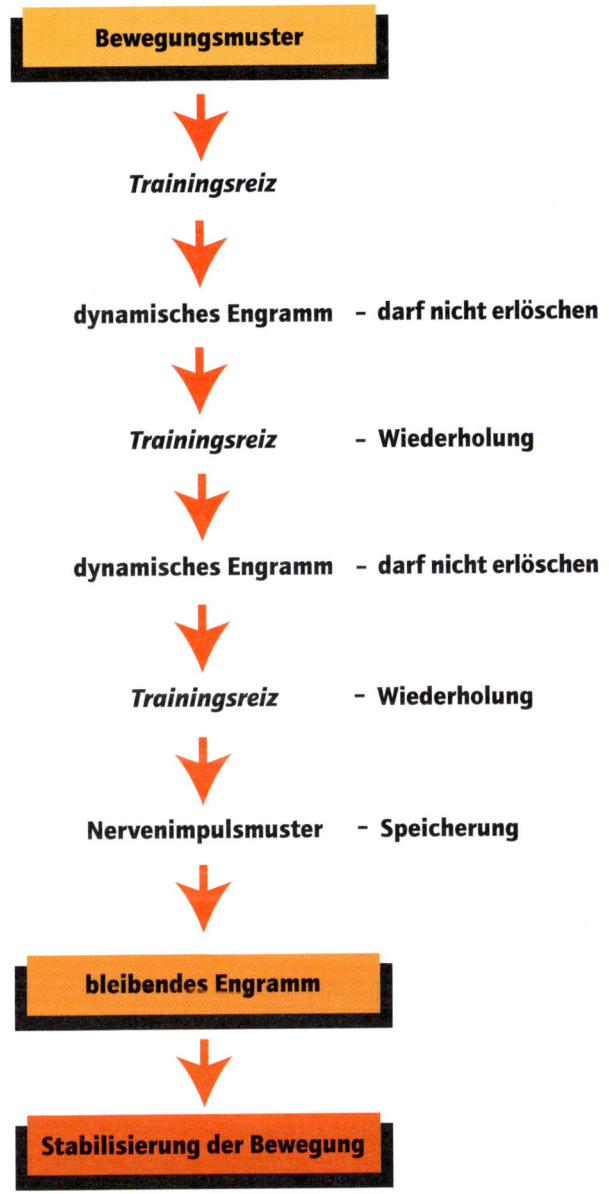

ABB. 58: *Entstehung eines strukturellen Engramms*

Demzufolge ist das **Ziel** des gesamten Lernvorgangs, **störungsresistente Engramme** (stabile technische Gundmuster) **einzuschleifen** und eine **langzeitige Informationsspeicherung im ZNS zu erreichen**, die es ermöglicht, während des Schlagbewegungsablaufs das Bewusstsein voll auszuschalten und die erwünschten automatisierten Bewegungsabläufe zu jeder Zeit abrufen zu können.

An dieser Stelle ist es notwendig, den Unterschied zwischen der bis jetzt im Lernstadium vorrangig benutzten **Spurenveränderungstheorie** und der weitaus effektiveren und stabileren **Engrammtheorie** zu erklären.

Die Spurenveränderungstheorie besagt, dass die Technik zuerst in ihrer Grobform erlernt werden soll, und im weiteren Verlaufe soll sie dann über die Feinform bis zur Stabilisierung verfeinert werden (KUHN, 1984). Mit anderen Worten: Die erworbenen Gedächtnisspuren werden fortlaufend korrigiert. Dieser Weg hat sich aber in der Praxis als wenig effektiv herausgestellt, denn jede Fehlerbeseitigung (Korrektur) bedeutet Umlernen, und das ist mit vielen Schwierigkeiten verbunden.

„**Die Engrammtheorie** basiert auf der Auffassung, dass der erstmals aufgenommene motorische Lerninhalt in Form eines dynamischen Engramms – einer noch nicht stabilen Gedächnisspur – gespeichert wird. Bereits nach wenigen gleichartigen Wiederholungen wird es in ein statisches Engramm überführt, welches dann sehr stabil ist." (KÜCHLER, 1983) (BAUERSFELD/ VOß, 1992)

Diese Theorie hat sich in der Praxis als wesentlich effektivere Alternative erwiesen und wird heutzutage von vielen Experten und auch vom Autor diese Buches favorisiert.

Nun wurde aber schon früher einige Male betont, wie wichtig die gleichzeitige Entwicklung von technischen und konditionellen Fertigkeiten ist. Das bedeutet, dass parallel mit dem Lernvorgang der Technik auch die auf der rechten Seite der Abbildung 57 unter der Rubrik **Ergänzungstraining** aufgeführten Bereiche in die Ausbildung integriert werden müssen.

Man muss gerade in dieser Phase, abgesehen vom richtigen stufenweisen methodischen Vorgehen, das noch beschrieben wird, vor allem im Koordinations-

und Schnelligkeitsbereich intensiv einsteigen und das nicht nur außerhalb des Tennisplatzes, sondern gerade auf dem Tennisplatz in Verbindung mit den beiden Geräten – Ball und Schläger (siehe auch DTB-Video „Koordinationstraining" (SCHNEIDER/SCHÖNBORN, 1995), oder das Buch „Schnelligkeitstraining im Tennis" (GROSSER/KRAFT/SCHÖNBORN, 1998). In der gleichen Zeit wird bei richtigem methodischen Vorgehen auch automatisch der dritte Bereich mit einbezogen: die Entwicklung von Wahrnehmung, Antizipation, Entscheidung und von Konzentration und somit die Entwicklung **des intuitiven Spielens**.

Wie zu ersehen ist, schreitet man systematisch gleichzeitig von beiden Seiten in Richtung Mitte.

Ganz am Anfang soll allerdings **noch nicht der Start zur Ausbildung der angestrebten Finaltechnik** stehen, sondern über **dynamische koordinative Übungsformen** soll das größte Problem des Anfängers bekämpft werden, nämlich **die Bewältigungsschwierigkeiten im Umgang mit Schläger und Ball, was vor allem eine koordinative Angelegenheit ist**. Dabei wird nicht nur das **Ballgefühl** im Allgemeinen, sondern **„das Körper- und Bewegungsgefühl"** als grundlegende Lernvoraussetzung" (A. HOTZ, 1995) und vor allem der wichtigste Teil des Tennisschlages, **der Treffpunkt**, als zentrale Aufgabe stehen. Da diese Übungsformen in und aus der Bewegung durchgeführt werden sollen, wird schon die Ganzkörperbewegung und vor allem die Beinarbeit und das Gleichgewicht (wiederum Teile der Koordinationsfähigkeit) geschult.

Man kann deswegen folgende Formel aufstellen:

Techniklernen = Koordinationslernen + Bewegungslernen,

wobei die Betonung auf Koordinationslernen liegt, das die Grundlage und Voraussetzung des motorischen Lernprozesses ist.

Die gesamte Technikentwicklung muss man deswegen als **„eine systematische, anforderungsspezifische Optimierung der Bewegungskoordination"** (J.NITSCH/J. MUNZERT, 1991) verstehen, und deswegen soll man mit deren Ausbildung gleich am Anfang beginnen, wie aus der Abbildung 59 ersichtlich ist.

ABB. 59: *Verlauf der systematischen Technikentwicklung vom Anfänger bis zum Spitzenspieler mit unterschiedlichen Zielvorgaben*

Erste Stufe – Koordinationsentwicklung

Diese **erste Stufe** ist außerordentlich wichtig, denn vor allem Kinder, aber nicht nur die, sollen dabei in spielerischer Form die Geräte beherrschen lernen. Analog zum Fußball (Straßenfußball in Europa, Beachfußball z.B. auf der berühmten Copacabana in Rio, Streetbasketball und Streettennis in den USA) sollen dabei sowohl Freude an der Auseinandersetzung mit dem Gerät und dem Gegner (Partner) als auch der **natürliche Spieltrieb** als Motivationsschub betont werden.

Man darf niemals vergessen, dass Tennis eine Spielsportart ist und dass dabei die Auseinandersetzung von zwei Gegnern, der Wettkampf, im Mittelpunkt steht. Und gerade diese beiden Tatsachen werden noch zu oft im Anfängerunterricht missachtet.

Bei der traditionellen Vorgehensweise wird gleich von Anfang an zu steif, meistens aus einer statischen Position und dadurch nicht aus der Bewegung heraus das Treffen des Balles innerhalb einer Schlagausführung gelehrt. Dabei müssen die Schüler den Schlag noch oft zerstückeln und dürfen u.U. nur aus einer schon ausgeholten Armstellung einen aus der anderen Hand fallen gelassenen Ball (stehender oder auch toter Ball genannt) schlagen, wodurch sich der Tennisschlag nur auf die Armbewegung begrenzt. Die so wichtige und entscheidende **Gesamtkörperbewegung und -koordination** und auch die **Ganzheitlichkeit** und die **Wechselwirkung** werden dabei völlig missachtet! Darüber hinaus wird der natürliche Bewegungsdrang unterdrückt und die Bewegungslehre auf den Kopf gestellt. Diese Methoden gehören in die Abfalltonne.

Sie sind nicht nur überaltert, sie sind schlichtweg falsch. **Von Anfang an soll das spielerische Element sowie das Prinzip der Ganzheitlichkeit und der Wechselwirkung dominieren und das Körper- und Bewegungsgefühl geschult und entwickelt werden.**

Sicherlich muss man manchmal im Einzelfall kurzfristig die sogenannte „Teillernmethode" anwenden. Das soll aber nur dann in Betracht gezogen werden, wenn der Schüler bei der Gesamtbewegung große Probleme hat oder aber wenn schon falsche Angewohnheiten beseitigt werden sollen.

Ansonsten soll **die Ganzheitsmethode** im Mittelpunkt stehen.

Das Prinzip der Ganzheitlichkeit wie auch **das Prinzip der Wechselwirkung** spielen aus der Sicht der favorisierten makroskopischen Betrachtungsweise eine zentrale Rolle. „In dieser Sicht wird Bewegung als ein ganzheitliches Geschehen betrachtet, das bestimmten – insbesondere aus der Gestalttheorie bekannten – Ordnungsprinzipien folgt, nämlich **(a) dem Prinzip der Übersummativität** (das Ganze ist mehr als die Summe seiner Teile, d.h., es weist Eigenschaften auf, die an keinem seiner Teile auffindbar sind), **(b) dem Prinzip der Kontextwirkung** bzw. des funktionalen Primats des Ganzen (die Eigenschaften von Teilen werden wesentlich durch den jeweiligen Kontext, in dem sie stehen, bestimmt) und **(c) dem Prinzip der dynamischen Interdependenz** (die Veränderung eines Teils führt zur Veränderung des Systems). Hieraus ergibt sich, dass Bewegungen durch Zerlegung in einzelne Komponenten weder hinreichend beschreibbar noch erklärbar sind. **Die Funktion von Bewegungen ist wesentlich durch ihre Einordnung in übergreifende Handlungszusammenhänge bestimmt.**"
(J. R. NITSCH/ J. MUNZERT, 1991)

Es ist in der Trainingslehre vielfach erwiesen, dass vor allem bei einfachen Bewegungsabläufen (und das sind mit Ausnahme des Aufschlages praktisch alle Tennisschläge) die **Ganzheitsmethode die wirkungsvollste Methode** für das Erlernen von Techniken ist.

In der ersten Stufe soll man durch die systematische anforderungsspezifische Optimierung der Bewegungskoordination über aufgabenorientiertes Lernen (spielorientierte Konzeption) die allgemeine und spezifische Koordinationsfähigkeit und den Umgang mit Ball und Schläger entwickeln (siehe Abbildung 59).

> „Die Qualität der Koordination steht im Zentrum der optimalen Technikansteuerung und zeigt sich in der Stimmigkeit der koordinativen Details."
>
> (A. HOTZ, 1996).

Dazu dienen Koordinationsübungen mit Schläger und Ball, die vorerst mit der späteren Finaltechnik noch wenig gemeinsam haben. Hierbei dreht sich alles auf verschiedene Art um den Treffpunkt. Kurze bis sehr kurze Aushol- und Ausschwungbewegungen in verschiedenen Höhen, Ebenen, Richtungen sind für diese Stufe charakteristisch. Einzel- wie auch Paar- oder Gruppenübungsformen sollen sich gegenseitig abwechseln, um den Unterricht bunt und motivierend zu gestalten. Der Ball soll nur auf sehr kurze Entfernungen gespielt werden, wodurch die Entwicklung des Ballgefühls, der Kontrolle über den Ball und Schläger und des Feedbacks, das für die erforderliche Selbstkontrolle notwendig ist, beschleunigt und erleichtert werden.

Vor allem aber sollen sich die Schüler **ständig bewegen**. Statische Übungsformen, bei denen die Beinarbeit praktisch ausgeschlossen ist, sollen weitgehend vermieden werden. Durch die Bewegung wird nicht nur die Beinarbeit und die Ganzkörperbewegung forciert, sondern es wird auch die gleichzeitige Entwicklung der Wahrnehmung, der Antizipation und der Konzentration gefördert.

Die Physik lehrt uns, dass jemand, der in dynamischen Verhältnissen seine in statischen Verhältnissen erworbene Verhaltensweise fortsetzt, scheitert und dass in dynamischen Verhältnissen grundsätzlich neue Verhaltensweisen von größerer Wirkung entwickelt werden können. Dies gilt allerdings für **alle** Entwicklungsetappen!

In dieser Stufe kommt es weniger auf die perfekte Durchführungsart an, sondern vor allem auf das erfolgreiche Meistern der gestellten Aufgabe.

Unter erleichterten Lernbedingungen sollen die wesentlichen Technikfunktionen in den Knotenpunkten zusammengefasst, fertigkeitsbezogen ausgebildet und miteinander verbunden werden (frei nach A. HOTZ).

Aus Motivationsgründen sind kleine Vergleichswettbewerbe mit unterschiedlichen Zählweisen zu empfehlen.

Ein weiterer wichtiger Punkt ist noch zu betonen. Der betrifft allerdings nicht nur diese erste Stufe, sondern alle. **Der Unterricht wie auch das spätere Training soll in jeder Phase so weit wie nur möglich den Inhalten des Matchgeschehens entsprechen.** Übungsformen oder Drills, deren Inhalte und Durchführungsarten dem tatsächlichen Matchgeschehen nicht entsprechen oder sogar widersprechen, sollen weitgehend vermieden werden. Es existieren in der täglichen Praxis Hunderte von Drills und Übungsformen, deren Inhalte mit denen der Ballrallyes im Match nicht übereinstimmen. Warum soll man etwas üben oder trainieren, was man im Match nicht braucht, weil es dort nie vorkommt?

Man kann im Match mit Erfolg und Selbstvertrauen nur das anwenden, was im Training zigtausendmal erfolgreich wiederholt worden ist.

Und damit soll man schon von Anfang an beginnen. So weit sich z.B. der Trainer/Lehrer in das Geschehen einschaltet, sollte er **niemals den Ball zuwerfen!** Im Match wird auch kein Ball geworfen. Ein Trainer muss doch fähig sein, einen Ball in jede Richtung, Höhe, Weite und mit jeder Geschwindigkeit präzise zuzuspielen, und zwar wie aus dem Korb so auch aus dem Ballwechsel. Für ein Zuwerfen gibt es keinen plausiblen Grund außer dem, dass der Tennislehrer nicht Tennis spielen kann. In diesem Fall gehört er aber nicht auf den Tennisplatz! Im Gegenteil, das Zuwerfen ist nicht sportartgemäß und deswegen praxisfremd.

Das Zuspielen mit dem Schläger fördert von Anfang an auch die Wahrnehmung und die Antizipation des Spielers. Er beobachtet den Schläger des Trainers, seine Bewegungsrichtung und lernt dabei automatisch die Höhe, Weite, Richtung und Geschwindigkeit des ankommenden Balles zu antizipieren.

Auch das Schlagen eines „toten" (gehaltenen oder fallen gelassenen) Balles ist nicht empfehlenswert und nicht nötig. Wenn der Ball auf eine kurze Entfernung normal und langsam zugespielt worden ist, beschreibt er vor dem Treffpunkt eine ballistische Kurve, die der Schüler zu berechnen lernt. Darüber hinaus ist es doch leichter, einen Ball zu treffen, der gegen die Schlagrichtung und dadurch gegen den Schlägerschwung ankommt, als einen senkrecht zu Boden fallenden Ball, bei dem man dessen Flugbahn mit dem Schläger kreuzen muss. Das ist doch schon beim Erlernen des Aufschlags ersichtlich. Warum soll man es dem Schüler bei allen Schlägen so schwierig und praxisfremd machen?

Selbstverständlich gibt es Situationen, bei denen man im Einzelfall eine Ausnahme machen muss, aus welchen Gründen auch immer. Das bedeutet aber noch lange nicht, dass es zur Methode ausarten muss.

Zweite Stufe – Shorttennis
Shorttennis ist der Hauptinhalt der **zweiten Stufe.**

Das Ziel dieser Stufe ist die erste Umsetzung der erworbenen Handhabung der Geräte (Schläger-Ball) in einfache Handlungsfähigkeit.

ABB. 60:
Shorttennisplatzabgrenzung

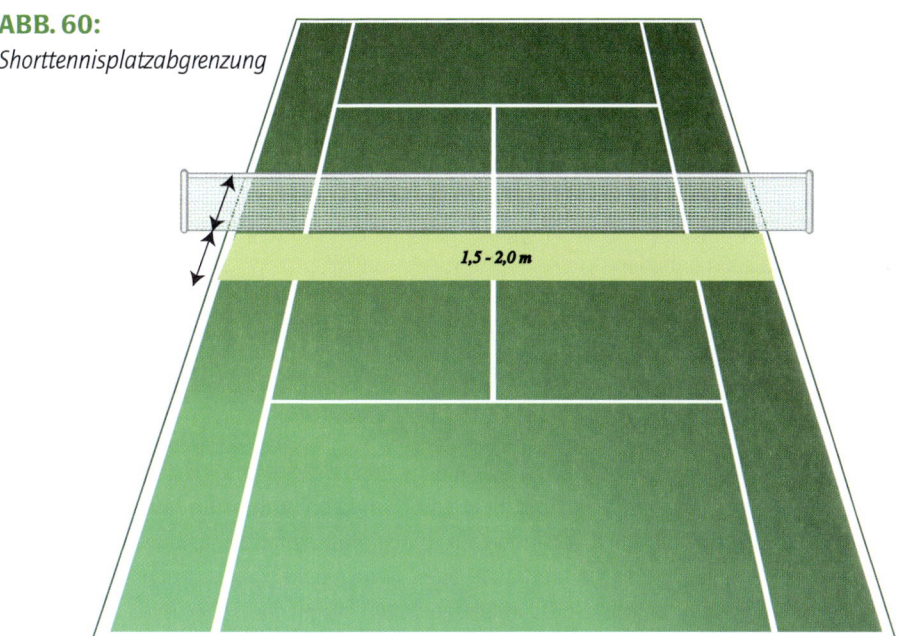

1,5 - 2,0 m

Etwa 1,5-2 m hinter dem Netz wird beidseitig eine Linie (Strich) gezogen, um das Spielfeld einzugrenzen (siehe Abb. 60).

In dieser Stufe kommt es das erste Mal zum tennisähnlichen Partnerspiel übers Netz. All die Fertigkeiten, die in der ersten Stufe erworben worden sind, werden hier angewandt. Die kurze Entfernung zwischen den Spielern lässt lange Bälle, die entweder durch zu großen Krafteinsatz oder zu lange Aushol- und Schlagbewegungen entstehen, nicht zu, wodurch auch weiterhin sowohl die Entwicklung der Kontrolle und damit des Ballgefühls als auch der Treffpunkt als zentrale Aufgabe im Mittelpunkt stehen. Technisch wird einfach das fortgesetzt, was schon vorher geübt und erlernt worden ist, diesmal vor allem in horizontaler Ebene. Es können sich in jedem Aufschlagfeld jeweils zwei Spieler gegenüberstehen und eine Art Einzel spielen; es können aber auch auf der ganzen Spielfeldbreite zwei oder sogar drei Spieler pro Seite nebeneinander stehen und in einer Form des Doppels oder der Volleyballform mit zwei- oder dreimaliger Ballberührung pro Seite schon um Punkte spielen.

Selbstverständlich sollen die Übungsformen der ersten Stufe auch in der zweiten Stufe parallel dazu fortgesetzt und intensiviert werden. Die **Qualität der Koordination** wird nämlich von der **Bewegungsgeschwindigkeit** und vom **Informationsgehalt** bei einer gezielten Bewegung bestimmt. Je schneller der Schüler gewisse Übungen fehlerlos durchführen kann, desto bessere Koordinationsfertigkeit eignet er sich an, und je variabler (Informationsgehalt) er mit den Geräten bei den einzelnen Übungen umgehen lernt, einen desto **größeren Bewegungsschatz** kann er bilden.

Auch in dieser Stufe ist das **handlungsorientierte bzw. aufgabenorientierte (spielorientierte Konzeption) Vorgehen** vorrangig.

Bewegungskorrekturen sollen in beiden Stufen nur dann erfolgen, wenn der Schüler etwas grundsätzlich falsch macht oder wenn er die gestellte Aufgabe durch die angewandte Technik nicht erreichen kann. Ansonsten soll der Schüler selbst versuchen, durch Ausprobieren, durch Selbstkorrekturen, durch Variieren und Improvisieren das angestrebte oder vorgegebene Ziel zu erreichen. Es ist noch einmal zu betonen, dass in beiden ersten Stufen die Zieltechnik noch nicht bewusst oder gezielt angestrebt werden soll, obwohl gewisses Augenmerk in diese Richtung sicherlich nicht falsch ist. Im Mittelpunkt steht die Koordinationsfähigkeit.

In der zweiten Stufe sollte man allerdings im Verlaufe der Zeit schon wenigstens darauf achten, dass die Schüler den ganzen Körper und nicht nur den Arm einsetzen, d.h., dass sie beim Schlag, wenn auch wenig, doch zu rotieren anfangen. Das bedeutet, dass man verstärkt darauf achtet, dass der Schläger weniger mit dem Arm, vielmehr aber durch die Rotation der Hüften und des Schultergürtels sowohl rückwärts in die Ausholbewegung als auch vorwärts in die Schlagrichtung bewegt und beschleunigt wird.

Man darf nicht vergessen, dass von Anfang an falsch erlernte Bewegungsabläufe auch falsche Bewegungsautomatismen erzeugen, die als Engramme gespeichert werden. Solche falsch ausgebildeten Engramme sind hingegen Einflüssen gegenüber genauso resistent wie korrekte Engramme. Eine spätere Änderung ist deswegen praktisch kaum möglich, denn es müssten die schon gespeicherten Engramme gelöscht und neue gespeichert werden. Das ist durch eine kleine Korrektur nicht machbar; man muss umlernen, was nicht nur zeitraubend (wiederum ein langfristiger physiologischer Prozess im ZNS) und für längere Zeit leistungsmindernd, sondern bei tief eingeschliffenen Automatismen praktisch nicht mehr möglich ist.

Deswegen ist es wichtig, dass sowohl während dieser als auch während der nächsten beiden Stufen zwar kein sogenannter „idealer" Bewegungsablauf gedrillt wird, der übrigens, wie schon gesagt wurde, gar nicht existiert, dass aber der Schüler durch Überwachung an einer Aneignung und Festigung von falschen Bewegungsabläufen weitgehend gehindert wird.

Spätestens jetzt wird die Notwendigkeit der Kenntnisse aus der Biomechanik ersichtlich und die Forderung nach der Technikentwicklung im biomechanischen Optimum verständlich.

Über welchen Zeitraum sich diese beiden Stufen ausdehnen sollen, kann man vorher nicht exakt festlegen. Das hängt von der Übungshäufigkeit, von der Übungsvariabilität und -anzahl, vom individuellen motorischen Talent, von motorischen und koordinativen Vorerfahrungen aus anderen Sportarten, vom Alter, von der Motivation, von der Anzahl der Schüler in einer Übungsstunde, vom erzielten Fortschritt und einigen anderen Umständen und Bedingungen ab.

Unter Umständen können sich diese zwei Stufen über Monate oder aber nur über Wochen oder sogar nur Tage ausdehnen.

Wichtig ist, dass man vor allem bei Kindern von Anfang an überwiegend Methoden und Übungsformen wählt und anwendet, die die Schüler schon am nächsten Tag **unabhängig vom Trainer**, nur untereinander, **mit viel Spaß** fortsetzen können. Genauso, wie sie es beim Straßenfußball oder -basketball auch tun.

Schon hier kann man die Philosophie des Autors betonen, **dass der beste Trainer derjenige ist, der den Schüler in allen Bereichen selbständig und unabhängig und dadurch sich selbst überflüssig macht.** Man braucht sich nur in der Tierwelt umzusehen!

Dritte Stufe – Minitennis

In der **dritten Stufe** geht man zum **Minitennis** über, das in der heutigen Form über fünfzig Jahre alt ist. Es wurde im Jahre 1945 in der damaligen CSR in Prag vom berühmten und ausgezeichneten Trainer J. HOUBA erfunden, massenweise und systematisch praktisch in alle Vereinen der CSR eingeführt. Heutzutage ist es weltweit bekannt, und deswegen gibt es an dieser Stelle auch nicht viel Neues zu sagen. Der Autor dieses Buches hat in den sechziger Jahren selbst eine sehr erfolgreiche Minitennisschule in Prag und später in Wien gegründet und geleitet, und er hat Minitennis gleich nach seinem Antritt beim DTB 1969 in Deutschland bei seinem ersten Einsatz als Davis-Cup-Coach in Köln den Medien vorgestellt, anschließend eingeführt und propagiert, über lange Jahre hinweg leider mit relativ geringem Erfolg, weil dafür hierzulande zu der Zeit noch überhaupt kein Verständnis vorhanden war. Erst später, mit der Einführung von Schultennis, ist Minitennis etwas hoffähiger geworden.

Einige Anmerkungen sind aber doch nötig.

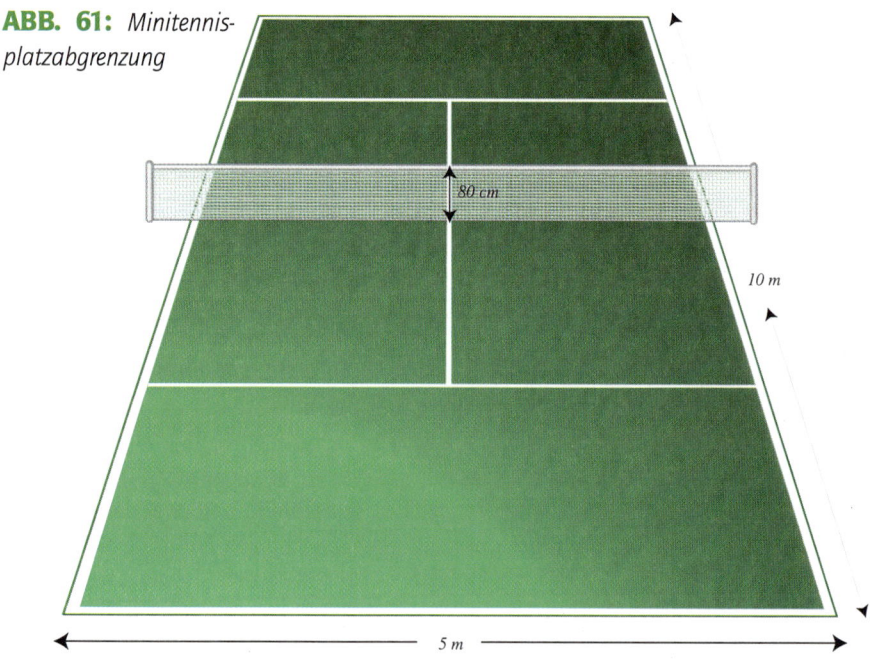

ABB. 61: *Minitennis-platzabgrenzung*

Erst einmal ist es selbstverständlich nicht für alle Anfänger, sondern praktisch ausschließlich für Kinder ausgedacht worden. Das deuten schon die Ausmaße des Platzes an, die 10 x 5 m bei 80 cm hohem Netz betragen sollen (siehe Abb. 61). Ein Erwachsener kommt sich da schon etwas komisch vor. Ausnahmen sind selbstverständlich immer möglich.

Zweitens ist es ratsam und empfehlenswert, ausschließlich das **entsprechende Material** zu benutzen, was übrigens für die ersten beiden Stufen auch gilt. Damit sind vor allem bei Kindern Kinderschläger wie auch Softbälle gemeint, wobei die Softbälle auch den Erwachsenen die Ballbeherrschung am Anfang erleichtern und den Lernvorgang beschleunigen. Softbälle springen nicht so hoch, wodurch der Treffpunkt bei Kindern in Hüfthöhe und nicht in oder über Schulterhöhe liegt, wie es bei normalen Tennisbällen der Fall ist, und dadurch von vornherein zu extremen und nicht empfehlenswerten Schlägerhaltungen (Westerngriff) zwingt. Softbälle fliegen langsamer und vor allem wesentlich kürzer. Kinderschläger sind kürzer und leichter, was die Handhabung vor allem kleinen Kindern enorm erleichtert.

Drittens ist es empfehlenswert, Minitennisplätze separat anzulegen. Kinder müssen sich dort zu Hause fühlen, sie müssen die Möglichkeit haben, die Plätze **zu jeder Zeit** benutzen zu dürfen, ohne Auf- und Abbau und ohne dass sie von Erwachsenen verjagt werden können. Unbenutzte Klubparkplätze, Rasenflächen usw. kann man zu diesem Zweck umbauen und verwenden. Schwieriger ist es in der Hallensaison, aber heute gibt es schon vorgefertigte Sets, die man sehr schnell auf- und abbauen kann. Minitennis z.B. im normalen Aufschlagfeld soll eine Ausnahme bleiben. Allerdings im Notfall ist es in dieser Stufe viel, viel besser als der normale Tennisplatz.

Die Vorteile von Minitennis sind enorm. Dadurch, dass auf eine relativ kurze Entfernung über ein niedriges Netz gespielt wird, sind die Bewegungsabläufe aller Schläge relativ kurz. Insofern entfallen automatisch große, weiträumige (und wie im Kapitel 1.4 schon beschriebene, absolut unnötige) und dadurch fehleranfällige Ausholbewegungen, die bei Anfängern auf dem normalen Tennisplatz bei der großen Entfernung zwischen den Spielern aus verschiedenen Gründen zwangsweise vorkommen. Es verlangt kaum Kraftanwendung, wodurch sich die anfängliche Verkrampfung schnell löst und die Schwunganeignung erleichtert wird. Das

Augenmerk konzentriert sich deswegen viel mehr auf den Treffpunkt und dadurch auf die richtige Schlägerstellung. In dieser Stufe wird (nach A. HOTZ, 1995) der sogenannte **Bewegungskern**, auch als **stabiler Kern** bezeichnet, entwickelt, womit die Grundstruktur des Bewegungsablaufes gemeint ist. „Ein **Kernprogramm** umfasst die funktionsbestimmende Rahmenkoordination der wesentlichen Knotenpunkte." (A. HOTZ, 1996)

Auch bei noch mangelhafter und unkompletter Technik können die Schüler um Punkte spielen (wieder ein Vergleich mit Straßenfußball oder -basketball), was den Kindern Spaß macht, die Motivation und Konzentration steigert, die Wahrnehmung, Antizipation und die Intuition fördert und schon in dieser frühen Stufe die Taktik entwickelt. Das ist auf dem großen Platz unmöglich. Es kommt schon viel öfter zum längeren Ballwechsel. Die kleinen Kinder lernen dadurch nicht nur den Schläger und den Ball, sondern auch den Raum (Geometrie des Platzes – siehe weiter unten) beherrschen.

Die Entwicklung der Vielfalt in der Technik wird nicht nur früher eingeleitet, sondern sie wird erleichtert und beschleunigt.

All die aufgeführten Tatsachen deuten schon an, dass **die technische Ausbildung auch in dieser Stufe vor allem aufgabenorientiert ist (spielorientierte Konzeption)**. Allerdings müssen die sich entwickelnden Schlagabläufe, aus den in der vorherigen Stufe erwähnten Gründen, verstärkt überwacht werden. Das bedeutet, dass in dieser Stufe die **bewegungsorientierte Methode (technikorientierte Konzeption)** etwas mehr an Bedeutung gewinnt.

Es gibt eine ganze Reihe von weiteren Vorteilen, die beim Praktizieren von Minitennis entstehen. Für mehr Informationen wird auf weitere, heute schon sehr reichhaltig vorhandene Literatur aus der ganzen Welt verwiesen.

Auch auf dieser Stufe soll und muss das Koordinationstraining der ersten Stufe fortgesetzt werden. Besonders das späte Kindesalter zwischen dem achten und zwölften Lebensjahr ist ideal für die Entwicklung und Perfektionierung der Koordination.

Man spricht von sogenannten **sensitiven Phasen** im menschlichen Leben. Das sind Phasen, in denen der Organismus aus physiologischen Gründen besonders empfindlich für spezielle Reize ist. Im Hinblick auf die Koordination ist es der schon erwähnte Zeitabschnitt, bezüglich der Schnelligkeit ist es das Alter zwischen dem achten und dem zehnten Lebensjahr. Deswegen sind die Schwerpunkte in diesem Lebensabschnitt besonders auf diese beiden Bereiche zu setzen, denn sie betrachtet man als leistungslimitierende Faktoren im Tennis.

Die zweite Stufe (Shorttennis) wird jetzt durch das Minitennis abgelöst, was nicht heißen soll, dass man nicht zu Übungszwecken oder zum Aufwärmen verschiedenartige Spiele in dem verkürzten Feld einsetzen sollte, wobei die Größe des Feldes variiert werden kann (bis z.B. zu den Aufschlagfeldern des Minitennisplatzes).

Auch Minitennis ist nur eine zeitbegrenzte Zwischenstufe, es soll als Mittel zum Zweck dienen. Erfahrungen zeigen, dass manche Schüler, vor allem die jüngeren, Minitennis sogar einige Jahre gerne spielen, manche halten sich dabei nur kurz auf und wechseln dann zum normalen Tennisplatz, andere wechseln zwar, kommen aber für eine gewisse Zeitperiode immer wieder gerne zum Minitennis zurück und spielen dadurch parallel auf beiden Plätzen.

Es gibt keine Vorschriften und keine exakten Empfehlungen, wie lange die Schüler diese Stufe zu absolvieren haben. Im Gegenteil, es ist davor zu warnen, das ernsthafte, wettkampforientierte, offizielle Turniergeschehen durch Minitennis in noch jüngere Altersperioden zu versetzen. Kleine, unbedeutende Wettkämpfe in vernünftigem Rahmen sind selbstverständlich aus vielerlei Gründen empfehlenswert.

Minitennis kann somit als eine sehr wichtige Stufe auf der technischen und taktischen Entwicklungsleiter betrachtet werden, es **darf aber nicht zum Selbstzweck hochstilisiert werden**.

Wie schon gesagt wurde, kann man die ersten drei Ausbildungsstufen zeitlich nicht begrenzen. Bereits hier werden aber dem Tennisschüler, für ihn noch mehr oder weniger unbewusst, die Ganzheitlichkeit und die Zusammenhänge der einzelnen Teile des Bewegungsablaufes vermittelt. Deswegen soll diese Phase nicht zu kurz kommen, besonders bei kleineren Kindern kann sie gar nicht lang genug dauern.

Vierte Stufe – Aufbau der Zieltechnik

In der vierten Stufe fängt der Ernst richtig an. Jetzt wird mit dem langfristigen, systematischen Aufbau der **Zieltechnik** auf dem normalen Tennisplatz begonnen, wobei die Entwicklung des **Bewegungskerns (stabiler Kern)** präzisiert, vertieft und zu Ende gebracht wird und der **flexible Kern situativ-variabler Potenz** in Angriff genommen werden soll.

Deswegen wird vor allem in der ersten Phase der Stufe „Techniklernen" das **bewegungsorientierte Lernen (technikorientierte Konzeption)** im Vordergrund stehen. Der Spieler hat in den drei vorherigen Stufen bis zu diesem Zeitpunkt ausreichende koordinative Fertigkeiten erworben, er kann mit Ball und Schläger schon recht gut umgehen, und es ist an der Zeit, dass er sich die wichtigsten Teile der Tennistechnik in großräumigem Format im biomechanischen Optimum aneignet.

Um eine hohe Resistenz der gebildeten Engramme gegenüber Störfaktoren zu erreichen, müssen in dieser Phase, frei zitiert nach D. MARTIN, **zwei trainingsmethodische Prinzipien** gewährleistet sein:

(a) Der Einschleifprozess der Fertigkeiten erfordert **Übungswiederholungen mit möglichst gleichen Bewegungsabläufen.** Um dies zu erreichen, sollen die äußeren Bedingungen möglichst optimal und vor allem störungsfrei sein. Das bedeutet, dass die Trainingsbedingungen relativ standardisiert werden sollen.

(b) Der Einschleifprozess der Fertigkeiten erfordert sehr hohe Wiederholungszahlen; deshalb ist das **kontinuierliche Überlernen** das zweite trainingsmethodische Prinzip. Begrifflich bedeutet Überlernen nichts anderes als den Prozess eines übertrieben ausgedehnten und sich ständig wiederholenden Übens.

Einzelheiten zu diesen Themen werden im Abschnitt 2.3 beschrieben.

„Beobachtungen der Trainingspraxis zeigen, dass das Überlernen tatsächlich ein **grundlegendes Verfahren des Techniktrainings** darstellt ... Beim Überlernen im leistungssportlichen Training geht es nicht nur um eine bessere Festigung der Programme, sondern um weit mehr:

- um die **permanente Integration sich nahezu ständig verändernder konditionell-energetischer Bedingungen** in die Präprogrammierung der Fertigkeiten und
- um das **In-Erfahrung-Bringen, die Verfügbarkeit tausendfacher minimalster Programmänderungsmöglichkeiten,** weil exakte Kopien von Fertigkeitsverläufen weder unter Trainings- noch unter Wettkampfbedingungen möglich sind." (D. MARTIN, 1991)

Nun, wie sollen optimale, störungsfreie und standardisierte Bedingungen auf der einen Seite mit der Einbeziehung konditionell-energetischer Bedingungen oder Programmänderungsmöglichkeiten auf der anderen Seite miteinander übereinstimmen?

Dies ist sicherlich ein sportartübergreifendes, umstrittenes Problem, das nicht nur in der Trainingslehre für den Tennissport den Experten Kopfzerbrechen bereitet. Die meisten Theorien gehen bisher davon aus, dass während der Lernphase die äußeren Bedingungen optimal sein sollen, dass während der Technikschulung keine größere konditionelle (körperliche) Beanspruchung stattfinden darf und dass die Wiederholung der einzelnen Technikfertigkeiten (Schläge) aus der gleichen Position, mit der gleichen Zuspiel- und Abspielgeschwindigkeit usw. erfolgen muss.

Sicherlich sind diese Theorien im Prinzip richtig, man muss aber Unterschiede zwischen verschiedenen Sportarten und Techniken machen. Anders wird es bei standardisierten stereotypen Techniken, wie z.B. beim Hochsprung oder Schwimmen sein müssen, und anders muss man das z.B. bei Spielsportarten betrachten.

Im Tennis handelt es sich bei der Aneignung der Technik **nicht nur** um ein besseres Einschleifen oder Festigen von Schlagablaufprogrammen.

Aus der Sicht der später notwendigen **Optimierung der Situationsbewältigung** ist es notwendig, schon in diesem Teil der Lernphase eine gewisse **Variabilität der Schlagtechniken** (flexibler Kern) zu entwickeln, denn ein Einschleifen von ausschließlich standardisierten Bewegungsabläufen in standardisierten Situationen bedeutet später ein Umlernen gerade dort, wo es sich um technische Situationsbewältigung handelt. Dieses Problem ist aus der Praxis weitgehend bekannt. Weil ein Umlernen sehr schwierig ist, wird der Spieler später im Match in den schwierigen Situationen, vor allem bei problematischen Spielständen, immer wieder auf den sogenannten „Hausschlag" (gespeicherte Technik) zurückgreifen, den er in der Kindheit gelernt hat, der aber nur in standardisierten Situationen funktioniert und deswegen in der schwierigen Situation versagt.

Es gibt eine ganze Reihe von sehr guten Technikern, die aber relativ erfolglos bleiben, weil sie ganz einfach nicht über ein **weit reichendes Technikanwendungspotenzial** verfügen. Sie spielen zwar technisch gut, sind aber nicht fähig, zu improvisieren oder aber in verschiedenen schwierigen Situationen variabel zu handeln bzw. in diesen Situationen ihre Technik durchzusetzen.

Man könnte dies mit dem positiven Beispiel des Autofahrens vergleichen: In den Fahrschulen werden Anfänger von Anfang an in der Mitte des täglichen Straßengewühls unterrichtet und nicht auf abgesperrten Strecken unter idealen Bedingungen. Und es funktioniert hervorragend.

Das bedeutet, dass von Anfang an zuerst mit einfachen, später über kompliziertere, aber immer variable Übungsformen eine sich fortlaufend entwickelnde **Flexibilität der Technikanwendung** bei den Schülern erreicht werden muss.

Dabei geht es jedoch nicht nur um die Variabilität der Technik, sondern es handelt sich vor allem um die **Flexibilität des Handelns**. Die Handlungsflexibilität ist aber nicht nur von taktischen Grundkenntnissen abhängig, sondern auch von der Variabilität der Technik, womit sich der Kreis wieder schließt.

Darüber hinaus muss von Anfang an die **Entwicklung der Komplexität der Bewegungshandlung** im Vordergrund stehen, und diese setzt den Einsatz von verschiedenen konditionell-energetischen und koordinativen Faktoren voraus, die in einfachen, standardisierten Bedingungen nicht zum Tragen kommen.

Aus den weiter oben beschriebenen Gründen darf man den **Lernprozess** im Tennis **nicht nur** als eine Speicherung von Programmen im ZNS betrachten, obwohl das die zentrale Aufgabe ist, sondern auch als die **Hinführung zur Komplexität der Bewegungshandlung, die auf drei Säulen steht:**

(a) auf der Stabilität und Präzision der Technik,
(b) auf der Technikvariation,
(c) auf den konditionell-energetischen Voraussetzungen.

Nun geht es darum, wie man alle diese angestrebten Ziele unter einen Hut bringen kann.

Fassen wir sie noch einmal zusammen:
- Einschleifen und Festigen von Schlagablaufprogrammen
- Permanente Integration sich nahezu ständig verändernder, konditionell-energetischer Bedingungen
- Verfügbarkeit tausendfacher minimaler Programmänderungsmöglichkeiten
- Variabilität der Schlagtechniken
- Weit reichendes Technikanwendungspotenzial
- Flexibilität der Technikanwendung
- Komplexität der Bewegungshandlung.

Zwei wichtige Voraussetzungen sind schon durch die Entwicklung in den drei vorherigen Stufen geschaffen worden: **die Fähigkeit der kleinräumigen Ballbehandlung und das Verständnis für die ganzkörperliche Bewegungskomplexität**. Hiermit bestätigt sich, wie wichtig eine systematische Vorgehensweise ist.

Selbstverständlich kann man nun nicht von Anfang an alle Ziele gleichzeitig und womöglich noch in einer einzigen Übung zusammenfassen. Auch hier muss man die „Schritt-für-Schritt-Methode", die Übungshäufigkeit, das Talent, das motorische Ausgangspotenzial jeden Individuums, die Motivation, das kalendarische Alter, das Trainingsalter und vieles mehr beachten. Trotzdem kann man eine gewisse richtungweisende Orientierungshilfe geben. Zu den einzelnen Punkten 1-20 wird weiter unten Stellung genommen; sie werden erklärt und begründet.

Davon ausgehend, dass der Schüler nicht mit der vierten Stufe anfängt, was leider noch immer eher die Regel ist, sind folgende Empfehlungen zu geben:

1. Von Anfang an soll das Aufwärmen vor dem Unterricht eine Selbstverständlichkeit sein.
2. Vor und/oder während der Unterrichtsstunde (nach den Pausen) sollen regelmäßig kurze Abschnitte (5-10 min) mit Koordinations- oder Schnelligkeitstraining eingeschoben werden.
3. Nach ca. 20-30 min sollen regelmäßig Regenerationspausen von 3-5 min eingehalten werden.

4. Zuerst auf kurze Distanz (Trainer am Netz, Spieler auf der T-Linie) aus dem Korb mit dem Schläger zuspielen.
5. Die Position des Trainers soll nicht in der Mitte sein, sondern in einem der Aufschlagfelder und relativ nahe am Netz.
6. Die Position des Schülers soll ebenfalls nicht in der Mitte der T-Linie sein, sondern im schräg gegenüberliegenden Feld oder dem Trainer gegenüber.
7. Das Zuspiel soll am Anfang noch relativ regelmäßig sein, der Spieler soll sich allerdings zum Treffpunkt hin einige Schritte bewegen.
8. Die Schlagrichtung des Spielers soll variiert werden.
9. Dem Schüler soll nicht nur die Schlagrichtung, sondern auch das Schlagziel (Zielfläche), das am Anfang recht groß sein soll, vorgegeben werden.
10. Es ist darauf zu achten, dass von Anfang an der ganze Körper mit eingesetzt wird (leichte Rotation), trotz aller Probleme, die dabei entstehen können. Das biomechanische Optimum soll nicht aus den Augen gelassen werden.
11. Die einzelnen Bewegungsabläufe sollen kurz sein, die räumliche Ausdehnung soll der Ballgeschwindigkeit und der angestrebten kurzen Schlaglänge entsprechen.
12. Es sollen jeweils beide Schläge (Vor- und Rückhandseite) parallel geübt werden.
13. Alle Bewegungen zum Schlag, vom Schlag zurück in die Ausgangsstellung wie auch die Schlagposition auf dem Platz sollen exakt den später erwünschten Bewegungen und Positionen im Match entsprechen.
14. Im Verlaufe der Zeit (abhängig vom Fortschritt) soll das Zuspiel mehr und mehr variiert werden.
15. Bälle, die vom Schüler zum Trainer in dessen Reichweite gespielt worden sind, soll der Trainer direkt zurückspielen.
16. Bis auf Ausnahmen sollen auch im Gruppenunterricht vom Spieler immer Serien von Schlägen und nicht nur einzelne Schläge gespielt werden.
17. Flugbälle und Aufschläge sollen so früh wie möglich integriert werden.
18. Mit zunehmendem Erfolg soll der Spieler weiter ins Feld, schließlich bis an die Grundlinie versetzt werden.
19. Im Verlaufe der Zeit sollen sogenannte „Ein-Ball-Rallyes" vermieden werden; es soll immer häufiger zum direkten Ballwechsel Trainer-Spieler oder Spieler-Spieler kommen.
20. Das Zuspiel wie auch die Lösung der Aufgabe durch den Spieler soll immer mehr variiert werden.

Die Länge der Ballwechsel, die Pausenlänge, die Intensität, der Gesamtumfang einer Trainingseinheit, die konditionelle Beanspruchung und einiges mehr werden im Abschnitt 2.3 erklärt.

Nun die angekündigten **Ergänzungen zu den einzelnen Punkten**:
zu 1. Das im Tennis immer noch recht unpopuläre Aufwärmprogramm vor jeder Übungs- oder Trainingseinheit ist eine unabdingbare Voraussetzung für den Erfolg der anschließenden Arbeit. In 2.3 werden die einzelnen Ziele, die man beim Aufwärmen ansteuert, aufgeführt. Man darf nicht vergessen, dass der menschliche Organismus bei verschiedenen körperlichen Tätigkeiten unterschiedliche Voraussetzungen braucht, um die angestrebten Übungs- oder Trainingsaufgaben auch mit Erfolg durchführen und beenden zu können. Einige dieser Voraussetzungen sind z.B. die optimale Funktion des Muskel-Systems sowie des Herz- und Kreislauf-Systems, die Energielieferung, die Konzentrationszunahme oder die Verletzungsresistenz.

Das **allgemeine Aufwärmprogramm** soll in der Regel in **drei Teile** gegliedert werden. Es soll mit ca. 3-5-minütigem Einlaufen beginnen.

Danach soll die entscheidende Skelettmuskulatur gedehnt werden, was erfahrungsgemäß ca. 10-20 min dauert. Zum Abschluss soll der Kraftbereich, der koordinative und/oder Schnelligkeitsbereich angesprochen werden, und zwar in der Form eines kleinen Spiels oder von kurzen Sprints, Koordinationsübungen, Seilspringen, Würfen, Sprüngen usw. Dieser Teil soll noch **vor dem Anfang der eigentlichen Trainingseinheit** stattfinden, um Zeit zu sparen.

Erst danach soll man **zum tennisspezifischen Teil des Aufwärmens** übergehen. Auch dieses soll sinnvoll gegliedert werden. Selbstverständlich werden in diesem Teil Unterschiede zwischen Anfängern, Fortgeschrittenen und Könnern vorkommen müssen. Generell kann man aber sagen, dass am Anfang **grundsätzlich sehr locker, entspannt und langsam** geschlagen werden soll. In allen Spielkategorien hat es sich bewährt, in den ersten 2-5 Minuten nur von der T-Linie zur T-Linie (im Aufschlagfeld stehend!) zu schlagen. Anschließend soll das Einschlagen (Aufwärmen) von der Grundlinie fortgesetzt werden, wobei man am Anfang wiederum nicht nur langsam und locker, sondern vor allem **lang bis zur Grundlinie** schlagen soll. Dadurch bekommt man von Anfang an den optimalen Rhythmus, Kontrolle und Ballgefühl. Dieser Teil fällt selbstverständlich bei den absoluten Anfängern, die vorerst nur von der T-Linie spielen, aus. Erst nach ca. 2-3 min soll man das Tempo verschärfen. Auf die gleiche Art soll man dann auch bei allen anderen Schlägen (Flugbälle,Schmetterbälle, Aufschläge) vorgehen.

Wenn anschließend technisches Training geplant ist, soll dieser Teil **minimal 8-10 min** dauern. Beim anschließenden Taktik- oder Matchtraining soll man sich aber **mindestens 15-20 min** gründlich einschlagen, um schlagtechnisch optimal vorbereitet zu sein.

zu 2. Koordinations- und Schnelligkeitstraining **muss im ausgeruhten Zustand** durchgeführt werden. Es wäre also falsch, dieses erst am Ende des Trainings anzufangen. Aus den gleichen Gründen müssen zwischen den einzelnen Koordinations- oder Schnelligkeitsübungen vollständige Regenerationspausen stattfinden, was selbstverständlich Zeit kostet. Deswegen empfiehlt es sich, tennisspezifische Koordinations- oder Schnelligkeitsübungen jeweils an den Anfang und/oder in die Mitte der Trainingseinheit nach einer Zwischenpause zu setzen. Diese Übungen dauern in der Regel 5-15 min. Das hängt von der Anzahl der Spieler und der Übungsform ab. Selbstverständlich muss Koordinations- und Schnelligkeitstraining auch als selbständige Einheit regelmäßig vorkommen (GROSSER/KRAFT/SCHÖNBORN: Schnelligkeitstraining im Tennis, 1998), aber durch die tägliche Trainingsergänzung in diesem Bereich gewinnt man nicht nur Zeit, sondern man integriert diese Faktoren direkt in die Tennistechnik (siehe Komplextraining).

zu 3. Regeneration hat im Training die gleiche Wertstellung wie die Arbeitszeit selbst. Es ist falsch zu denken, dass der Lern- oder Trainingseffekt nur während der eigentlichen Arbeitszeit entsteht. Ganz im Gegenteil, während der Arbeitszeit werden je nach Trainingsziel verschiedenartige Reize gesetzt, die entsprechende und gewollte biochemische (physiologische) Anpassungsvorgänge in dem jeweils angesprochenen Teil des Organismus hervorrufen. Diese Anpassungsvorgänge (Adaptation) finden aber vor allem in den Pausen bzw. erst nach dem Training während der Regenerationszeit statt. Darüber hinaus muss man gerade beim tennistechnischen Training, das insbesondere das ZNS in Anspruch nimmt, mit der Belastung sehr vorsichtig umgehen und der Regeneration große Aufmerksamkeit widmen, wie in den Kapiteln 2.2 und 2.3 noch erläutert wird.

zu 4. An der Information zu diesem Punkt ist sicherlich prinzipiell nichts Neues zu finden, allerdings ein wichtiger Hinweis ist zu betonen: Es soll **nicht zugeworfen**, sondern **zugespielt** werden! Dies wurde schon einmal erwähnt und begründet.

zu 5. u. 6. Diese zwei Punkte werden zusammengefasst, denn sie stehen in engem Zusammenhang.

Mit die wichtigsten Eigenschaften eines Spitzenspielers sind **räumliches Sehen und räumliches Denken**. Wir leben in einer **dreidimensionalen Welt**, und ganz besonders im Sport ist das Wahrnehmen aus dieser Betrachtungsperspektive von enormer Wichtigkeit.

Der Tennisplatz hat zwar festgelegte Ausmaße, an denen nichts zu ändern ist, aber aus der Sicht des Spielers verändert sich die Perspektive auf die Geometrie des Platzes praktisch mit jedem Schritt. Wir haben z.B. ganz andere räumliche Dimensionen (Länge, Breite, Winkelmöglichkeiten) vor uns, wenn wir 3 m hinter der Grundlinie stehen und wieder andere, wenn wir kurz hinter der T-Linie schlagen. Es bestehen ganz unterschiedliche Winkelverhältnisse bei einer Position außerhalb der Seitenlinie und bei einer Position 2 m innerhalb des Platzes (siehe Abb. 62-65 auf Seite 104).

Aus den verschiedenen Kombinationen dieser möglichen Positionierungen auf dem Platz entsteht eine **positionsbedingte Geometrie des Tennisplatzes**, die später im Wettkampftennis eine sehr wichtige Rolle spielt.

Hinzu kommt das Netz, das uns direkt zwingt, **dreidimensional** zu denken, denn wir sehen die andere Platzhälfte von der Grundlinie aus nur durch das Netz. Wir können den Ball von der Grundlinie aus niemals waagerecht oder sogar schräg abwärts, sondern immer nur schräg aufwärts schlagen. Der Ball beschreibt dann eine **ballistische Kurve**, was zwar der Erdanziehungskraft und des Luftwiderstandes wegen ganz natürlich ist, was aber physikalischen Gesetzmäßigkeiten unterliegt, die wir nicht nur akzeptieren müssen, sondern die wir lernen müssen zu berechnen. Bei dieser Berechnung spielen die beabsichtigte Ballgeschwindigkeit, die beabsichtigte Länge und der Winkel eine entscheidende Rolle.

Der nächste wichtige Punkt ist der **Treffpunkt in Hinblick auf die Position des Spielers und auf die beabsichtigte Schlagrichtung**. Wenn man z.B. knapp neben der Seitenlinie steht und vorhat, einen Ball entlang dieser Linie zu spielen, muss man nicht nur eine exakte Schlägerstellung im Treffpunkt ansteuern (senkrecht zur Schlagrichtung), sondern man muss auch eine dementsprechende optimale Körperposition einnehmen. Für einen Crossball von der gleichen Stelle muss

ABB. 62-65:

Vier unterschiedliche Perspektiven eines Platzes aus der Sicht des Spielers

man den Treffpunkt weiter nach vorn verlegen und die Schlägerposition in diesem entsprechend ändern, damit sie wieder senkrecht zur neuen Schlagrichtung steht. Das reicht aber bei weitem noch nicht aus. Für einen perfekten Schlag muss sich gleichzeitig auch die Körperstellung verändern, der Körper muss sich anpassen (siehe Abb. 66 und 67).

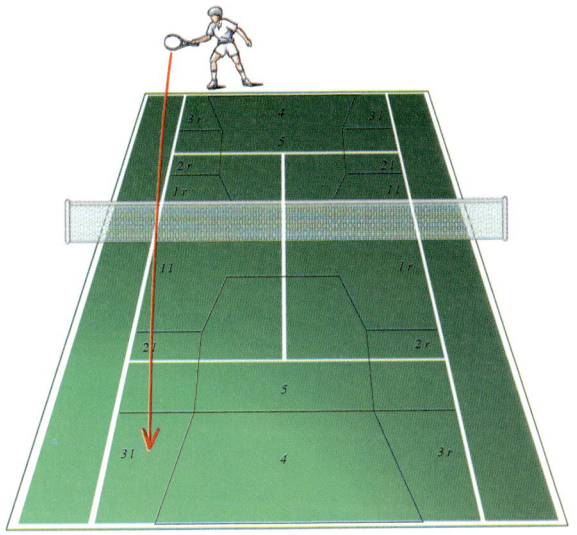

ABB. 66-67:

Zwei unterschiedliche Körperstellungen für zwei unterschiedliche Ballrichtungen

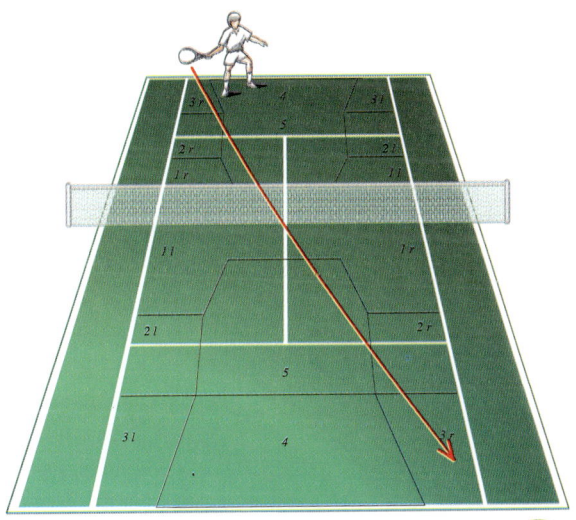

Somit kann man behaupten, dass für hundert Schlagrichtungen hundert unterschiedliche optimale Treffpunkte und Körperstellungen notwendig sind, auch wenn u.U. nur minimale Anpassungsvorgänge stattfinden.

Aus dieser Tatsache, kombiniert mit der Problematik der Geometrie des Platzes und der ballistischen Flugkurve des Balles, ergeben sich für jeden Spieler, der anfängt, wettkampfmäßig zu spielen, zum Teil große Probleme. Besonders aber dann, wenn er nicht auf diese Tatsachen aufmerksam gemacht wurde, bzw., was noch viel wichtiger ist, wenn er in dieser Richtung in der Praxis nicht von Anfang an richtig ausgebildet und trainiert worden ist. Eine zu hohe Zahl zu kurzer Bälle, unpräzise Platzierung an den Seitenlinien, auch die Unfähigkeit zum Winkelspiel sind in der Regel nicht auf technische Unzulänglichkeiten zurückzuführen, sondern auf die Unkenntnis der erwähnten unterschiedlichen Betrachtungsweise der Platzgeometrie, der falschen oder gar fehlenden Berechnung der Flugkurve des Balles und der mangelhaften Körper- und dadurch Schlägerstellung im Treffpunkt.

Wenn der Trainer und der Spieler während des Ballwechsels ständig nur in der Mitte des Platzes auf der gleichen Stelle stehen, wird der Spieler in Verbindung mit dem Schlag auch **nur** diese Position speichern. Sein Orientierungsvermögen wird nicht parallel mit der Technik und vor allem mit den verschiedenen Möglichkeiten ihrer Anwendung entwickelt.

Die Streuung der Bälle, die von der Mitte wie nach rechts oder links, so auch lang oder kurz, recht groß sein kann, wird nicht bewusst wahrgenommen, und dass der Schlag nicht gut genug durchgeführt wurde, wird nicht erkannt, weil der Ball ja „drin" war (siehe Abb. 68).

Um einen Vergleich zu ziehen: Wer das Autofahren nur auf dem Dorf bei freier Straße erlernt hat, der bekommt mit dem Verkehr in einer Großstadt anfangs große Probleme.

Oder ein anderes Beispiel: Fast jeder Autofahrer hat größere oder kleinere Probleme oder mindestens ein ungutes Gefühl innerhalb von Baustellen auf der Autobahn. Warum eigentlich? Er sitzt ja in dem gleichen Auto, fährt auf der gleichen Straße und Straßenoberfläche, überholt die gleichen Wagen oder wird von diesen überholt, und trotzdem ist er verkrampft, bewegt unnötig wesentlich mehr das

ABB. 68:

Mögliche Streuung der Bälle aus der Mittelplatzposition

Lenkrad hin und her, denkt, dass zum überholten LKW nur Millimeter an Zwischenraum sind, obwohl dazwischen noch ein bis drei Meter liegen und fährt deswegen lieber über die Straßenmarkierungen hinweg; jedes entgegenkommende Auto betrachtet er viel aufmerksamer und mit Misstrauen usw. Dabei fährt er normalerweise auf freier, breiter Autobahn oder Landstraße souverän, locker, entspannt und problemlos. In beiden Fällen muss er ja schließlich nur geradeaus fahren, sonst nichts. Das Problem hier ist das Gleiche – die Geometrie der Straße hat sich verändert, und das ist ungewohnt! Wenn er jeden Tag einhundert Kilometer hin und einhundert Kilometer zurück nur durch Baustellen fahren müsste, würde er sich daran gewöhnen und genauso souverän dahinschweben wie auf einer breiten Autobahn.

Aus diesen Gründen ist es ratsam, die Positionierung des Trainers und des Schülers gleich von Anfang an **wirklichkeitsgetreu** zu vollziehen, damit der

Schüler die jeweilige Technik schon eingebettet in der später zu erwartenden möglichen Spielposition erlernt. Es gibt **keinen einzigen Grund**, nur Mitte-Mitte zu spielen; es ist vielmehr nur eine hundert Jahre alte Gewohnheit oder auch Bequemlichkeit der Trainer.

Der Schüler nimmt zuerst eher unbewusst seine Position, die Entfernung zum Netz und zur Seitenlinie wahr. Diese wird aber im Laufe der Zeit immer fester im Gedächtnis gespeichert; er lernt automatisch z.B. den viel engeren Raum bei einem Longlineball im Vergleich zum breiten Raum bei einem Crossball zu erkennen (siehe Abb. 69). Er lernt automatisch die erforderliche unterschiedliche Winkelstellung des Schlägers im und die unterschiedliche Körperdrehung zum Treffpunkt im Zusammenhang mit der angestrebten Schlagrichtung anzuwenden. Und er lernt sehr zeitig, die unterschiedliche Positionsgeometrie auf dem Platz zu seinen Gunsten zu nutzen.

ABB. 69:

Eingeschränkte Streuungsmöglichkeiten bei der Einnahme der Position in der Nähe der Seitenlinie

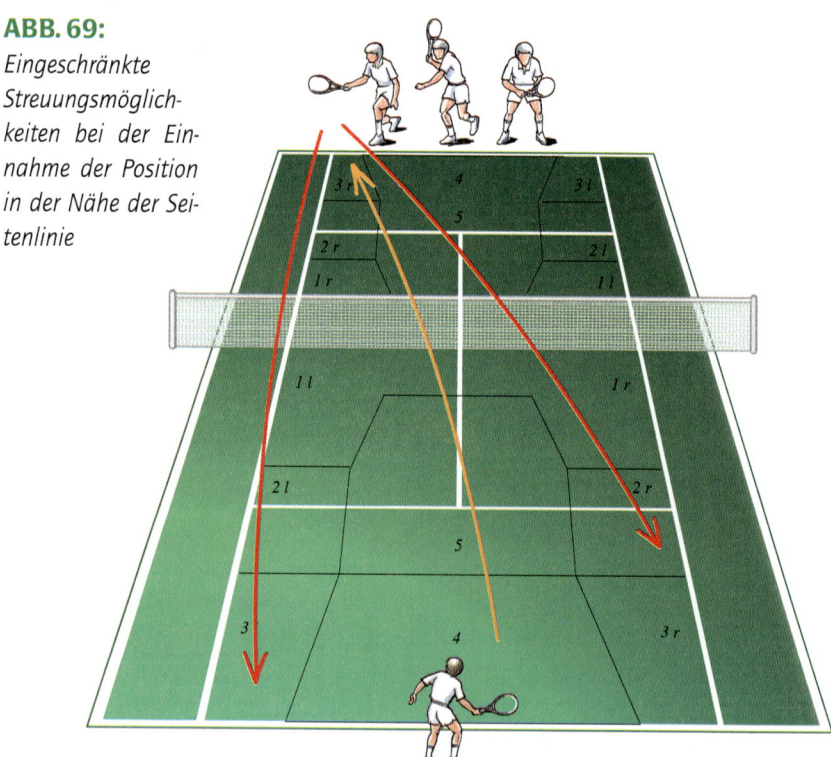

Somit wird auch auf dieser Stufe das vorwiegend bewegungsorientierte mit dem aufgabenorientierten Lernen gepaart.

zu 7. Ganz am Anfang soll das Zuspiel ziemlich regelmäßig und präzise sein, damit der Schüler eine hohe Wiederholungszahl unter gleichen oder ähnlichen Bedingungen erreichen kann, was für das Einschleifen von optimalen Bewegungsmustern notwendig ist. Empfehlenswert ist es, wenn der Trainer den Ball relativ flach und kürzer zuspielt. Dadurch wird der Treffpunkt relativ niedrig und vor allem vor dem Körperschwerpunkt liegen können, und der Spieler muss sich automatisch vorwärts gegen den Ball bewegen. Bei zu hohem und zu langem Zuspiel ist der Spieler stark unter Druck, gerät oft aus dem Gleichgewicht und in die Rücklage.

Wichtig ist, dass dem Spieler nicht direkt auf den Schläger zugespielt wird, sondern dass er sich zum Treffpunkt einige Schritte bewegen muss. Erst einmal ist man in und aus der Bewegung mobiler, anpassungsfähiger und lockerer (s. Seite 87), und zweitens ist die richtige Anlauf- und Angleitrichtung (s. Seite 46) für die Impulserhaltung sehr wichtig, und deswegen soll sie unter dem Gesichtspunkt der Ganzheitsmethode so früh wie möglich in den Schlag mit einbezogen werden.

Darüber hinaus ist darauf zu achten, dass der Schüler den Ball grundsätzlich **immer nach dem ersten Absprung** spielt! Dadurch lernt der Spieler, die Spielsituation wahrzunehmen, den Absprungpunkt und den richtigen Treffpunkt zu antizipieren und dementsprechend rechtzeitig noch vor dem Ballabsprung zu agieren und nicht erst nach dem Absprung zu reagieren. Dies ist vor allem später beim Leistungstraining und im Match von großer Wichtigkeit, besonders im modernen Tennis, wo man den Ball im oder vor dem Kulminationspunkt spielen muss und dabei weit ins Feld vorrücken soll.

zu 8. u. 9. Auch diese beiden Punkte sind in engem Zusammenhang zu sehen. Was die Schlagrichtungsvariation betrifft, wurden die Gründe schon in den Punkten 5. u. 6. beschrieben. Ein weiterer wichtiger Punkt, der später vor allem bei der Automatisierung und im Technikanwendungstraining eine entscheidende Rolle spielen wird, ist das Spiel auf Zielflächen. Dies wird in der Praxis nach wie vor stark vernachlässigt. Schon in der Stufe „Lernen" soll man sich dieses Instrumentariums bedienen, auch wenn das manchem Schüler am Anfang eventuell gewisse Probleme bereiten kann.

Die Gründe hierfür sind einfach und logisch. In der Regel wenden alle Anfänger viel zu viel Kraft an und noch dazu in denjenigen Muskeln, die eventuell wenig oder gar nicht aktiv mit einbezogen werden sollen. Dadurch entsteht die so oft beobachtete Verkrampfung beim Schlag. Dies geschieht vor allem auch dadurch, dass die Schüler versuchen, bewusst oder unbewusst, den Ball auf zu große Entfernung zu schlagen. Man kann dies mit den Golfanfängern vergleichen. Große Entfernung bedeutet aber größeren Krafteinsatz, viel höhere Bewegungsgeschwindigkeit, bei Anfängern dadurch stark gestörte inter- und intramuskuläre Koordination und demzufolge eine stark verminderte Selbstkontrolle der Bewegungsausführung. Wenn man aber dem Schüler das Zielgebiet einschränkt (am Anfang z.B. das linke oder rechte Aufschlagfeld), kann und muss dieser, noch immer von der T-Linie spielend, mit sehr wenig Krafteinsatz schlagen, denn der Ball soll ja nur auf eine Entfernung von ca. 6-8 m gespielt werden. Spieler, die vorher die ersten drei Stufen absolviert haben, werden hier auch keine Probleme mehr haben.

Bei einer langsameren und kürzeren Schlagausführung wird der Spieler viel besser auf die Instruktionen des Trainers eingehen können, er lernt, sich selbst zu kontrollieren, das Feedback wird viel schneller entwickelt. Die Zielflächengröße hängt von der Aufgabe und von der Spielfertigkeit des Schülers ab. Sie soll in dieser Stufe relativ groß sein, da die natürliche Streuung innerhalb der Bewegung und dadurch eine relativ große Streuung der Bälle, die hier noch vorkommt, ein kleines Ziel gar nicht sinnvoll macht. Die Zielfläche soll ja auch ein Kontrollorgan für den Schüler sein. Deswegen ist grundsätzlich vor Markierungen mit z.B. einem einzigen Hütchen oder einem Ballkegel zu warnen. Diese werden in der Regel sehr, sehr selten getroffen und wenn ja, dann aus purem Zufall. Es fehlt das Erfolgserlebnis, die Kontrolle und mit der Zeit die Motivation. Hierzu aber später mehr.

zu 10. Im ersten Kapitel wurde die Ganzkörperbewegung beschrieben und begründet. Es ist sinnvoll, das ganze Technikaufbauprogramm so zu planen und zu steuern, dass von Anfang an Schritt für Schritt **der richtige Bewegungsablauf** (langsame Zusammensetzung einzelner Engramme) geschult wird, damit man später so wenig wie möglich korrigieren und auf keinen Fall umlernen muss. Weil der Schlagimpuls nicht aus der Armbewegung, sondern vor allem aus der rotatorischen Bewegung des Körpers entfaltet wird, ist es notwendig, diesen Teil des Bewegungsablaufes so früh wie möglich zu schulen.

ABB. 70:

Minimale Körperrotation soll von Anfang an angestrebt werden.

Aus Erfahrung weiß man allerdings, dass gerade Anfänger oft zu einer Überrotation neigen, die dann außer anderen Folgefehlern vor allem auch Gleichgewichtsverlust verursacht. Trotzdem soll man die Rotation mit einbeziehen. Dabei ist ein fester Stand erforderlich. Und den erreicht man, wie schon beschrieben wurde, durch eine breite Fußstellung. Das bedeutet, dass man die Körperrotation mit einer festen, breiten Fußstellung koppeln soll. Weiterhin muss darauf geachtet werden, dass bei dem kurzen, langsamen Schlag die Rotation dementsprechend ausfällt – nämlich kurz. Der Spieler soll das Gefühl für die Hüft- und Schulterrotation bei minimaler Armbewegung entwickeln (siehe Abb. 70). Das ist eine Frage der Selbstkontrolle, der Selbstdisziplin, der Geduld und Konzentration.

zu 11. Diese Forderung steht in engem Zusammenhang mit dem vorhergehenden Punkt. Noch einmal ist zu betonen, dass weder die Ballgeschwindigkeit noch die Balllänge prinzipiell in irgendeinem Zusammenhang mit einer weiten räumlichen Schlagausdehnung zu sehen ist. Ganz im Gegensatz zur alten Schule geht die Tendenz im modernen Tennis zu kurzen, kompakten Schlagabläufen. Bei einer kurzen Aushol-, Schlag- und Ausschwungbewegung und einem ganzkörperlichen Einsatz ist die Bewegungskontrolle wesentlich leichter, man macht im gesamten Bewegungsvorgang automatisch weniger Fehler. Noch einmal wird wiederholt: **Die Kraft- und dadurch auch die Impulsentwicklung erfolgt von unten nach oben und wird vor allem in den Kinetoren des Rumpfes verstärkt.**

zu 12. Es gibt keinen einzigen Grund, die einzelnen Schlagarten nacheinander zu lehren. Ganz im Gegenteil – die Schlagentwicklung ist vor allem ein Koordinationslernproblem, und je mehr an koordinativen Impulsen man von Anfang an setzt, desto schneller wird die Koordination perfektioniert. Deswegen ist es sinnvoll, die Vor- und Rückhand parallel zu lehren, am Anfang selbstverständlich in selbständigen Serien. Das Gleiche gilt später auch für Flugbälle.

zu 13. In diesem Bereich werden noch sehr viele Fehler begangen. Man darf nicht vergessen, dass alles, was man über einen längeren Zeitraum bewegungs-mäßig macht, nach und nach gespeichert wird ohne Rücksicht darauf, ob diese Bewegungsabläufe richtig oder falsch waren. Und später im Match kann und wird auch nur das angewandt, was gespeichert worden ist, das heißt u.U. auch schlechte Bewegungsabläufe. Wenn man also zulässt, dass gewisse Bewegungen oder Teilbewegungen während des Übens oder Trainierens falsch ausgeführt wur-den, dann werden diese als fehlerhafte Engramme mit gespeichert und kommen im realen Matchgeschehen naturgemäß in dieser Form wieder zum Vorschein.

An zwei Beispielen soll dies verdeutlicht werden. In der Regel erlaubt man dem Spieler (oder man ordnet es sogar an, was noch viel schlimmer ist) zum Beispiel nach einem Schlag in der Vorhandecke, die Körperbewegung nach außen und nach hinten fortzusetzen, um sich wieder einzureihen (siehe Abb. 71). Praktisch in allen Lehrbüchern wird dies auch so gezeichnet und empfohlen! Im gleichen Atemzug verlangt man aber vom Schüler, dass er mit dem Körper gegen den Ball geht. Das kann nicht funktionieren, und schon gar nicht in diesem Stadium, denn man fordert zwei entgegengesetzte Körperbewegungen zu gleicher Zeit. Das Er-gebnis ist, dass der Spieler den Schlag automatisch schon im Rückgang und da-durch in der Rücklage spielt, was selbstverständlich weder dem richtigen Schlag-ablauf noch der Realität im Match entspricht; denn dort muss man nach einem Schlag in der Ecke sofort zur Mitte zurückkehren, um den Platz abzudecken und nicht weiter nach außen und nach hinten laufen. In die erste Rückkehrbewegung zur Mitte ist schon der zweite Teil des Ausschwungs integriert. Das Gleiche gilt bei Flugbällen. Deswegen muss man darauf achten, dass die Spieler nach dem Schlag sofort etwas vorwärts, vor allem aber wieder zur Mitte laufen (siehe Abb. 72). Dadurch wird schon die richtige Situationsbewältigung (Handlung) geübt und nach und nach gespeichert, ganz abgesehen von der unbewussten Speiche-rung der richtigen Körperarbeit. Dies lehrt der Autor schon seit zwei Jahrzehnten – und es wird leider immer noch nicht verstanden.

Das Gleiche gilt z.B. für die Ausgangs- und Schlagstellung auf der Grundlinie. Heute stehen alle guten Spieler in über 90% aller Grundlinienschläge kurz hin-ter, an oder sogar vor der Grundlinie, und die Tendenz geht noch weiter in den In-

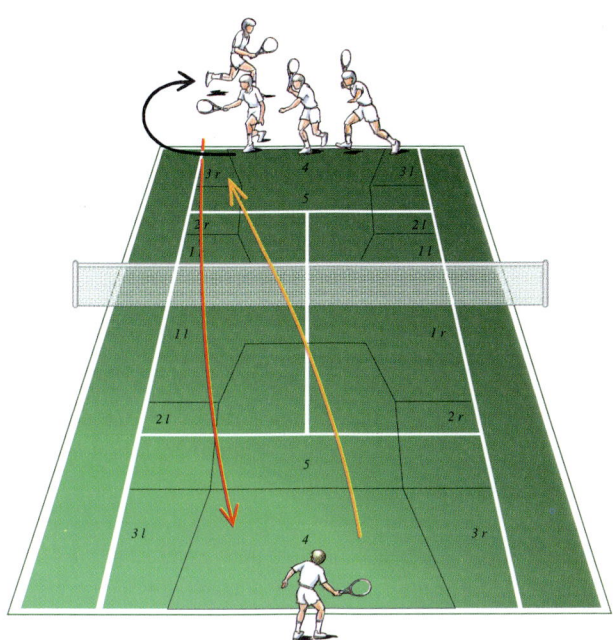

ABB. 71:
Falsche Auslaufbewegung nach einem Schlag während des Schlagtrainings

ABB. 72:
Richtige Auslaufbewegung nach einem Schlag während des Schlagtrainings

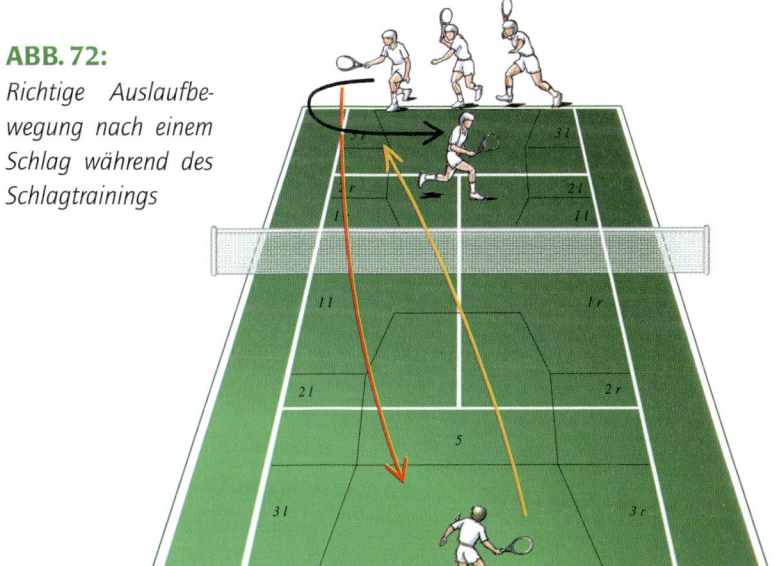

nenraum des Platzes. Auch diese Position und die damit verbundene Schlagtechnik (Bälle im aufsteigenden Ast oder Halbflugbälle) werden gespeichert. Wenn man nun dem Spieler erlaubt, seine ganze schlagtechnische Ausbildung weit hinter der Grundlinie stehend zu absolvieren, kann man sich später nicht wundern, dass der Spieler im Match auch von dort aus operiert und dass seine Technik dieser Position entspricht: Er trifft die Bälle zu spät im absteigendem Ast, übt dadurch zu wenig Druck aus und anstatt zu agieren, kann er vorwiegend nur reagieren. Auch diese Position mit der dazugehörigen Technik ist gespeichert worden, und das alles läuft später im Match genauso ab. Schließlich wurde es ja in dieser Weise automatisiert.

zu 14. Um nicht stereotypische Bewegungsabläufe auszubilden, die dann später auch nur so und nicht anders funktionieren, ist es notwendig, schon relativ früh das Zuspiel zuerst leicht, später mehr und mehr zu variieren.

Das bedeutet, dass der Ball vom Trainer nicht mehr ganz exakt zugespielt werden soll, sondern dass langsam die Höhe, die Geschwindigkeit, die Länge wie auch der Drall wechseln. Dabei muss der Trainer viel Fingerspitzengefühl besitzen, denn der Spieler soll nicht unter Druck gesetzt oder vor unlösbare Probleme gestellt werden, sondern er soll herausgefordert werden, lösbare Situationen mit der vorhandenen Technik zu bewältigen und dadurch die Einsatzfähigkeit der sich entwickelnden Technik zu vergrößern, womit die Technik automatisch perfektioniert wird.

zu 15. Die Einführung des Ballkorbs verführte weltweit die Trainerschaft immer mehr und mehr zu sogenannten „Ein-Schlag-Rallyes".

Der Ball wird dabei vom Trainer aus der Hand zugespielt und vom Spieler irgendwohin auf Nimmerwiedersehen zurückgeschlagen. Hierbei kommt es zu keinem Ballwechsel, was normalerweise der Reiz, das Ziel und der Inhalt des Tennisspiels ist. Solange (was bei Anfängern recht häufig ist) der Ball weit vom Trainer entfernt zurückkommt, ist das in Ordnung. Wenn aber der Ball für den Trainer spielbar ist, soll er diesen auch direkt zurückspielen. Erstens macht es dem Spieler mehr Spaß, zweitens erlernt er viel schneller die Situationsbewältigung, drittens lernt er beizeiten den Ballwechselrhythmus kennen, und viertens entwickelt er wesentlich intensiver die Wahrnehmungs- und Antizipationsfähigkeit.

zu 16. Vor allem im Gruppenunterricht kommt es häufig vor, dass der Spieler nur einen einzigen Schlag spielt und sich danach wieder einreiht. Somit entstehen zu lange Pausen zwischen den einzelnen Schlägen. So etwas nennt man „Beschäftigungstherapie" und es hat weitgehende negative Auswirkungen.

Wie schon erwähnt, setzt man mit jedem Schlag immer wieder neue neuronale und muskuläre Reize, auf die der Organismus biochemisch reagiert. Im Bereich des ZNS spricht man in diesem Zusammenhang von der Bildung eines sogenannten **Kurzzeit-, Mittelzeit- und Langzeitgedächtnisses,** was nichts anderes bedeutet als den Verlauf des Speicherungsvorgangs. Das Kurzzeitgedächtnis, das auch Sekundengedächtnis genannt wird, ist, wie der Name schon sagt, von sehr kurzer Dauer. Damit ist gemeint, das die Spur, die der Reiz im ZNS hinterlassen hat, unvollkommen und schwach ist. Wenn man nun diese Spur vertiefen will, muss der gleiche Reiz unmittelbar wiederholt werden. Wenn aber zwischen diesen Wiederholungen zu lange Pausen liegen, erlischt diese schwache Spur, und man kann praktisch von neuem anfangen. Der Speicherungsvorgang und somit der Lernfortschritt wird dadurch verzögert und gebremst.

Bei einer längeren Serie von Wiederholungen wird diese Spur mehr und mehr vertieft, und sie erlischt bis zur nächsten Serie nicht. Man kann dann auf dem bestehenden Potenzial weiter aufbauen und die nötige Adaptation vertiefen, womit nach und nach das Mittelzeit- und schließlich das Langzeitgedächtnis aufgebaut und die Speicherung vollendet wird.

Hinzu kommt noch die Tatsache, dass bei eventuellen Korrekturen nach einem Fehlschlag der Schüler **sofort** reagieren kann und bei Erfolg die richtige Schlagdurchführung noch einige Male wiederholen kann, womit die Bildung seines Gedächtnisses unterstützt wird. Das kann er bei nur einer einzigen Wiederholung nicht. Es gibt selbstverständlich Ausnahmen, bei denen die „Ein-Schlag-Rallye" sogar von Vorteil ist; das sind aber nur situations- und ganz besonders aufgabenspezifische Ausnahmen.

zu 17. Oft wird der Fehler gemacht, dass der Flugball, der Schmetterball und der Aufschlag zu spät ins Ausbildungsprogramm genommen werden. Normalerweise sollten diese Schläge nach und nach recht früh, in der Regel in der vierten bis sechsten Stunde in Angriff genommen werden. Dort, wo man den hier vorgeschlagenen Stufenvorgang einhält, gibt es dabei auch keine Probleme; die Spieler haben die Grundlagen schon in den ersten drei Stufen erworben. Die Versuche beim Erwerb dieser Techniken erweitern das koordinative Potenzial und damit den Bewegungsschatz.

zu 18. Diese Forderung wurde schon unter Punkt 13 in einem anderen Zusammenhang erwähnt. Dem ist auch nicht mehr viel hinzuzufügen.

Früher wurde zum Beispiel der Halbflugball gemieden; die Trainer haben die Spieler davor gewarnt, diesen zu versuchen, da es angeblich ein sehr schwieriger und risikofreudiger Schlag sei. Ähnlich war es mit einem im aufsteigenden Ast geschlagenen Ball. Dem ist aus der heutigen Sicht nicht so. Jede Technik, wenn sie richtig beigebracht worden ist, ist gleich schwierig oder leicht. Nicht die Technik, sondern deren Einsatzfähigkeit, die Situationslösung ist u.U. schwer, wenn man diese **Situationen** im Training nicht systematisch erfolgreich lösen lernt. Ein Agassi fühlt sich auf und vor der Grundlinie genauso zu Hause wie Bruguera 2-3 m dahinter. Alles ist nur Gewohnheitssache.

zu 19. Auch diese Empfehlung wurde schon vorher begründet. Hier ist vor allem die Periode gemeint, in der der Spieler schon recht weit ist, regelmäßig von der Grundlinie spielt und durchaus fähig ist, mit dem Trainer oder sogar einem Partner längere Ballwechsel zu gehen. Bei einer solchen Spielfertigkeit sollten die „Ein-Ball-Rallyes" wirklich eine Ausnahme sein.

zu 20. In der letzten Phase dieser vierten Stufe muss der Spieler schon gefordert werden. Das bedeutet, dass die Übungen und Drills in ihrer Durchführung immer mehr und mehr **den Inhalten eines Matches** ähneln sollen. Der Spieler kommt jetzt langsam über die Automatisierung zum Technikanwendungstraining, und er muss auf dieses vorbereitet werden. Oft macht man hier den Fehler, dass der Spieler unterfordert wird; es wird von ihm verlangt, immer wieder das zu wiederholen, was er schon relativ gut beherrscht. Dadurch wird er aber nicht besser, denn der Organismus ist gegen diese Reize resistent geworden. Und nur, um eine Bestätigung zu bekommen, ist die Zeit zu teuer. „Denn wenn du dich nur bewegst, wo du dich sicher fühlst, lernst du nichts mehr", sagte der Weltspitzenskispringer Toni Innauer.

Zum Abschluß dieser vierten Stufe kann man zusammenfassend folgende verein-fachte, **dreiteilige, progressive Ganzheitsmethode** zum Erlernen der Tennistech-nik empfehlen:

1. **Man soll immer den ganzen Schlag als eine einzige Einheit (mit Ausnah-me des Aufschlags) lehren. Man soll zuerst mit reduzierter Ausholbewe-gung über eine reduzierte Entfernung mit reduziertem Schlägergewicht schlagen, und erst mit zunehmendem Lernerfolg soll man dies alles ver-größern bzw. verlängern.**

2. **Man soll alle Grundschläge gleichzeitig lehren.**

3. **Man soll die Schläge von Anfang an in der ganzen Komplexität in und aus der Bewegung und mit leichter Körperrotation ausführen lassen.**

Späteres Umlernen ist praktisch kaum möglich. Man kann eher von einer Anpas-sung, Korrektur oder Modifikation sprechen, die immer mit großen Problemen verbunden ist. Deswegen ist zu empfehlen, von Anfang an den richtigen, natürli-chen Weg zu gehen.

2.1.3.1.2 AUTOMATISIERUNG

Jetzt spätestens ist es notwendig, den Unterschied zwischen motorischem Lernen und Training zu erklären.

Motorisches Lernen ist der Neuerwerb von Techniken, das Einschleifen von mo-torischen Engrammen.

„**Training** ist ein komplexer Handlungsprozess mit dem Ziel der planmäßigen und sachorientierten Einwirkung auf die sportliche Leistungsentwicklung" (SPORT-WISSENSCHAFTLICHES LEXIKON) oder aber nach LETZELTER (1980): „**Training** ist ein Verfahren zur Optimierung, Maximierung oder Stabilisierung des psycho-physischen Leistungszustandes, in dem Trainingsinhalte nach angemessenen Trainingsmethoden, welche nach den Prinzipien des sportlichen Trainings ange-ordnet und auf vorgegebene Trainingsziele ausgerichtet sind, ausgeführt wer-den."

Selbstverständlich kann man Lernen und Training nicht exakt voneinander trennen, denn auch im Training wird weiter gelernt. Abgesehen davon, dass zwischen diesen zwei Bereichen ein fließender Übergang und keine exakte Trennungslinie existiert (siehe Abb. 73).

ABB. 73:

Fließende Übergänge zwischen Technikerwerbs- und Technikanwendungstraining und Ergänzungstraining

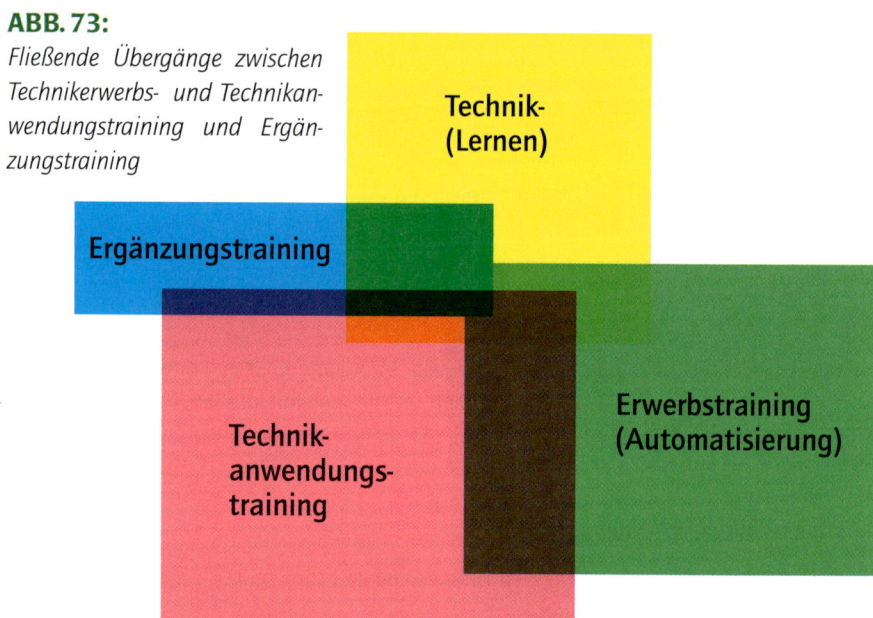

Die Inhalte wie auch die Ziele sind aber unterschiedlich, und deswegen müssen auch die Vorgehensweisen bzw. die Methoden unterschiedlich sein. Während das motorische Lernen auf den **Neuerwerb** hin orientiert ist, konzentriert sich das Training auf die **komplexe Leistung** und **Leistungssteigerung**.

Und die Leistungssteigerung im Tennis erreicht man nicht nur durch eine optimale Entwicklung im gesamten Koordinations- und Konditionsbereich, sondern auch durch **Perfektionierung** im technischen Bereich. Vor allem aber durch die **Verbindung dieser Bereiche**, denn auf einer hohen Könnerstufe entsteht eine noch stärkere Verflechtung zwischen Techniktraining und Konditionstraining als beim Bewegungslernen des Anfängers. Mit anderen Worten, es wird die **komplexe Handlungsfähigkeit** entwickelt.

Das Ziel dieser Etappe ist die Präzisierung und Perfektionierung sowie das Erreichen einer situativen Stabilität und Durchsetzungsfähigkeit der Technik.

Es ist nötig, die enge **Verbindung zwischen Technikerwerbstraining und Ergänzungstraining** herausstellen, obwohl das Ergänzungstraining aus Platzgründen **nicht** der Schwerpunkt dieses Buches ist.

So sind z.B. Technikübungen unter wachsenden Belastungsbedingungen ohne intensive parallele Entwicklung der koordinativen und konditionellen Faktoren gar nicht möglich.

Genauso besteht ein enger Zusammenhang zwischen Technikübungen in variablen Situationen und der gleichzeitigen Entwicklung von Wahrnehmungs-, Antizipations- und Entscheidungsfähigkeit auf der einen, und zwischen situativer Technikentwicklung wie auch technischer Durchsetzungsfähigkeit und Taktiktraining auf der anderen Seite.

Ganz besonders spielt hier **die Entwicklung der Antizipations- und Wahrnehmungsfähigkeit** eine entscheidende Rolle, denn die Durchsetzungsfähigkeit automatisierter Fertigkeiten ist von diesen beiden Eigenschaften abhängig.

Wahrnehmungen sind Denkeinheiten, die die jeweils aktuelle Realität widerspiegeln und bewusst machen und die auf Erfahrungen und Erinnerungen basieren.

> „**Erfahrungen** sind die entscheidenden Referenzwerte, über die routinierte Athleten auch unter Zeitdruck verfügen können. Sie mehren und fördern das implizite Wissen und spüren, wann unter welchen Bedingungen was wie wirkt."
>
> (A. HOTZ, 1996).

Mit anderen Worten muss von Anfang an **die Entwicklung des intuitiven Denkens und Spielens** gefördert werden. „**Intuition** ist spontanes Erfassen, plötzliche Erkenntnis, aber auch ein Moment künstlerischen Gestaltens." (ZEYFANG, 1996)

In vielen Situationen, wie z.B. beim Return (dem wichtigsten Schlag im heutigen Tennis), am Netz beim gegnerischen Passierball, bei Winnerschlägen des Gegners, im Doppel usw. ist die **Wahlreaktion** sehr kurz (0,3-0,7 s), wodurch im reaktionstechnischen Sinne kaum Zeit zum Reagieren vorhanden ist.

Trotzdem meistern die Topspieler diese Situationen in der Regel ausgezeichnet. Dies ist nach KÜCHLER (1983) „darauf zurückzuführen, dass verbesserte Reaktionsleistungen kaum über Verbesserungen des Informationsflusses, sondern **nur durch überdauerndes motorisches Lernen und Üben motorischer Programme (Patterns** – Ergänzung durch den Autor) erreicht werden können". Das bedeutet in unserem Fall, dass man das Training schon in dieser Etappe stark situationsorientiert gestalten muss, um die nötigen situationsadäquaten motorischen Handlungsprogramme speichern und diese auch später intuitiv einsetzen zu können.

Welches Programm aber in einer solchen prekären Situation gewählt wird, **muss antizipiert werden**.

Nach RÜSSEL (1976), MEINEL/SCHNABEL (1987) und MARTIN (1991) verläuft die Antizipation in zwei Phasen:

Die erste Phase bezeichnet man als **Situationsantizipation**,

die zweite Phase nennt man **Handlungsantizipation**.

Bei der **Situationsantizipation** wird die Handlung aufgrund situationsanalytischer Wahrnehmungen und Erfahrungen vorbereitet, ohne dass direkt eine Reaktion einsetzt. Hierfür benötigen wir Wahrnehmungs- und Erfahrungsdaten aus früheren adäquaten Situationen. Spätestens hier zeigt sich die Notwendigkeit der variablen und situationsbedingten Entwicklung der Tennistechnik von Anfang an, wie in der ersten Etappe beschrieben wurde. Ohne Erfahrungswerte kann auch auf dem Tennisplatz keine Situation gespeichert werden, und Erfahrungswerte sind nur durch reichhaltige Erfahrungen zu erreichen.

Zwei Beispiele sollen dies dokumentieren.

Der gegnerische Aufschlag kann bei Spitzenspielern in 0,4-0,6 s den Retournierer erreichen. Für eine Wahlreaktion nach dem Schlag ist es bei dieser Zeitdauer zu spät. Schon das Abstoßen von der Erde und der Sprung oder die Schritte nach rechts oder links dauern länger. Danach muss man aber noch den Ball schlagen. Trotzdem gelingen den Stars relativ wenig Asse (ca. 16,5% der ersten Aufschläge) im Vergleich zur Anzahl erster Aufschläge (ca. 60% aller Aufschläge). Obwohl die meisten ersten Aufschläge sehr schnell und sehr gut platziert sind, werden sie abgefangen, weil eben die Retournierer die Richtung antizipieren können. Dies geschieht auf Grund der Kenntnisse der Schlaggewohnheiten des Aufschlägers, der Aufschlagseite, des Spielstandes, der vorherigen Aufschlagrichtung usw.

Am Netz ist man ohne Situationsantizipation verloren, denn die Zeitnot ist gleich groß wie beim Return. Das ist z.B. der Grund, warum so hervorragende Spieler wie Ivan Lendl oder Steffi Graf am Netz so hilflos wirkten oder wirken. Sicherlich liegt das nicht am technisch mangelhaften Flugball. Im Training spielten beide einen ausgezeichneten Flugball. Was ihnen fehlte, war der Erfahrungsschatz am Netz und dadurch die erforderliche Situationsantizipationsfähigkeit, weil beide sehr, sehr selten am Netz auftauchten. Sie waren beim Flugball viel zu spät und unentschlossen. Auch am Netz muss man auf Grund des eigenen Angriffsschlages (dessen Richtung, Länge, Geschwindigkeit), der eigenen Bewegungsrichtung und Bewegungsschnelligkeit, der Ausgangsposition des Gegners, seiner Schlagposition usw. die Richtung und die Geschwindigkeit des Passierballes antizipieren können, sonst läuft hier gar nichts.

Das beweist, dass ein **situationsunabhängiges Wiederholen** gewisser Schlagtechniken bei weitem **nicht ausreicht**. Ein perfekter Flugball aus dem Stand aus der Mitte des Platzes garantiert noch lange weder einen perfekten und erfolgreichen Flugball beim Sprung zur Seitenlinie oder im Vorwärtsgehen noch im Bereich der T-Linie und noch dazu unter Zeitnot.

Bei der anschließenden **Handlungsantizipation** handelt es sich um die **Wahl derjenigen Handlungen**, die sich in früheren ähnlichen oder gleichen Situationen bewährt haben. Diese Handlungen müssen selbstverständlich von hoher technischer Reife geprägt sein, womit wiederum betont wird, wie wichtig die situationsbedingte variable Technikentwicklung ist.

Nicht nur der variable Einsatz der Technik, sondern deren variable Stabilität, die nur durch unzähliges Wiederholen der gleichen Situationen erreicht werden kann, ist entscheidend!

„Ein zielorientiert breit angelegter Efahrungsschatz ist das Potenzial der Souveränität, die Basis zur **virtuosen Gelassenheit** und – im Sinne einer Art **motorischer Weisheit** – die Kernsubstanz der erstrebenswerten (motorischen) Institution."

(A. HOTZ, 1996).

Und gerade dieses vorerst ferne Ziel ist während der zweiten Phase des Technikerwerbstrainings anzusteuern.

Es müssen Techniken, die im ersten Teil der ersten Etappe erlernt worden sind, nicht nur automatisiert werden, sondern sie müssen auch unter Belastung und in verschiedenen Situationen und Positionen immer wieder wiederholt werden, und zwar mit Erfolg! Das bedeutet, dass auch hier wiederum **das ziel- bzw. aufgabenorientierte Training (spielorientierte Konzeption)** dominieren muss (siehe Abb. 59). Nicht die ideale oder musterhafte technische Durchführung, sondern das **Meistern der Situation** in individueller Art, das **Durchsetzen der eigenen Technik**, die im biomechanischen Optimum erworben wurde, ist entscheidend.

Wenn die absoluten Spitzenleistungen im Tennis nur von der „idealen" oder „musterhaften" Technik abhängig wären, dann gäbe es praktisch kein Spitzentennis und keine Spitzenstars, denn schon jeder zweite Tennisspieler wäre ein Star. Die Superstars können aus jeder Position und Situation mit ihrer individuellen Technik jedes Ziel, jedes Eckchen des gegnerischen Platzes treffen. **Sie können die eigene Technik durchsetzen, sie können ihre Technik variabel einsetzen, sie bleiben anpassungsfähig, kreativ, sie leiden nicht unter Situationsstarrheit!**

In dieser Etappe sollen deswegen nicht nur Schläge in unterschiedlichen Situationen und Positionen trainiert werden, sondern es sollen aus diesen Positionen und Situationen immer wieder systematisch alle möglichen **Zielflächen** im gegnerischen Feld angesteuert werden. Wie schon gesagt wurde, diese Art des Trainings wird grundsätzlich immer noch sehr stark unterschätzt und missachtet. Und wenn man es tatsächlich durchführt, dann in der Regel falsch.

Weltweit fallen meistens die Zielflächen zu klein aus. In den USA wird vorwiegend eine Ballpyramide aus vier Bällen benutzt. Die europäische Antwort darauf ist ein Verkehrskegel. Beide sind unbrauchbar. Ein so kleines Ziel trifft auch die aktuelle Nr. 1 der Welt mehr als selten, und dabei hat er oder sie noch eine ganz große Portion Glück. Ein Durchschnittsspieler, ein Jugendlicher oder auch ein guter Wettkampfspieler hat aber kaum eine realistische Chance, so ein kleines Ziel etliche Male bewusst und beabsichtigt zu erwischen. Wo bleibt dann auf die Dauer die Motivation, wenn sich der Spieler eher wie bei einer Lotterie fühlt? Und Bälle, die nur zentimeterweise daneben landen, werden schon als Misserfolg betrachtet, obwohl diese u.U. noch viel besser (weil näher zur Seitenlinie) platziert worden sind.

Das Ziel muss immer eine Fläche sein, deren Größe und Form von folgenden Bedingungen geprägt sein soll:

(a)   vom Alter bzw. von der Spielfertigkeit und Spielstärke des Spielers,

(b)   von der Schlagart,

(c)   vom beabsichtigten Übungsziel oder der Aufgabenstellung,

(d)   von der beabsichtigten Ballrichtung.

Im vorherigen Kapitel wurde schon das Problem der Dreidimensionalität und des räumlichen Denkens hingewiesen, und es wurde bemängelt, dass man nach wie vor zu wenig auf Ziele spielt, denn gerade dadurch entwickelt man die Raumkenntnisse und die Raumaufteilung.

Den Tennisplatz auf der anderen Seite des Netzes muss man sich als ein Schachbrett, allerdings mit unregelmäßigen Feldern vorstellen. Die so entstandenen Felder bilden schon die ersten Zielflächen, die man für eine ganze Reihe von Übungen verwenden kann.

Man kann aber diese Zielflächen nach Belieben vergrößern, verkleinern, versetzen, verschieben und vor allem formmäßig anpassen. So empfiehlt sich z.B. für das Training eines Passierballs cross ein Dreieck, was auch für das Aufschlagtraining cross gilt. Für Longline-Passierbälle muss es schon eher ein Viereck sein usw. In Kapitel 3, in dem die praktischen Übungsformen des Techniktrainings beschrieben werden, wird eine vom Autor ganz neu entwickelte Idee der Platzaufteilung vorgestellt, beschrieben und begründet (siehe Seite 207).

Die Größe der jeweiligen Zielfläche soll der Spielstärke oder der Spielfertigkeit des Spielers angepasst werden. Der Grundsatz hierfür ist folgender: Während des Tests sollen ca. 50% aller Bälle innerhalb der Zielfläche landen. Mit diesem Prozentsatz arbeitet man eine gewisse Zeit, bis sich der Spieler auf ca. 80% gesteigert hat. Diese Prozentzahl versucht man wiederum eine gewisse Zeit zu halten. Wenn man über eine zu lange Zeit bei dieser Zahl bleiben würde, käme es zu keiner weiteren Verbesserung mehr, denn der Organismus ist dann ausgereizt. Wenn man sich also weiter verbessern will, muss man etwas ändern.

Dabei kann man in diesem Fall nun zweierlei tun. Entweder man erhöht das Schlagtempo oder man verkleinert das Zielfeld. Beides aber nur so weit, dass der Erfolgs- mit dem Misserfolgsquotienten wiederum in einem Verhältnis 50% :

50% steht. Nun fängt man wieder systematisch an, weiter zu arbeiten bis zu den schon angeführten 80%. Und so weiter. Damit erreicht man nach einer gewissen Zeit eine qualitative Verbesserung der Technik. **Man spielt präziser und schneller.** Die Steigerung der Präzision ist aber begrenzt; ab einer gewissen Spielstärke kann man die Leistungsfähigkeit nur noch durch die Steigerung der Schlaggeschwindigkeit erhöhen (siehe Seite. 246).

So ein Vorgehen gibt Sinn, denn die Zielflächen sind nun realistisch zu erreichen, der Spieler kann seinen eigenen Fortschritt objektiv kontrollieren, und bei Jugendlichen z.B. fördert das den Wettkampfgeist und dadurch die Motivation, denn die Erfolgszahlen kann man vergleichen, und sie sind nicht mehr vom Zufall, sondern vom Können abhängig.

> Es wird noch einmal betont, dass **das räumliche Denken systematisch entwickelt werden muss**!

Im Match soll man nicht den Gegner, sondern den Ball und über diesen die Zielfläche spielen. Was hiermit gemeint ist, sollen zwei Beispiele erläutern.

Wenn man einem Netzspieler gegenübersteht, der nach seinem gut platzierten ersten Flugball weiter vorgerückt ist, wodurch er das Netz gut abdeckt, bleibt praktisch nur noch ein Lob zu spielen übrig. In der Regel bemisst man die Höhe des Lobs nach der eigenen Vorstellung eines durch den Gegner in seiner vollen Körperstreckung gerade noch erreichbaren Balles. **Man will den Gegner überloben.** Und gerade diese Vorstellung ist ein entscheidender Fehler!

Wenn man sich nämlich bei der Durchführung des Lobs um einige Zentimeter irrt, schmettert er den Ball mit Erfolg weg. Dies geschieht auch in den meisten Fällen, denn der Ball war nicht nur zu flach, er wurde vor allem zu kurz gespielt! Der Fehler lag darin, dass man sich am Gegner orientiert hat, mit anderen Worten: man hat den Gegner gespielt (siehe Abb. 74). Wenn man aber den Gegner völlig außer Acht lässt, stattdessen gedanklich nur die Zone von ca. 2 - 1,5 m vor der Grundlinie anpeilt (räumlich denkt), muss der Lob so hoch und so lang sein (ballistische Kurve), dass der Gegner keine Chance hat, den Ball zu erreichen, auch wenn er noch so groß ist und sich noch so hoch streckt. Wenn er aber doch gut antizipiert hat und rechtzeitig zurückläuft, dann kann er nur in unmittelbarer Grundliniennähe schmettern, und das ist riskant und andererseits meistens ungefährlich (siehe Abb. 75).

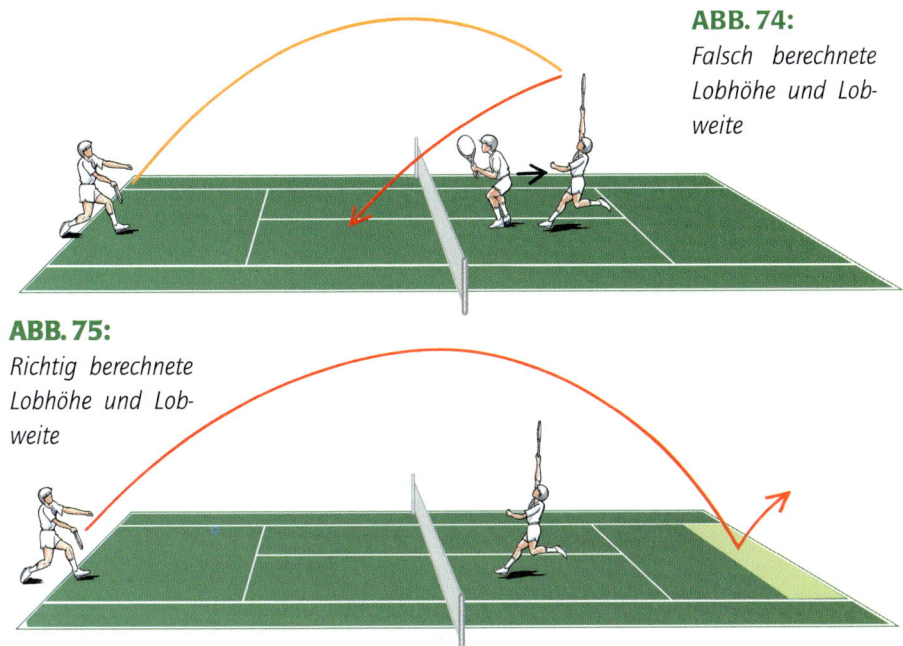

ABB. 74:

Falsch berechnete Lobhöhe und Lobweite

ABB. 75:

Richtig berechnete Lobhöhe und Lobweite

Das Gleiche geschieht bei einem Passierball. Ein gut postierter Gegner am Netz lässt relativ wenig Raum für einen Passierball. Man hat nur eine Chance, wenn man sehr präzise spielt. Wiederum darf man nicht den Gegner fixieren, sondern man muss z.B. bei einem Passierball cross eine Zielfläche (Dreieck) ins Auge fassen, in die der Ball gesteuert wird. Wenn man diese Zielfläche trifft, bekommt der Gegner Probleme, egal wie groß er ist oder wie gut er springen kann. (Siehe auch Abb. 104)

Ähnliche Phänomene existieren auch in anderen Sportarten. Im Fußball wurde folgende Untersuchung vorgenommen: Die ganze Mannschaft musste Freistöße aus einer Entfernung von ca. 20 m schießen. Der Torwart hatte ein besonders farbiges T-Shirt mit speziellem Muster bekommen. Die beste Erfolgsquote haben natürlich die „Berufsschützen" erzielt, die dafür im Sturm verantwortlich sind. Das wäre noch keine so große Überraschung. Nach dem Test wurden aber alle Spieler einzeln gefragt, welche Farben und welches Muster das T-Shirt des Torwarts gehabt habe. Die wenig erfolgreichen Verteidiger und zum Teil Mittelfeldspieler haben das T-Shirt exakt beschrieben. Die erfolgreichen Schützen haben zurückgefragt : „Welches T-Shirt?"

Die Erklärung ist einfach. Die Erfolglosen haben sich exakt auf den Torwart konzentriert und diesen auch prompt angeschossen. Die Erfolgreichen aber haben nicht den Torwart ins Visier genommen (der steht ja normalerweise immer mehr oder weniger in der Mitte des Tores), sondern die Winkel oder die Räume bei den Latten angesteuert und diese auch getroffen. Jetzt müsste verständlich geworden sein, was räumliches Denken ist und was es bedeutet, nicht den Gegner, sondern den Ball und den Raum zu spielen.

Schritt für Schritt und Hand in Hand mit diesem Training sollen die erworbenen konditionellen, koordinativen und taktischen Fähigkeiten in das Technik- und Taktiktraining integriert werden. Das bedeutet, dass der Zusammenhang zwischen der technischen Lösbarkeit diverser schwieriger Situationen und der dafür notwendigen konditionellen und koordinativen Grundlagen auf der einen und die Auswahl der situativen Übungen in taktisch sinnvoller Art auf der anderen Seite trainingsmäßig ausgearbeitet und umgesetzt werden muss.

Damit ist gesagt, dass in dieser Etappe die **Entwicklung der Voraussetzungen im Ergänzungstraining** noch viel weiter in den Vordergrund treten soll und dass diese Bereiche mehr und mehr **bewusst in das Techniktraining integriert werden müssen.**

2.1.3.2 ZWEITE ETAPPE – TECHNIKANWENDUNGSTRAINING

Das Ziel dieser Etappe ist es, die Virtuosität und die Fähigkeit zur situativen Anwendung zu entwickeln und durch diese die Handlungskompetenz des Spielers zu erweitern.

Die **Virtuosität** ist eigentlich der Gipfel des technischen Fertigkeitsniveaus. Im Spitzentennis ist ein Erfolg ohne diese Eigenschaft praktisch undenkbar. Man kann an dieser Stelle einen Vergleich zwischen einem sehr guten Handwerker und einem Künstler ziehen. Praktisch in keiner Sportart kann man heute mit „nur" handwerklichen Qualitäten, und seien sie noch so gut, die höchsten Leistungssprossen erklimmen. Genauso ist es auch im Tennis. Und gerade in dieser komplexen Sportart bedeutet dies den Unterschied zwischen den wenigen Top-Spielern und der Masse der guten oder sogar sehr guten Spieler.

Unter Virtuosität versteht man nicht nur einen einwandfreien Umgang mit Schläger und Ball, sondern die Befähigung dazu ist nur eine der Voraussetzungen für eine optimale situative Anwendung der Technik.

Die traumwandlerische Beherrschung des Schlägers und des Balles ist aber nicht nur ein Produkt der motorischen Begabung oder schlagtechnischer Übung, sondern das Resultat einer langfristigen und vor allem systematischen koordinativen, konditionellen, mentalen und technischen Aufbauarbeit.

Es ist einleuchtend, dass im Trainingsprozess ein frühes Zusammenführen und Verflechten aller einzelnen Faktoren zu einer Einheit das Erreichen der Virtuosität enorm erleichtert.

Und gerade **an diesem Hindernis scheitern die meisten Talente**, denen man in der Jugendzeit so viele positive Prognosen entgegengebracht hat. Sie sind zwar u.U. mit ausgezeichneter Technik ausgestattet, können diese aber wegen Mängeln in den anderen Bereichen bzw. wegen der Unfähigkeit, andere Bereiche in die technische Situationslösung zu integrieren, nicht situationsgerecht umsetzen.

Die **Trainingsinhalte in dieser Etappe** müssen sich wiederum den Zielsetzungen anpassen. Das bedeutet, dass das Techniktraining inhaltlich weitgehend dem reellen Matchgeschehen entsprechen muss.

Darüber hinaus müssen vermehrt diejenigen Schläge, Schlagkombinationen, Situationen und individuellen Spielzüge trainiert werden, die aus der Perspektive des Spielers für sein Spiel von entscheidender Bedeutung sind.

Damit ist gemeint, dass das Training in dieser Etappe **sehr stark individuell gefärbt sein muss**! Umso mehr müssen auf individuelle Art der koordinative und konditionelle Teil mit dem Techniktraining verknüpft werden.

Ein typischer Grundlinienspieler, wie z.B. Bruguera oder Muster, wird im konditionellen Bereich und vor allem in dessen Verknüpfung mit der Tennistechnik schwerpunktmäßig anders vorgehen müssen als z.B. Typen wie Agassi oder Kafelnikov, und diese beiden wieder anders als Becker oder Sampras. Bei den ersteren geht es um mehr Ausdauer und vor allem Schnellkraftausdauer, bei den anderen um mehr Schnelligkeit (Aktionsschnelligkeit, Schnellkraft) und bei der dritten Gruppe um mehr Explosivkraft (Start- und Sprungkraft wie auch Schlagkraft), Reaktionsschnelligkeit, Aktionsschnelligkeit. Selbstverständlich sind damit nur die **unterschiedlichen individuellen Schwerpunkte** gemeint. Dass alle praktisch in allen Bereichen arbeiten müssen, ist sicherlich einleuchtend.

Eine **hohe Effektivität im Techniktraining kann nun als Schlüssel zum Erfolg betrachtet werden.** Die hohe Effektivität wird aber nicht nur durch ein noch so gut durchgeführtes technisches Training, sondern vor allem durch das Erreichen einer **hohen Komplexität** im Training erreicht. **Diese Komplexität ist der entscheidende Faktor, der Ausgangspunkt.** Man kann deswegen behaupten, dass das **beste Training** in dieser Könnerstufe **das Training unter Wettkampfbedingungen** ist.

Dabei ist vor allem auf **zwei Komponenten** zu achten. Einmal ist das zum wiederholten Male erwähnte **Koordinationstraining** bedeutsam. Besonders hier existieren gerade im Tennis in dieser Etappe, aber nicht nur in dieser, noch große Rückstände. Ein bisschen Fußball reicht bei weitem nicht mehr aus! Zum zweiten ist das **Schnelligkeitstraining** unbedingt einzubeziehen, wobei beide Bereiche in das Tennistraining integriert werden müssen. Es muss eine **hohe Verflechtung** zwischen Koordinationstraining, Konditionstraining und Techniktraining erreicht werden.

Wie anders kann man die situative Anwendung verbessern, wenn nicht durch die Integration der wesentlichen und entscheidenden motorischen Bereiche? Die Technik ist ja längst vorhanden!

Die meisten **Übertragungsverluste** in der Schlageffektivität im Training und später auch im Match entstehen wegen Nichtbeachtung der Koordinations- und Schnelligkeitsauswirkungen auf die Wettkampftechnik bzw. auf die gesamte Wettkampfbewegung und damit auf die **Handlungsvariabilitätsfähigkeit** des Spielers.

In abgewandelter Form wird hier die Idee von H. MECHLING (1988) präsentiert: Das Techniktraining in dieser Stufe soll die **Handlungskompetenz** des Spielers optimieren. Damit ist gemeint, dass das Techniktraining in dieser Stufe **nicht die Technik als solche zum Hauptziel hat**, sondern **das Umsetzen der schon vorhandenen Technik** in der jeweiligen Situation, was die **Handlungsvoraussetzungen** des Spielers erweitert.

Und gerade darauf kommt es im Endeffekt bei den absoluten Spitzenspielern an. Sie beherrschen nicht bessere Grundschläge oder Flugbälle als die breitere Masse der Profis, sondern sie können diese Techniken auf Grund der erwähnten besseren Voraussetzungen weit erfolgreicher, produktiver, ökonomischer und situationsangemessener umsetzen.

Besonders darin kann man aber auch die Gründe der phasenweise längeren Misserfolge einiger Spitzenspieler suchen. Nehmen wir stellvertretend als Beispiel M. Stich, der 1994 und 1995 relativ selten erfolgreich war. Stich irrt, wenn er bei einigen wichtigen Niederlagen sagt, dass er sich nichts vorzuwerfen habe. Er ist vom Talent her sicherlich einer der begabtesten, wenn nicht der begabteste Spieler auf der Tour. Er ist auch technisch der Beste. Nur, er kann die Technik auf die Dauer situativ nicht umsetzen. Seine Quote an unerzwungenen Fehlern ist sehr hoch. In schwierigen Situationen ist er z.B. viel zu oft zu spät am Ball und außer Gleichgewicht, und deswegen scheitert er **an** und nicht **in** diesen Situationen. Seine Handlungsvoraussetzungen sind nicht optimal. Er spielt zwar perfektes Tennis, er lässt aber eine optimale situative Handlungskompetenz vermissen. Und das ist bei seinem großen Talent ein reines Trainingsproblem und somit auch seine eigene Schuld.

Damit ist eigentlich das Hauptziel dieser dritten Etappe geklärt. Um es deutlich zu machen, wird es noch einmal wiederholt: **Durch Virtuosität und Perfektionierung der situativen Anwendung soll die Handlungskompetenz des Spielers erweitert werden!**

Auf diesem Gebiet gibt es weltweit noch recht viele Probleme.

Nun stellt sich die Frage, wie und wodurch kann man die Handlungskompetenz der Spieler erweitern?

Hiermit sind wir praktisch auf die **Problematik des Hochleistungstrainings im Tennis** gestoßen.

Es kann **drei wesentliche Gründe für eine Stagnation** geben:
(a) Der Spieler ist „satt", er will gar nicht mehr besser werden bzw. er möchte schon, aber ohne mehr Arbeit, Anstrengung oder Umstellung. Mit dieser Auffassung „glänzen" viele deutsche Spieler und Spielerinnen. Ihnen ist nicht zu helfen, sie verdienen die Hilfe auch nicht.

(b) Der Spieler ist an die Grenze seines individuellen Leistungspotenzials gelangt, mehr ist in ihm einfach nicht drin. Auch diesem Spieler ist nicht mehr zu helfen, obwohl er Hilfe verdienen würde.

(c) Der Spieler will besser werden, aber sein Organismus ist gegenüber dem praktizierten Trainingssystem resistent geworden. Dem ist zu helfen.

Die ersten zwei Gründe kann man übergehen. **Der dritte Grund ist aber von Interesse**, denn hier liegt die Hauptursache vieler Enttäuschungen.

Wenn wir davon ausgehen, dass die Grundtechnik des Spielers nahezu perfekt ist (eine absolute Perfektion gibt es nicht), dass er auch keine wesentlichen konditionellen oder koordinativen Mängel hat, dass er nicht durch eine Krankheit oder Verletzung zurückgeworfen worden ist und dass er hoch motiviert ist, besser zu werden, dann muss man überlegen, wie man aus ihm die letzten, noch nicht zum Vorschein getretenen Leistungsreserven herauslocken kann.

Gerade hier machen so viele Spieler und Trainer einen großen Fehler; sie setzen das vorherige Trainingssystem weitgehend unverändert fort unter dem Motto: Es hat ja bis jetzt so gut funktioniert, es muss somit auch weiter funktionieren.

Und es funktioniert zur großen Überraschung sowohl des Spielers wie auch des Trainers nicht. Es kann nämlich rein physiologisch gesehen gar nicht funktionieren. Durch dieses Phänomen ist auch ein eventuell eintretender überraschender Fortschritt beim Trainerwechsel zu erklären. Der neue Trainer macht es vielleicht nicht einmal besser, er macht es **nur anders**.

Ziel jedes Trainingsimpulses (Trainingsreizes) in jedem Bereich ist es, das **Systemgleichgewicht zu stören**, den Organismus immer wieder zu **neuen Anpassungsvorgängen** (Adaptationen) zu zwingen. Das geht sehr lange relativ gut, sei es deswegen, dass noch recht viele Schwachstellen vorhanden sind, sei es deswegen, dass der allgemeine Leistungsstand noch relativ niedrig ist, sei es deswegen, dass man noch die Möglichkeit hat, den Trainingsumfang oder die Trainingsintensität vertretbar zu vergrößern oder zu steigern oder aber durch motivationale Impulse den Spieler zu einer noch größeren Konzentration und Hingabe zu bringen.

Irgendwann ist aber ein Stadium erreicht, in dem der Organismus **resistent** gegen jegliche weiteren Trainingsreize der bisher angewandten Methoden geworden ist. Diese **Resistenz des Organismus** ist ja nichts anderes als die durch das Training beabsichtigte und vom Organismus umgesetzte Reaktion. Man kann auch sagen, dass die durch das gewisse Trainingssystem beabsichtigte Adaptation erreicht worden ist. Mehr ist nicht drin.

Auf diesem Level fängt die Luft an, sehr dünn zu werden, denn wenn ein je höheres Leistungspotenzial erreicht worden ist, desto schwieriger ist es, einen noch so kleinen Fortschritt zu erzielen. Dies gilt für alle Sportarten. Im 100-m-Sprint ist es relativ einfach, von 12 s auf 11 s zu kommen, schon schwieriger ist es, von 11 auf 10,2 s und sehr, sehr schwierig wird es, die Zeit von 10,2 auf 9,8 s zu drücken. Von 9,8 auf 9,7 s zu kommen, dauert u.U. viele Jahre.

Selbstverständlich haben wir dieses Problem im Tennis auch, obwohl es nicht so leicht messbar ist. Was nun? Wenn man von der weiter oben beschriebenen Überlegung über den derzeitigen Zustand des Spielers ausgeht, dann gibt es eigentlich relativ wenig Möglichkeiten, etwas Grundsätzliches zu ändern.

Mehr Krafttraining, mehr Ausdauertraining, noch längeres Techniktraining, mehr oder weniger Turniere oder was eigentlich? So kann man bestimmt nicht vorgehen. Wenn sich überhaupt noch etwas ändern lässt, dann ist es **der Inhalt**.

Und gerade hier bietet es sich an, neue Verbindungen zwischen technischen, konditionellen und koordinativen Elementen zu schaffen, die **die schon beschriebene Handlungskompetenz des Spielers ausweiten**.

Eine weitere Steigerung der Leistung ist nämlich nur noch dann möglich, wenn der Spieler diejenigen Situationen erfolgreich löst, die er vorher nicht lösen konnte. Das ist aber auf diesem technischen Niveau nur über endloses Wiederholen von konventionellen schlagtechnischen Übungsformen nicht mehr möglich.

Das bedeutet aber, dass sich die Konzentration vor allem auf das Training von solchen, bis zu diesem Zeitpunkt nicht lösbaren Situationen, richten muss.

Nun, warum wurden diese Situationen technisch nicht erfolgreich gelöst? Die Grundtechnik ist ja vorhanden, Kondition auch; daran kann es demnach nicht liegen. Was kann aber sonst noch die Handlungskompetenz einschränken?

Die Antwort ist eigentlich einfach und logisch: Es ist **die koordinative Schwäche**, die sich in der Unfähigkeit äußert, die vorhandene Technik mit den vorhandenen konditionellen Fähigkeiten und Fertigkeiten optimal und wirkungsvoll zu verbinden. **Die technische und motorische Integration ist unvollkommen, die Handlungskompetenz ist eingeschränkt.**

Das Training sollte sich in diesem Fall vor allem auf **zwei Hauptziele** konzentrieren:

(a) Schaffen neuer, unmittelbarer **Verbindungen zwischen konditionellen und technischen Elementen über den koordinativen Bereich** innerhalb realer Spielsituationen.

(b) Erstellen von Trainingsformen, die typische und spezielle matchähnliche Situationen darstellen, die aber im Training **erfolgreich gelöst werden müssen**. Mit anderen Worten – alle möglichen Arten von Rallyes, die im Match vorkommen und dort nicht erfolgreich gelöst werden.

Nun könnte jemand sagen, das ist ja nicht wesentlich neu. Im Prinzip, ausgenommen (a), steht (b) oft im Mittelpunkt des Trainings; es werden ja z.B. viele Punkte oder Trainingsmatches gespielt.

Das Problem dabei ist, dass es in der Regel unsystematisch geschieht, vor allem aber, dass man sich weder **gezielt** auf die ausgesuchten Situationen konzentriert noch die **höchste Qualität der Lösung** anstrebt. Das heißt, dass weder das Durchsetzen der eigenen Technik noch die Komplexität der Bewegungshandlung, noch die situative Stabilität **mit aller Konsequenz** verfolgt werden. Mit anderen Worten, es werden im Training die gleichen technischen Fehler bei der Situationslösung gemacht und zugelassen, die im Match auch passieren. Man kann sich deswegen nicht wundern, dass es zu keiner progressiven Besserung kommen kann, denn durch unzählige Wiederholungen von Fehlern können diese nicht beseitigt werden.

Man lernt nicht aus ständig wiederholten Fehlern, sondern aus positiven Erfahrungen!

Was ist aber in der derzeitigen Praxis in der Regel die Vorgehensweise? Wenn z.B. zum wiederholten Male in einer gewissen Situation die Rückhand verschlagen wird, wird das normalerweise auf eine derzeitig vorhandene Rückhandschwäche zurückgeführt, und infolgedessen wird man die Rückhand wieder in einer normalen, einfachen Situation üben. Der Grund liegt aber nicht in der Rückhand bzw. in ihrer mangelhaften Technik, sondern in der Unfähigkeit, die gewisse Situation mit der Rückhand motorisch und technisch zu lösen. Im übertragenen Sinne gesagt, es wird das Symptom der Krankheit bekämpft, nicht aber die Ursache.

Es liegt also kein technisches Rückhandproblem vor, **sondern es handelt sich um ein Handlungsproblem**, eine **Handlungsschwäche**, die auf **mangelnde Handlungsvoraussetzungen** zurückzuführen ist.

Und gerade hier sind die Ansätze zur Umstrukturierung des Trainings zu suchen.

Um dies zu verdeutlichen, bleiben wir vorerst bei der Rückhand. Nehmen wir an, dass der Spieler sehr oft einen Rückhandpassierball im vollen Lauf verschlägt. Gehen wir dabei davon aus, dass die Technik des Rückhandtopspins in normaler Schlagposition einwandfrei ist. Welche Gründe könnten für die vorhandene Handlungsschwäche vorliegen?

(a) Mangelnde Antizipationsfähigkeit (Erfahrungsproblem)
(b) Mangelnde Startkraft (Schnellkraftproblem)
(c) Mangelnde Beschleunigung (Kraftschnelligkeitsproblem)
(d) Mangelnde Beinarbeit auf den letzten Metern vor dem Schlag und beim Schlag (Koordinationsproblem)
(e) Mangelnde Gleichgewichtsfähigkeit während des Schlages (Koordinationsproblem)
(f) Falsche, in der Regel zu hohe Ballgeschwindigkeit (taktisches Problem).

Wenn man die erwähnte Handlungsschwäche beseitigen will, müssen im Training vor allem **diese Probleme oder Schwächen** angegangen werden!
Dies kann separat erfolgen, falls es sich um gravierende Basisschwächen handelt, z.B. durch Schnelligkeitstraining (Start- und Akzelerationstraining oder sogar Kraftaufbautraining) und durch Koordinationstraining (Gleichgewichtstraining).

Bei solcher Spielstärke und technischer Qualität ist aber davon auszugehen, dass es keine gravierenden Basisschwächen mehr in diesen Bereichen gibt, was nicht heißt, dass man nicht auch weiterhin im konditionellen und koordinativen Bereich systematisch arbeiten sollte.

Deswegen liegt der zentrale Punkt in der Beseitigung der Mängel bei der Verbindung der Faktoren, die für die erfolgreiche Lösung maßgeblich sind.

So bietet sich zum Beispiel eine **komplexe Übungsform** innerhalb einer Trainingseinheit an, mit Kombination von:

(a) maximal schnellen Sprints die Grundlinie entlang mit dem Ziel, den zugespielten Ball wenigstens zu berühren;

(b) technischer (koordinativer) Schulung der spezifischen Beinarbeit (sehr langer letzter Schritt mit dem Standbein, mit aufgerichtetem Kopf und Oberkörper und mit Abfangen durch exzentrische Arbeit des zweiten Beines) in direkter Kombination mit Rückhandtopspinpassierball;

(c) sehr schnellem Lauf an der Grundlinie entlang und Versuch, einen Passierball auf vorher exakt festgelegte Zielflächen (nicht weit vom Netz entfernt, damit die Ballgeschwindigkeit reduziert werden muss) zu spielen;

(d) die gleiche Übung wie (c), aber mit Antizipation und Entscheidung, ob longline oder cross, je nach der Position des Netzspielers;

(e) freiem Ballausspielen zwischen einem Netzspieler und einem Passierballspieler und

(f) wie (e) mit Einbeziehen des Vorhandpassierballs.

Weitere Beispiele werden in 3.2.2 angeboten.

Ein eventueller Erfolg ergibt sich selbstverständlich nicht gleich nach dem ersten Versuch. Diese komplette Trainingseinheit muss wiederum zig- oder hundertmal regelmäßig wiederholt werden, denn auch das ist nichts weiter, als ein neuer Lernprozess, dessen **Ziel eine Speicherung der Situationslösung** (Handlung) ist und der durch physiologische Anpassungsprozesse begleitet wird.

Wie zu ersehen, ist **das Komplextraining** praktisch die letzte Stufe des Technikanwendungstrainings. **Das Ziel** dieser Stufe ist das Erreichen einer **hohen individuellen Handlungsfähigkeit und Handlungskompetenz, die sich in der Optimierung der Situationsbewältigung widerspiegelt.**

Und das geht vor allem über eine weitere Verbesserung der koordinativen Fähigkeiten, der Gewandtheit und Geschicklichkeit, wie man früher die Koordinationsfähigkeit genannt hat.

„Training stellt kein auf alle Einzelfälle (insbesondere im Hochleistungsbereich) schematisch anwendbares Routineverfahren dar. Vielmehr müssen bei seiner Gestaltung die Besonderheiten des Trainierenden (personalspezifisch), der Aufgabe (Aufgabenspezifität) und der Umweltbedingungen (Umweltspezifität) berücksichtigt werden. In diesem Sinne wären nicht einzelne Parameter, sondern **ein Beziehungsgeflecht von Einflussgrößen** zu optimieren.

Vor dem Hintergrund dieses allgemeinen Trainingsbegriffs soll unter 'Techniktraining' **die systematische, anforderungsspezifische Optimierung der Bewegungskoordination** verstanden werden.

'Bewegungskoordination' wird dabei in Anlehnung an BERNSTEIN (1975) verstanden als die dynamische, situationsspezifische Organisation des Bewegungsverhaltens durch physikalische, biologische, psychische und soziale Einschränkungen der Freiheitsgrade des Systems in Abhängigkeit von den jeweiligen Person-, Umwelt- und Aufgabenmerkmalen." (J. NITSCH/J. MUNZERT, 1991)

GRUNDLAGEN DES TECHNIKTRAININGS
2.2

2.2.1 ANALYSE DES TENNISSPIELS

Wenn man den Trainingsprozess nach modernen Gesichtspunkten gestalten will, muss man zuerst eine gründliche Analyse der jeweiligen Sportart durchführen, um:

- die jeweiligen leistungslimitierenden (nicht kompensierbaren) und leistungsbestimmenden (mehr oder weniger kompensierbaren) Faktoren festlegen zu können,
- auf Grund dieser Festlegung die Trainingsschwerpunkte zu bestimmen,
- für die einzelnen Schwerpunkte die Trainingsart, die Trainingsmethoden und deren Formen, Belastungen, Häufigkeiten, Inhalte, Umfänge, Intensitäten, Reihenfolgen, Wiederholungszahlen und Ziele auf Grund der jeweiligen zur Verfügung stehenden Energiekapazitäten festzulegen.

Vorerst ist zu betonen, dass alle modernen Trainingstheorien von einer wichtigen Voraussetzung ausgehen: **Das moderne Training soll sich so weit wie nur möglich dem tatsächlichen Wettkampfgeschehen annähern, d.h., dass in das Trainingsgeschehen weitgehend die Wettkampfbedingungen, Wettkampfinhalte, Belastungszeiten, Belastungsintensitäten usw. mit den dazugehörigen Energiespeichern integriert werden sollen.**

Es wäre ja z.B. sinnlos, das Tennistechniktraining auch weiterhin inhaltlich so zu gestalten, dass vorwiegend so lange Ballwechselhäufigkeiten vorkommen würden (Hopmandrills), wie sie im Match nur sehr selten oder gar nicht vorkommen. So etwas würde wesentlich niedrigere Intensitäten und Geschwindigkeiten erzwingen und auf Grund dessen mindere Schlagdurchführungsqualitäten verursachen. Dazu aber später mehr.

Die Analyse des Tennissports ergibt folgende Bestandteile:

2.2.1.1 Zeitliche Dimensionen
2.2.1.2 Schlaghäufigkeiten
2.2.1.3 Räumliche Dimensionen
2.2.1.4 Ballgeschwindigkeiten und Ballflugzeiten

2.2.1.1 ZEITLICHE DIMENSIONEN

Obwohl ein Tennismatch auch mehrere Stunden dauern kann (ein Dreisatzmatch im Durchschnitt ca. 1 h 30 min, ein Fünfsatzmatch kann allerdings auch über fünf Stunden gehen), sind die tatsächlichen effektiven Spielzeiten sehr kurz. In der Regel rechnet man mit einem durchschnittlichen Anteil von ca. 7-8% auf Grasplätzen, bis höchstens ca. 30% auf Sandplätzen. Dabei gibt es selbstverständlich individuelle, spielertypbezogene Unterschiede sowie auch kleinere Unterschiede zwischen Damen- und Herrentennis.

Es gibt allerdings keine wesentlichen Unterschiede zwischen verschiedenen Spielklassen oder zwischen Erwachsenen und Jugendlichen.

Spieldauer für einen Punkt

Männertennis:

Durchschnittliche Zeitdauer für einen Punkt auf Gras	-	2,7 s
Durchschnittliche Zeitdauer für einen Punkt auf Hartplätzen	-	6,5 s
Durchschnittliche Zeitdauer für einen Punkt auf Sandplätzen	-	8,3 s

Damentennis:

Durchschnittliche Zeitdauer für einen Punkt auf Gras	-	5,4 s
Durchschnittliche Zeitdauer für einen Punkt auf Hartplätzen	-	6,6 s
Durchschnittliche Zeitdauer für einen Punkt auf Sandplätzen	-	10,7 s

Pausendauer

Die Pausendauer zwischen den einzelnen Punkten beträgt durchschnittlich:

im Herrentennis	-	25,6 s
im Damentennis	-	19,4 s

Somit ergibt sich ein Belastungs-Regenerations-Verhältnis

bei Männern	-	1 : 4,4
bei Frauen	-	1 : 2,6

was im Durchschnitt ein Verhältnis von 1 : 3,5 ausmacht.

Die kurzen Belastungszeiten zeugen von einer Arbeitsweise vorwiegend im Bereich der **anaeroben alaktaziden Energiebereitstellung**. Diese Erkenntnis hat eine ganz bedeutsame Auswirkung auf das Techniktraining, wie später erläutert wird.

2.2.1.2 SCHLAGHÄUFIGKEITEN

Die Schlaghäufigkeiten innerhalb eines Punktes betragen im Durchschnitt:

auf Gras	-	2,1 Schläge
auf Hartplätzen	-	5,1 Schläge
auf Sandplätzen	-	6,8 Schläge

Das bedeutet, dass der Spieler im Durchschnitt nur 1,05 bis 3,4 Schläge zur Verfügung hat, um einen Punkt zu erreichen. Bei den Damen sind es ca. 1,8 bis 5 Schläge.

Auf Hartplätzen werden 79% aller Punkte spätestens mit dem sechsten Schlag (dem dritten für einen der Spieler) entschieden! Nur 21% dauern länger.

Auf Sandplätzen werden 62% aller Punkte spätestens mit dem sechsten Schlag entschieden, 38% dauern länger.

Diese drei Schläge pro Spieler umfassen jeweils einen Aufschlag oder einen Return plus entweder zwei Flugbälle und zwei Passierbälle, wenn der Spieler mit dem Aufschlag zum Netz vorrückt, oder Aufschlag bzw. Return plus einen Vorbereitungsschlag und einen Winner bzw. zwei Grundlinienschläge.

Das bedeutet, dass **Aufschlag** und **Return zusammen** in 62% bzw. 79% **ein Drittel aller eingesetzten Schläge ausmachen**!

Dabei werden auf Hartplätzen **37-42% aller Punkte spätestens nach dem Return beendet**, auf Sandplätzen sind es immerhin noch **30-33%**!

Mit dem dritten Schlag werden weitere 17% bzw. 11%, mit dem vierten Schlag 11% bzw. 6%, mit dem fünften Schlag nur noch 9% bzw. 7% und mit dem sechsten Schlag 5% bzw. 8% der Punkte beendet.

Diese Zahlen deuten darauf hin, dass mit zunehmender Ballwechselhäufigkeit immer weniger Punkte entschieden werden, womit dem Anfang jeden Punktes eine ganz besondere Bedeutung zukommt. Und am Anfang sind der Aufschlag, der Return und der erste Flugball bzw. der Passierball oder Winner von ganz besonderer Wichtigkeit.

Noch deutlicher zeigt uns diese Tatsache eine andere Statistik.

Ballhäufigkeit und Zeit		Hartplätze	Grasplätze	Sandplätze
ein- bis viermal,	Männer	56-65%	80-86%	42-56%
unter 5 s	Frauen	50-62%	60-75%	30-32%
fünf- bis achtmal,	Männer	22-24%	11-15%	30-32%
unter 10 s	Frauen	20-22%	18-20%	30-32%
neunmal+mehr,	Männer	8-10%	0-1%	17-22%
über 10 s	Frauen	15-20%	5-10%	32-35%

Diese Zahlen zeigen, dass zwischen 60% und 95% aller Punkte bei den Frauen und zwischen 72% und 99% bei den Männern unter 10 s dauern, in denen höchstens acht Schläge (vier pro Spieler) gespielt werden.

Die Daten über die Anzahl der jeweils am häufigsten verwendeten Schlagarten geben uns Hinweise auf die wichtigsten Inhalte des Techniktrainings bei Turnierspielern.

2.2.1.3 RÄUMLICHE DIMENSIONEN

Die Ausmaße des Tennisplatzes sind konstant und schränken die Laufstrecken stark ein (siehe Abb. 76).

Die längste Laufstrecke geradeaus beträgt höchstens 14 m. Meistens werden aber zwischen zwei Schlägen Streckenlängen von etwa 3-7 m zurückgelegt. Im Durchschnitt werden ca. drei Schläge pro Punkt gespielt, man kann deswegen annehmen, dass der Spieler im Durchschnitt etwa 14-15 m pro Punkt läuft.

Pro Match legt der Spieler nach entsprechender Anzahl der Spiele und Punkte eine Strecke von ungefähr 1300 bis 2500 m zurück. Der Durchschnitt wird zwischen ca. 1800 und 2200 m liegen. Bei Fünfsatzmatches ist es dementsprechend mehr.

Alle diese Daten zeugen von einer relativ kurzen metrischen Gesamtlänge, die darüber hinaus mit Zwischenpausen in einer bis zwei Stunden absolviert wird. Ein gut ausdauertrainierter Spieler dürfte deswegen niemals konditionelle Probleme im Ausdauerbereich bekommen.

ABB. 76:

Ausmaße eines Tennisplatzes

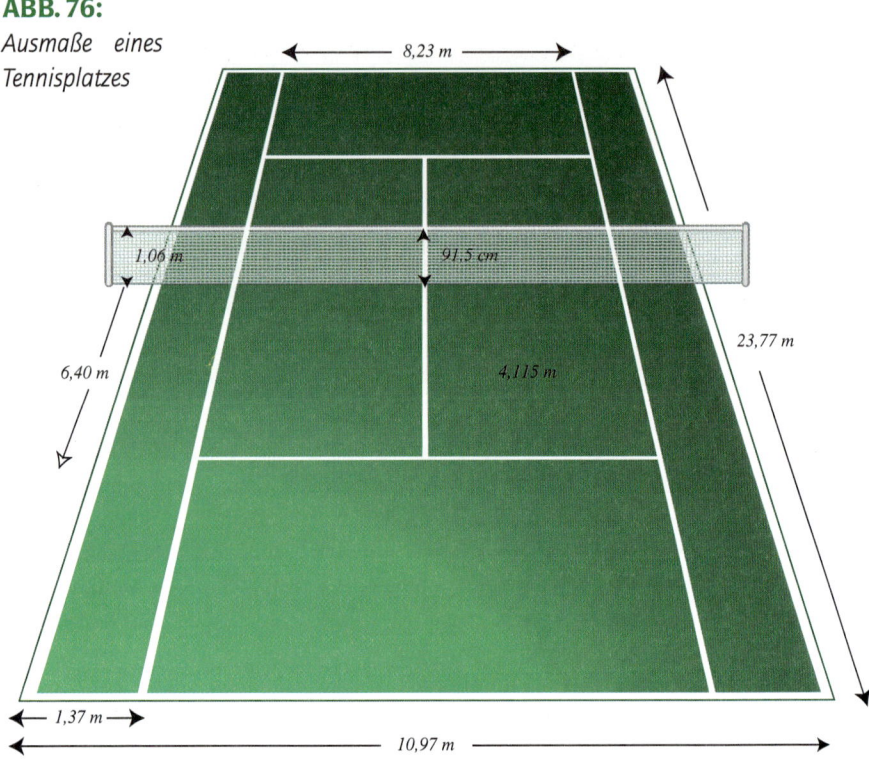

Viel wichtiger ist, dass die kurzen Strecken relativ oft mit maximaler Geschwindigkeit absolviert werden müssen (ein Drittel bis ein Viertel aller Schläge werden unter Zeitdruck, bei hoher Körpergeschwindigkeit und mit sehr hohem Schlagtempo geschlagen, was mindestens einen Schlag pro Punkt ausmacht!) und dass es dabei zu mehrmaligen starken Bremsvorgängen (exzentrische Muskelarbeit), Stopps, neuen Starts und Beschleunigungen (konzentrische Arbeit) während eines Ballwechsels kommt, wobei man zwischendurch den Ball noch präzise schlagen muss.

Demnach kommt dem **Training der Reaktivkraft und der Schnelligkeit** eine ganz besondere Bedeutung zu.

2.2.1.4 BALLGESCHWINDIGKEITEN UND BALLFLUGZEITEN

Das heutige Tennis ist im Durchschnitt wesentlich schneller geworden, als es noch in den achtziger Jahren der Fall war. Dafür gibt es viele Ursachen: die moderne Tennistechnik (starke Körperrotation während des Schlages), die heutige Schlägertechnologie, die überwiegend harten Bälle, die neue Strategie mit der Spielerpositionierung kurz hinter oder sogar vor der Grundlinie, das sichere Schlagen des Balles im und weit vor dem Kulminationspunkt und sogar mit Halbflugball, der Trend, direkte Punkte zu machen, anstatt auf unerzwungene Fehler des Gegners zu warten, die technische Virtuosität der Spieler, die auch die schwierigsten Situationen sicher und vor allem mit hoher Schlägergeschwindigkeit meistern können, ein wesentlich besserer konditioneller Zustand, vor allem im Herrentennis, ein dauernd steigender Körpergrößendurchschnitt bei der Spitze (187,5 cm bei den Herren und 173,5 cm bei den Damen) und vieles mehr.

Aufschläge mit Geschwindigkeiten zwischen 190 und 210 km/h im Herrentennis und zwischen 160 und 185 km/h im Damenspitzentennis sind zur Regel geworden. Auch die zweiten Aufschläge, hier allerdings nur im Herrentennis, erreichen heutzutage Geschwindigkeiten, die vor zwanzig Jahren normalerweise nur bei den ersten Aufschlägen vorgekommen sind, obwohl es schon immer Spieler gab, die sogar mit Holzschlägern über 200 km/h schnell aufgeschlagen haben.

Auch Passierschläge und Winner von der Grundlinie erreichen ohne große Probleme schon bis zu 120 km/h.

Selbstverständlich kommen die Bälle nicht mit diesen Geschwindigkeiten beim Gegner an, denn der Luftwiderstand, die Ballrotation und die damit verbundenen Gesetzmäßigkeiten, die Gravitation und der Reibungsverlust beim Aufsprung lassen die Anfangsgeschwindigkeit stark absinken.

So reduziert sich z.B. beim Aufschlag, der mit 190-200 km/h den Schläger verlassen hat, die Ballgeschwindigkeit in der ersten Flugphase bis zum Aufsprung (ca. 18 m) auf durchschnittlich etwa 175 km/h, in der zweiten Flugphase nach dem Absprung bis zum Treffpunkt des Returnspielers (ca. 6-9 m) auf einen Durchschnitt von ca. 80 km/h, was einen etwa 50%iger Geschwindigkeitsverlust bedeutet.

Auf Grund dieser hohen Geschwindigkeiten liegt die Ballflugzeit zwischen 450-900 m/s. Das Gleiche gilt beim Abfangen eines Passierballs, denn obwohl die Anfangsgeschwindigkeit kleiner ist, ist die Entfernung zwischen den Spielern wesentlich kürzer.

Somit kann man sagen, dass die normale Reaktionszeit in Kombination mit der Körperbewegung zum Ball und der Schlagausführung nicht ausreichen würde, den Ball abzufangen, wenn der Spieler erst nach dem Treffen beim Gegner reagieren würde. Es ergibt sich ein Minus von ca. 150-300 m/s.

Umso größere **Bedeutung** kommt der **Wahrnehmung und der Antizipation** sowie der **Anwendung von eingeübten motorischen Programmen** (Patterns) zu (siehe vorheriges Kapitel)!

Bei normalen Grundlinienduellen fliegt der Ball in der Regel 1-1,5 s von Spieler zum Spieler, so dass eigentlich genug Zeit zum Reagieren vorhanden ist. Wenn man dabei einen direkten Punkt (Winner) machen will, muss man also entweder die Ballgeschwindigkeit steigern oder aber durch kluges taktisches Verhalten den Gegner in Zeit- oder Raumnot bringen.

2.2.2 PHYSIOLOGIE DES TRAININGS

In diesem Kapitel soll wenigstens in groben Zügen auf die wichtigsten physiologischen Grundlagen des Tennistrainings eingegangen werden. Für näheres und detaillierteres Wissen wird auf die einschlägige Fachliteratur verwiesen, denn das Thema „Physiologie des Trainings" verlangt spezielle, selbständige Bücher. Der Autor selbst hat diesbezüglich viele Untersuchungen durchgeführt und die Resultate wie auch Rückschlüsse fürs Training mehrfach publiziert und weltweit präsentiert.

Zuerst ist es notwendig, einige Grundbegriffe und Grundgesetzmäßigkeiten zu erläutern, wobei versucht wird, aus Gründen der Verständlichkeit für jedermann diese auf mehr populäre als rein wissenschaftliche Weise darzustellen.

Für unterschiedliche Arbeitsintensitäten und Arbeitsumfänge verfügen wir über unterschiedliche energieliefernde Stoffwechselvorgänge.

Die Arbeitsweise kann man in drei verschiedene Stufen einordnen:

Anaerob-alaktazid	1. **ATP** = ADP + PI + freie Energie 2. KP + ADP = Kreatin + **ATP**	ca. 2" ca. 8"-20"
Anaerob-laktazid	3. Glykogen/Glukose+PI +ADP-Laktat+**ATP**	ca. 20"-40"
Aerob	4. Glykogen/Glukose od.freie Fettsäuren+PI +ADP+O_2+CO_2+H_2O+**ATP**	bis zu Stunden

ATP	=	Adenosintriphosphat
ADP	=	Adenosindiphosphat
PI	=	Orthophosphat
KP	=	Kreatinphosphat
O_2	=	Sauerstoff
CO_2	=	Kohlendioxid
H_2O	=	Wasser

Das Ziel jeglicher Stoffwechselvorgänge ist die **Herstellung von ATP**. Wie zu ersehen ist, kann dies auf verschiedene Art geschehen.

ATP spielt die entscheidende Rolle als Energielieferant bei der Muskelkontraktion. Man könnte ATP mit Benzin in unseren Autos vergleichen. Ohne Benzin fährt kein Auto, ohne ATP kommt es zu keiner Muskelkontraktion.

ATP spaltet sich während der Arbeit auf in ADP und PI, wobei **Energie** freigesetzt wird.

Erst einmal haben wir ATP in unseren Muskelzellen gespeichert. Die Speicherkapazität ist allerdings sehr klein, sie reicht nur für einige Kontraktionen unterhalb einer Dauer von zwei Sekunden.

Wenn der Vorrat verbraucht ist, springt die zweite Stufe an, ATP wird nun aus **KP** (Kreatinphosphat) hergestellt (Resynthese des verbrannten ATP). ATP und KP bezeichnet man als sogenannte „schnelle Phosphate", sie stehen bei hoch intensiver Arbeit als Energielieferanten als Erste zu Verfügung und lassen sich sehr schnell in Energie umwandeln (sie besitzen eine hohe Flussrate).

Auch KP ist leider nur begrenzt in unseren Speichern vorhanden. Es reicht bei hoch intensiver Arbeit für eine Zeitdauer von ca. 6-8 s, was ca. 12-20 Kontraktionen bedeutet. Allerdings reichen bei submaximaler Arbeitsweise (Tennis) die Vorräte für eine Zeitdauer bis etwa 20 s. Die Resynthese (Erneuerung) der KP-Vorräte dauert je nach konditionellem Zustand ca. 20-40 s.

Während der Energieherstellung aus den „schnellen" Phosphaten entsteht wegen der kurzen Zeitdauer kaum **Laktat** (Milchsäure), welches bei hoher Konzentration im Blut die Intensität und die Qualität feinmotorischer Arbeit stark reduzieren kann. Deswegen spricht man in diesem Fall auch von **anaerober alaktazider Arbeit**. Diese Erkenntnis ist in Verbindung mit der oben beschriebenen Analyse gerade für den Tennissport von ganz besonderer Bedeutung.

Wenn man nach den 8 s bzw. 20 s Arbeit keine Zeit zur Regeneration hat und die Arbeit hoch intensiv fortsetzen muss, springt die dritte Stufe an: die Resynthese des ATP wird nun über die sogenannte **Glykolyse** erfolgen.

Der Nachteil dieses Stoffwechselvorgangs ist allerdings der, dass neben ATP auch **Laktat** produziert wird, und es kommt zur sogenannten Übersäuerung der arbeitenden Muskulatur, die die oben beschriebene Nachteile mit sich bringt. Aus diesen Gründen ist diese unrationelle Arbeitsweise (Hopmandrills z.B.) für Tennisspieler ungeeignet, und deswegen soll sie im Techniktraining weitgehend vermieden werden. Es sei denn, dass man mit Absicht gewisse vorhandene Techniken auch unter höherer physischer Belastung trainieren will oder aber, dass man gezielt im anaeroben laktaziden Bereich arbeiten will, wofür es allerdings auch exakte Richtlinien gibt.

Aber auch diese Arbeitsweise ist durch die steigende Laktatanhäufung zeitlich auf maximal 40 s begrenzt (z.B. 400-m-Lauf). Dann muss man entweder eine ausgiebige Pause zur Laktatreduzierung einlegen, oder man muss die Arbeitsintensität stark herabsetzen, wodurch die vierte Stufe anspringt, nämlich die **aerobe Arbeit** (Oxydation), bei der zuerst die Glykogenreserven in Anspruch genommen werden. Diese stehen für max. etwa 90 min zu Verfügung, wobei schon nach ca. 50 min ungefähr 70% ausgeschöpft sind. Deswegen stellt sich nach und nach die Energielieferung zunehmend auf die Verbrennung von sogenannten **freien Fettsäuren** um.

Die aerobe Arbeit findet im Tennis vorwiegend in den zahlreichen Pausen statt.

Man kann deswegen sagen, dass **Tennis während der Ballwechsel überwiegend eine anaerob-alaktazide Sportart ist,** wobei **während der Pausen die aerobe Arbeit im Vordergrund steht.**

Zur Komplettierung scheint es noch notwendig, über die einzelnen Arbeitsweisen in Zusammenhang mit Laktatmengen und Pulsfrequenzen wie auch den dazugehörigen energieliefernden Stoffe mindestens eine Übersicht zu geben:

Aerober Bereich	–	Laktat 0 - 2 mmol/l Puls 60-ca. 130/min (Fett- u. Zuckerabbau)
Aerobe Schwelle	–	Laktat 2 mmol/l Puls ca.130/min (Fett- u. Zuckerabbau)
Aerob-anaerober Übergang	–	Laktat 2 - 4 mmol/l Puls ca.130-180, (Fett- u. Kohlehydratabbau)
Anaerobe Schwelle	–	Laktat 4 mmol/l Puls über 160/min, (vorwiegend Kohlehydratabbau)
Anaerober Bereich	–	Laktat über 4 mmol/l Puls über 180/min (vorwiegend Kohlehydratabbau)

(Diese Werte bedeuten Durchschnittswerte für 18-35-Jährige.)

2.3 Steuerung des Techniktrainings

Auf Grund der durchgeführten Analyse des Tennissports und der kurz beschriebenen physiologischen Grundlagen ist es nun wesentlich einfacher, zuerst die leistungslimitierenden und leistungsbestimmenden Faktoren im motorischen Bereich zu bestimmen und danach gewisse Richtlinien für die Entwicklung und das Training der Tennistechnik festzulegen.

Die leistungslimitierenden Faktoren sind: Koordinationsfähigkeit und Koordinationsschnelligkeit, praktisch alle Arten der Schnelligkeit, Schnellkraft, Wahrnehmungs- und Antizipationsfähigkeit sowie Reaktionsfähigkeit. Diese Faktoren sind nicht zu kompensieren und müssen in maximaler bzw. optimaler Ausprägung vorhanden sein.

Die leistungsbestimmenden Faktoren sind: Beweglichkeit, Schnelligkeitsausdauer, Schnellkraftausdauer, aerobe und anaerobe Ausdauer. Diese Faktoren sind zwar wichtig, aber nicht von entscheidender Bedeutung, zum Teil sind sie gegenseitig oder aber durch die LL-Faktoren zu kompensieren, oder sie müssen nicht in maximaler oder optimaler Ausprägung vorhanden sein.

Dazu ist allerdings Folgendes zu ergänzen:
Die Beweglichkeit (Dehnfähigkeit der Muskulatur und Schwingungsweite der Gelenke) muss zwar nicht so ausgeprägt sein, wie es z.B. bei Artisten oder in der Sportgymnastik der Fall ist, aber eine optimale Beweglichkeit ist eine unabdingbare Voraussetzung für die einwandfreie Funktionalität der Muskulatur bei allen tennisspezifischen Bewegungsabläufen und beim Koordinations- wie auch beim Schnelligkeitstraining; außerdem ist sie eine Notwendigkeit für die Verletzungsprophylaxe. Deswegen muss das Dehnungstraining (Stretching) ein täglicher Bestandteil des Trainingsprogamms sein!

Die aerobe Ausdauer spielt zwar nach den Matchanalysen scheinbar eine eher untergeordnete Rolle, dies zu glauben wäre aber eine arge Täuschung. Auch bei diesem Faktor muss man zwar nicht die Werte und Leistungen von Langstreckenläufern, nordischen Skiläufern oder Straßenradfahrern anstreben. Eine ausgezeichnete aerobe Ausdauer ist aber eine unabdingbare Voraussetzung vor allem für ein länger andauerndes, hoch intensives und hoch qualitatives Training (3-5

St. pro Tag) und für eine **schnelle Regenerationsfähigkeit** zwischen den einzelnen Trainingsabschnitten, während der täglichen Trainingseinheiten wie auch von einem Tag zum anderen. Deswegen muss vor allem in der Vorbereitungsperiode das Ausdauertraining sehr zielstrebig durchgeführt werden.

Selbstverständlich muss man sowohl **die Tennistechnik und die Beinarbeit als auch die Taktik** unter die **leistungslimitierenden Faktoren** einordnen.

Im Folgenden nun einige Hinweise zur Steuerung der technischen Schulung und des technischen Trainings.

2.3.1 TECHNIKERWERBSTRAINING

2.3.1.1 LERNEN

a. Für **die ersten drei Entwicklungsstufen** (Koordinationsschulung, Shorttennis und Minitennis) muss man in Bezug auf die Dauer oder die Intensität der Übungen keine besonderen Hinweise geben. Besonders, wenn es sich um Kinder handelt, denn Kinder brechen die körperliche Tätigkeit automatisch ab, wenn sie geistig oder körperlich ermüdet sind. Aus diesem Grund können Kinder in diesem Zusammenhang keine Schäden erleiden. Die einzige Gefahr besteht in einer Überforderung des Skelettsystems, da dieses noch weich und deformierbar ist. Deswegen keine Kraftakte, und das ganz besonders nicht unter Fremdbelastung (schwere Gewichte, Kraftmaschinen usw.). Dafür ist in der zweiten puberalen Phase Zeit genug.

Für diese ersten drei Stufen gelten folgende Maßgaben:
1. Die Gestaltung der Übungsstunde soll so variabel sein wie möglich und nötig, um alle motorischen Bereiche anzusprechen.
2. Die Übungsformen sollen Spaß machen, es darf keine Langeweile aufkommen, es sollen viele Übungsformen in spielerischer und so weit möglich in wettspielerischer Form präsentiert werden, um die Motivation lange aufrechthalten zu können.
3. Bei auftretender physischer oder psychischer Ermüdung (z.B. Konzentrationsschwäche oder Interessenabfall) sollten Pausen eingestreut werden nach dem Motto „weniger ist mehr", oder das Training muss inhaltlich verändert oder sogar abgebrochen werden.

Am Anfang ist etwa eine volle Stunde pro Tag ausreichend, später kann man ca. eineinhalb Stunden einplanen. Aber auch das ist kein „Muss". Ein Training an zwei, höchstens vier Tagen pro Woche, reicht vor allem am Anfang völlig aus.

4. Während einer Übungseinheit sollen andauernd koordinative, konditionelle (Schnelligkeit) und technische Übungen miteinander abwechseln und gekoppelt werden.

5. Es sollen grundsätzlich mehrere Sportarten ausgeübt werden, vor allem aber Ballsportarten.

6. Die Intensität soll sich an der jeweiligen individuellen Leistungsgrenze bewegen. Sowohl Unterforderung als auch Überforderung ist nicht sinnvoll.

7. Es sollen Übungs- und Trainingsprogramme angeboten werden, die die Schüler auch ohne Traineraufsicht untereinander durchführen können. Nur so ist eine optimale Trainingswiederholung, eine ausreichende Schlagwiederholungszahl und damit ein schneller Lernfortschritt zu erreichen.

8. Besonders für Kinder und Jugendliche sollen eigene Trainingsstätten reserviert werden, damit sie unabhängig von den Erwachsenen u.U. mehrere Male am Tag nach Lust und Laune zum Üben oder Spielen zurückkehren können.

9. Das zielorientierte Training muss in diesen Stufen absoluten Vorrang haben, was nicht heißt, dass Hilfestellungen oder Korrekturen seitens des Trainers nicht erfolgen dürfen. Vorerst soll aber der Schüler die Demonstration des Trainers selbst nachzuvollziehen versuchen. In unserem Leben lernen wir bis zu 80% über sensorische Einflüsse (v.a. über unsere Augen) und besonders Kinder versuchen Vorbilder (Trainer, Spieler) nachzuahmen.

10. Der Trainer soll weniger reden bzw. korrigieren, vielmehr soll er nach den Instruktionen und eigenen Demonstrationen den Schüler über Fragestellungen durch Selbsterkenntnis zum Herausfinden eventuell auftretender Mängel führen nach dem Motto „Erkannter Feind ist halber Feind".

Somit kann man sagen, dass die Steuerung in diesen Stufen eine eher untergeordnete Rolle spielt, vorausgesetzt, dass man die Schüler nicht überfordert und auf deren Bedürfnisse eingeht.

b. In der **vierten Stufe** wird, wie schon oben beschrieben, das bewegungsorientierte Training überwiegen, vor allem am Anfang. Hier muss der Trainer u.U. durch Korrekturen und Präzisierungen den Feinschliff anstreben.

Dafür ist eine wesentlich größere Systematisierung der Arbeit notwendig.

Deswegen soll man folgende Hinweise berücksichtigen:

1. Jede Trainingsstunde bzw. jeder Trainingstag soll mit einem Aufwärmprogramm begonnen werden. Das Aufwärmen ist, wie schon erwähnt, von ganz besonderer Wichtigkeit, denn dadurch werden folgende Ziele angesteuert:

   a. Organische und muskulöse Vorbereitung

   b. Psychische Vorbereitung, Vorbereitung des ZNS

   c. Vorbeugung von Verletzungen.

Das Aufwärmen soll zuerst mit einem etwa 3-5-minütigen Einlaufen begonnen werden. Danach ist ein systematisches Dehnungsprogramm durchzuführen.

Zum Abschluss sollen entweder Gymnastik, Seilspringen, gewisse Kleinspiele oder einige Sprints folgen.

Erst danach kommt das eigentliche Einschlagen auf dem Tennisplatz.

Zur Verdeutlichung werden die während der Aufwärmphase wichtigen physiologischen Veränderungen dargestellt:

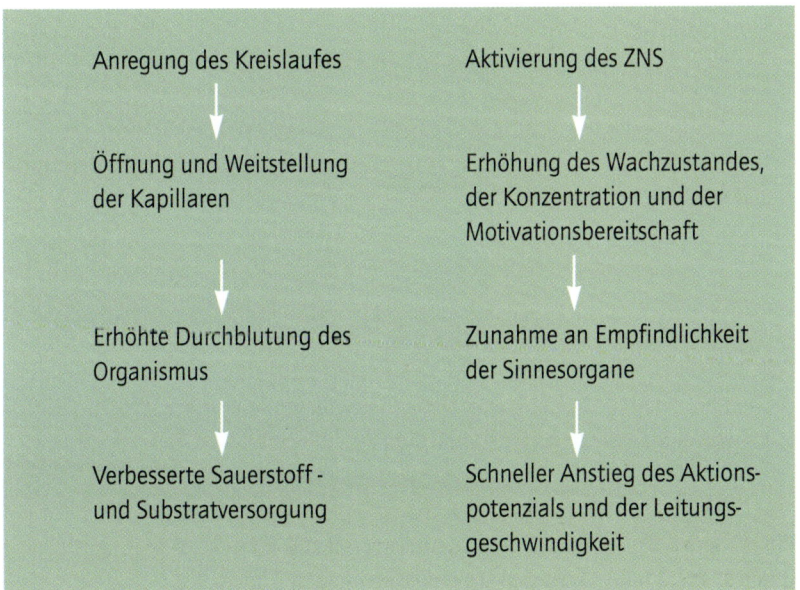

Anregung des Kreislaufes	Aktivierung des ZNS
↓	↓
Öffnung und Weitstellung der Kapillaren	Erhöhung des Wachzustandes, der Konzentration und der Motivationsbereitschaft
↓	↓
Erhöhte Durchblutung des Organismus	Zunahme an Empfindlichkeit der Sinnesorgane
↓	↓
Verbesserte Sauerstoff - und Substratversorgung	Schneller Anstieg des Aktionspotenzials und der Leitungsgeschwindigkeit

Erhöhung der Körpertemperatur bis auf 37,5-38,5°

Zunahme der koordinativen Leistungsfähigkeit

Zunahme an aeroben und anaeroben Enzymaktivitäten

Schnell steigende Reaktions- und Kontraktionsgeschwindigkeit (bei +2° bis zu 20%ige Beschleunigung)

Höhere Geschwindigkeit der Stoffwechselvorgänge (Zunahme um 13% bei +1°)

Ausschüttung von leistungsteigernden Hormonen (Adrenalin, Noradrenalin)

Verminderung der interzellulären Reibung, Erhöhung der Gleitfähigkeit von Myosin und Aktin

Höhere Produktion von synonaler Flüssigkeit („Gelenkschmiere")

Abnahme der elastischen und viskosen Widerstände

Bessere Absorption von einwirkenden Druck- und Scherkräften, erhöhte Belastbarkeit der Gelenke

Bessere Elastizität der Muskulatur

Höhere Verletzungsprophylaxe, Optimierung des Vorstartzustandes, Erhöhung der anfänglichen Leistung, Stabilisierung der Trainings- und Matchleistung

Aus dieser kurzen Übersicht geht hervor, wie wichtig diese Vorbereitung für die Qualität des darauf folgenden Trainings ist.

2. Weil es sich in dieser Stufe vor allem um sogenannte **motorische Lernprozesse** handelt, bei denen das **motorische Gedächtnis (Engramme)** gebildet wird, – wiederum vor allem durch das ZNS gesteuert – ist besonders darauf zu achten, dass das ZNS nicht „ermüdet" (Transmittermangel). Die Übungsformen müssen deswegen so gestaltet werden, dass der Schüler immer wieder Zeit zur Regeneration hat.

Am Anfang der technischen Ausbildung ist die körperliche Anstrengung zwar nicht so groß, weil beim richtigen Vorgehen die Schüler keine großen Laufstrecken zurücklegen und keine harten Schläge schlagen sollen; aber Nervosität, Unsicherheit und noch mangelnde Koordinationsfähigkeit führen in der Regel, wenigstens eine Zeit lang, automatisch zu einer muskulösen wie auch zur mentalen Verkrampfung, die sich umgehend in eine kurzfristige Indisposition umwandelt.

Deswegen sollen schon aus diesen Gründen in dieser Stufe begrenzte **Schlagserien** von etwa **15-30 Schlägen** mit anschließenden ca. fünfzehn- bis zwanzigsekündigen Pausen abwechseln, in denen die KP-Speicher teilweise wieder gefüllt werden können.

Auch das **Schlagtempo** ist von ganz besonderer Bedeutung. Untersuchungen (HOLZER/REISCHL, 1994) haben ergeben, dass für jede Könnensstufe eine gewisse optimale Ballgeschwindigkeit notwendig ist, um die größte Lern- oder Trainingszuwachsrate zu erzielen. In dieser Stufe wurde eine **Ballanfangsgeschwindigkeit** (die ersten 10 m) von ca. **40-50 km/h** als die erfolgversprechendste gemessen. Eine zu langsame Ballgeschwindigkeit wirkt sich genauso negativ aus wie eine zu schnelle. Das bedeutet, dass man darauf achten soll, dass der Schüler nur eine Geschwindigkeit anwendet, bei der er die höchste Ballkontrolle und dadurch die kleinste Ballstreuung erzielt. Das garantiert den schnellsten Lernfortschritt. Besonders Kinder und Jugendliche neigen zu übertriebenem Tempo und produzieren dadurch eine Unmenge an Fehlschlägen.

Auch bezüglich des **Schlagintervalls** wurden bei diesen Untersuchungen optimale Schlagfolgen erforscht. Empfehlenswert ist eine Schlagfolge in jeweils etwa **drei Sekunden**. Dies hat mit dem sogenannten Kurzzeitgedächtnis zu tun, das beim Lernen immer als Erstes gebildet wird. Wie der Name schon sagt, werden die Übungs- bzw. Trainingsreize vom Organismus sofort registriert; um aber eine tiefere Adaptation zu erwirken, reicht nur ein einziger Reiz, bzw. Reize in großen Abständen, nicht aus, um solche physiologischen Auswirkungen in der Nerven- oder/und Muskelzelle zu erzielen, die erstens von ausreichender Tiefe und Qualität und zweitens von größerer Dauerhaftigkeit sind (siehe auch S. 79 und S. 115).

Es wurde festgestellt, dass schon eine achtsekündige Schlagpause zwischen den einzelnen Schlägen zu einem Abfall der Schlaggenauigkeit (und dadurch zum Abfall des Lernerfolgs) um beinahe 10% führt!

Man muss deswegen die Reize (Tennisschläge) in gewissen kurzen Zeitabständen wiederholen, um aus dem Kurzzeitgedächtnis nach und nach ein Mittelzeit- und schließlich Langzeitgedächtnis (dauerhafte Speicherung) zu entwickeln, was allerdings sehr lange dauert. Deswegen ist es auch im Gruppenunterricht bis auf einige aufgabenspezifische Ausnahmen notwendig, dass die Schüler nicht nur einen einzigen Schlag ausüben, bevor sie sich wieder einreihen, sondern dass sie auch aus diesen Gründen eine schon weiter oben erwähnte ununterbrochene **Serie von ca. 15-30 Schlägen** durchführen, bevor sie eine kurze Pause machen.

In dem Zusammenhang ist auch auf die **Schlagmenge** bei einer Schlagart zu achten. Ausgiebige Untersuchungen, die vom Autor durchgeführt worden sind (SCHÖNBORN, 1988) zeigen, dass in dieser Stufe insgesamt etwa **150 Wiederholungen** in einer Trainingseinheit notwendig sind, um einen optimalen Lernerfolg zu erzielen. Diese Wiederholungen betreffen zwar den jeweils geübten Schlag, das bedeutet aber nicht, dass dieser Schlag immer in der absolut gleichen Position, unter absolut gleichen Voraussetzungen und in die gleiche Richtung gespielt werden muss, ganz im Gegenteil (siehe Seite. 114).

Der **tägliche und wöchentliche Umfang** richtet sich vor allem nach den persönlichen Zeitmöglichkeiten, Zielvorstellungen, Motivation, Fleiß usw. Selbstverständlich ist ein pro Woche **fünftägiges Training** von großem Vorteil. Bei jungen Spielern, die eine Wettkampfkarriere anstreben, ist das eine Voraussetzung.

Die tägliche Stundenzahl soll **bei ca. zwei Stunden** liegen. Später kann sie um eine Stunde **auf drei Stunden** erweitert werden. Man muss bedenken, dass bei richtigem Vorgehen mit kurzen Serien und Regenerationspausen **ca. zwei Drittel** der Zeit den **Pausen** gewidmet ist. Das bedeutet, dass nur etwa 40-60 min reine Spielzeit zu Verfügung stehen. Und in dieser Zeit sollen etliche Schlagtechniken entwickelt und Koordinations- und Schnelligkeitsübungen durchgeführt werden.

Zwischen den einzelnen Trainingsabschnitten, die ca. 20-30 min dauern sollen, müssen 3-5-minütige Pausen eingelegt werden. Somit setzt sich eine technische Trainingseinheit aus drei bis fünf Abschnitten zusammen.

Die noch so oft praktizierte „Trainingsstunde" von 45 min/Tag kann man allenfalls als Bewegungstherapie bezeichnen, die zwar die Kasse des Trainers füllt, die aber – trainingstheoretisch betrachtet – für den Schüler praktisch wertlos ist, denn die kurze Wirkungszeit bei der notwendigen inhaltlichen Vielfalt verursacht nur eine sehr langsame und unvollständige Adaptation.

2.3.1.2 AUTOMATISIERUNG

Wie schon früher gesagt wurde, sind **Ziele** der fünften Stufe **die Präzisierung und Perfektionierung** sowie das Erreichen einer **situativen Stabilität und Durchsetzungsfähigkeit** der Technik.

Hier sprechen wir nicht mehr von einem reinen Lernvorgang, sondern von Training, durch das die variable Stabilität erreicht werden soll.

Selbstverständlich wird die Trainingseinheit wiederum mit dem oben erwähnten **Aufwärmen** begonnen.

Weil die Arbeit in dieser Stufe schon wesentlich intensiver sein muss, müssen die **Schlagserien** kürzer sein. Es werden nach reichhaltigen Untersuchungsergebnissen (SCHÖNBORN, 1988) Serien von **ca. 5-20 Schlägen** empfohlen, die mit 15-20-sekündigen Pausen abwechseln sollen. Die Serien sollen innerhalb dieser Schlagzahlen variieren. Darüber hinaus können auch zwischendurch (jede fünfte bis siebte Serie) längere Serien von 20-30 Schlägen eingestreut werden, um den Spieler auch auf größere Belastung vorzubereiten und die Technik unter Belastung zu entwickeln. Danach soll allerdings die nächste Serie kurz sein.

Das Schlagtempo wird sich gegenüber den vorher beschriebenen Stufen erhöhen. Die Ballgeschwindigkeiten sollten bei **etwa 60-70 km/h** liegen. Aber auch hier ist eine kleine Ballstreuung wie auch die Schlagart und das Schlagziel maßgebend für die Bestimmung der Ballgeschwindigkeit. Die Schlaggenauigkeit muss immer im Vordergrund stehen.

Das Schlagintervall soll weiterhin überwiegend bei **ca. 3 Sekunden** liegen. Zwischendurch sollten aber vom Trainer auch schnellere Bälle gespielt werden, die das Intervall automatisch verkürzen.

Die Schlagmenge in der Wiederholung gewisser Schlagtechniken kann man langsam steigern bis auf **ca. 180-220 Schläge**, die selbstverständlich in den schon erwähnten kurzen Serien erreicht werden.

Der wöchentliche Umfang wird auch weiterhin bei **fünf Trainingstagen** liegen. Bei austrainierten Spielern kann auch an sechs Tagen trainiert werden.

Mindestens ein freier Tag sollte aber aus allgemeinen Regenerationsgründen auf jeden Fall eingehalten werden.

Der Tagesumfang kann im Durchschnitt auf **ca. 2,5 Stunden** festgesetzt werden. Besonders bei Jugendlichen ist aber darauf zu achten, dass die Tageseinheiten nicht zu lang sind. **In allen Stufen und Etappen muss gelten: Qualität vor Quantität und Intensität vor Umfang.**

Etwas anders ist es, wenn ein **ganzer Trainingstag** zu Verfügung steht. In solchem Fall empfiehlt es sich, das Training in **drei oder sogar vier kürzere Trainingseinheiten** zu teilen, die dann allerdings nicht länger als **etwa 1-1,5 Stunden** dauern sollen, womit man auf einen täglichen Bruttoumfang von **ca. 4 bis maximal 5 Stunden** kommt. Mehr sollen es aber auf keinen Fall sein, wobei diese Stundenzahl schon den größten Teil des Konditionstrainings beinhaltet. **Der Gesamttrainingsumfang soll ein tägliches Pensum von 6 St. niemals überschreiten!** Auch das aber nur in Ausnahmefällen bei ganz speziellen Trainingsinhalten und Zielen, wie z.B. in der ersten Phase der Vorbereitungsperiode (wo z.B. Kraft- und Ausdaueraufbau, für die man trainingsmethodisch große Umfänge benötigt, im Vordergrund stehen), und es soll sich nicht über eine längere Zeitdauer täglich wiederholen.

Noch einmal ist zu betonen, dass nicht der Umfang, sondern der richtige Inhalt und die Qualität der Arbeit von entscheidender Bedeutung sind! Jeder Schlag muss nach vorher festgelegtem Programm, mit optimalem Tempo (Intensität) und mit optimaler Präzision geschlagen werden.

Untersuchungen (SCHÖNBORN, 1991) haben ergeben, dass in einer Trainingsstunde der üblichen Art bis zu 70% der zur Verfügung stehenden Zeit durch inkonsequentes, inhaltlich und belastungsmäßig falsches, unprogrammiertes, qualitätsmäßig niedriges Training vergeudet werden!

2.3.2 TECHNIKANWENDUNGSTRAINING

Diese Etappe ist eigentlich die höchste Stufe der Technikentwicklung, und sie soll dementsprechend inhaltlich den höchsten Anforderungen entsprechen. Die **technische Virtuosität** und **perfekte Handlungskompetenz** sind die **Hauptziele** dieser Etappe.

Das Techniktraining muss **zwei wesentliche Schwerpunkte** beinhalten:
1. Es muss weitgehend dem realen Matchgeschehen entsprechen.

2. Es müssen ganz enge Verbindungen zwischen koordinativen, konditionellen und technischen Elementen angestrebt werden, was man durch das sogenannte „Komplextraining" erreicht.

Das Koordinations- und Konditionstraining ist praktisch in zwei verschiedene Blöcke geteilt. Auf der einen Seite muss auch weiterhin Koordination und Kondition separat außerhalb des Tennistrainings aufgebaut und stabilisiert werden, auf der anderen Seite sollen die so erworbenen koordinativen und konditionellen Fertigkeiten direkt in die Technik einfließen, und zwar während des Techniktrainings.

Nach dem ausgiebigen **Aufwärmprogramm** werden innerhalb des Techniktrainings die **Schlagserien** in dieser Etappe wesentlich stärker variieren, als es in den vorherigen Stufen der Fall war.
   Die Basis von **5-20 Schlägen** pro Serie soll auf jeden Fall erhalten bleiben. Im Gegenteil, es soll eher eine Tendenz zu kürzeren Serien Platz greifen, um sich den Matchgepflogenheiten anzupassen (siehe Matchstatistiken).

Auf der anderen Seite aber ist es notwendig, die individuelle Technik auch unter erschwerten Bedingungen durchsetzen zu lernen. Das bedeutet, dass bewusst und gezielt und nicht willkürlich Serien oder ganze Blöcke von zwanzig und mehr Wiederholungen eingesetzt werden müssen. Dabei ist allerdings darauf zu achten, welche Ziele exakt in den jeweiligen Serien verfolgt werden.
   So soll man hoch intensive Übungen, in denen es sich z.B. um die Kombination von hoher Schlagpräzision (Koordination) und Schnelligkeit handelt, nicht über 10 s ausdehnen, denn die Ermüdung des ZNS und die steigende Übersäuerung

(Laktatbildung) der arbeitenden Skelettmuskulatur bei großen Umfängen und gleichzeitigen hohen Intensitäten mindert die Qualität dieser Faktoren.

Übungen, in denen z.B. Schlagrhythmus oder aber die Standfestigkeit der Technik im Zustand der Erschöpfung angestrebt werden, können und sollen sogar über längere Serien gehen, denn hier darf nicht mit hoher Intensität gearbeitet werden.

Dort, wo mit Absicht die anaerobe laktazide Ausdauer trainiert werden soll, müssen die Serien nicht nur lang, sondern auch hoch intensiv sein. Dabei muss man aber berücksichtigen, dass in diesem Fall sowohl die maximale Schnelligkeit als auch die höchste technische Qualität über einen längeren Zeitraum nicht aufrechterhalten werden kann.

Es liegt somit am Trainer, **exakte Ziele für jede Trainingseinheit** zu bestimmen. Man darf einfach nicht nach dem Motto arbeiten „Jeder macht, was er will, keiner macht, was er soll, aber alle machen mit!"

Eine lange Trainingseinheit kann man zwar mit einem bunten Blumenstrauß vergleichen, aber dieser setzt sich immer aus einzelnen unterschiedlichen Blumen zusammen, die man erst einmal separat züchten muss.

Das Schlagtempo soll hier in den Spitzen bei **70-110 km/h** liegen. Selbstverständlich muss auch in dieser Etappe das Schlagtempo immer der zu lösenden Situation angepasst werden. Untersuchungen (HOLZER/REISCHL, 1994) haben aber ergeben, dass in dieser Leistungsstufe die Schlaggenauigkeit stagniert und dass deswegen die Spielstärke nur noch durch eine Erhöhung des Optimaltempos und der Maximalgeschwindigkeit verbessert werden kann. Das bedeutet, dass man versuchen muss, bei der Einhaltung der Präzision die Schlaggeschwindigkeit systematisch zu erhöhen, wozu man optimal die Methoden des Komplextrainings (siehe weiter unten) verwenden kann.

Auf Grund der Erhöhung der Ballgeschwindigkeit wird sich automatisch **das Schlaginterval** verkürzen und zwar auf durchschnittlich **etwa 2 Sekunden**.
Die Schlagmenge wird sich den unterschiedlichen Inhalten anpassen. Da die Technik schon vorhanden ist, sind hohe Wiederholungszahlen desselben Schlages nicht mehr erforderlich. Es sei denn, dass Rhythmustraining geplant ist.

Ansonsten sollen sich aber die gewissen angestrebten **Situationen** oft wiederholen, denn es handelt sich ja schließlich um situative Speicherung und damit um neue Gedächtnisbildung.

Der wöchentliche Umfang soll nicht über **sechs Tage** hinausgehen. Ein Regenerationstag ist unbedingt notwendig.

Der Tagesumfang soll in dem Bereich liegen, der in der vorherigen Stufe angezeigt wurde. Das bedeutet, dass für ein Nachmittagsprogramm **ca. drei Stunden** Techniktraining ausreichen müssen. Bei einem Ganztagestraining sollen die schon erwähnten **fünf Stunden** nicht überschritten werden. Auch hier gilt der Vorzug einer Aufteilung in mehrere kürzere Einheiten. Die Länge und die Anzahl dieser Einheiten hängen von der jeweiligen Zielsetzung ab.

2.4 Ernährungsphysiologische Grundlagen zur Optimierung des Techniktrainings

(In Zusammenarbeit mit dem Institut für Sporternährung e.V., Bad Nauheim)

Zweistellige Zuwachsraten bei Sportnahrungsprodukten und aktuelle Umfragen dokumentieren, dass die Thematik Essen und Trinken im Sport einen hohen Stellenwert bei den Aktiven aller Leistungsklassen einnimmt. Besonders kurz vor dem Match oder währenddessen sollen durch kurzfristige Ernährungsmaßnahmen Leistungssteigerungen ermöglicht werden. Vom Spieler und Trainer häufig unterschätzt wird dabei die Bedeutung der täglichen Lebensmittelauswahl, der sogenannten Basisversorgung. Das bedarfsgerechte Essen und Trinken an 365 Tagen im Jahr ist die Basis einer steten Leistungsfähigkeit auf höchstem Niveau.

2.4.1 GRUNDLEGENDE ASPEKTE DER ERNÄHRUNG IM TENNIS

Allgemeine Empfehlungen zur Ernährung des Tennisspielers sollten speziell die Basisversorgung betreffen. Ernährungspläne müssen individuell abgestimmt, in Absprache mit dem Aktiven, seinem sozialen Umfeld (Familie, Beruf) und dem Trainer spezifisch auf die Trainingsplanung und das Leistungsvermögen ausgearbeitet werden.

Basis einer sportiven Ernährungsweise sind die Grundsätze für eine ausgewogene Ernährung der Deutschen Gesellschaft für Ernährung e.V. (DGE). Je nach Trainingsumfang und Leistungsniveau können in einem zeitlich begrenzten Rahmen bei maximalen Anforderungen individuelle Zuschläge, z.B. Kohlenhydratkonzentrate, Vitamin- und/oder Mineralstoffpräparate in der Regenerationsphase notwendig werden. Für den Freizeittennisspieler reicht eine vollwertige und abwechslungsreiche Ernährungsweise in der Regel aus, um alle Nährstoffe in ausreichenden Mengen zuzuführen und Defizite auszuschließen.

Kohlenhydrate, Eiweiß und Fett können zur Energieproduktion im Körper herangezogen werden. Die mit der Nahrung angelieferte Energie wird entweder sofort verbraucht, kurzfristig und für den Tennisspieler effizient in Glykogenspeichern der Muskulatur und Leber gelagert, oder bei einer über dem Verbrauch liegenden Energiezufuhr in Form von Fettdepots gespeichert.

2.4.2 KOHLENHYDRATE

Kohlenhydrate aus Lebensmitteln sind die Hauptenergielieferanten im Tennis. Sie werden zu Glucose abgebaut und in der Muskulatur und der Leber als Glykogen gespeichert. Bei Bedarf wird das Glykogen wieder zu Glucose umgewandelt und in den Zellen zur Energieproduktion herangezogen. Je nach Trainiertheitsgrad können bis zu 600 Gramm Glykogen in der Muskulatur gespeichert werden. Die sehr viel kleineren, nicht trainierbaren Leberglykogenspeicher dienen während der Belastung zur Stabilisierung des Blutzuckerspiegels.

Im Techniktraining, bei dem die Steuerung durch das Gehirn entscheidend ist, können nur ausreichend gefüllte Glykogenspeicher den schnellen Lern- und Trainingserfolg sicherstellen. Das Gehirn kann nur den über den Leberglykogenspeicher stabilisierten Blutzucker als Energiequelle nutzen. Fällt dieser aufgrund erschöpfter Speichervorräte ab, sinken Koordinations- und Konzentrationsfähigkeit. Zudem können nur Kohlenhydrate bei Bedarf ohne Sauerstoff, d.h. anaerob, verstoffwechselt werden. Ein Prozess, der beim Tennis in den kurzen, leistungsintensiven Phasen anzutreffen ist.

Kohlenhydrate werden schneller und effektiver verbrannt als Fette. Pro Liter Sauerstoff können aus Glykogen, bzw. aus Glucose, 5,05 kcal, aus Fetten aber nur

4,65 kcal gewonnen werden. Die bessere energetische Flussrate ist ein weiterer Vorteil der Kohlenhydrate. Pro Sekunde können über Glykogen 0,5 µmol Adenosintriphosphat (ATP) pro Gramm, aus Fett nur 0,24 µmol ATP pro Gramm erzeugt werden.

Gut gefüllte Glykogenspeicher reichen je nach Trainiertheitsgrad für 60 bis 90 Minuten intensiver Belastung beim Tennis. Das Leberglykogen kann den Blutglucosespiegel bis zu drei Stunden aufrechterhalten.

Eine Kohlenhydratzufuhr während der Belastung ist sinnvoll. Die Glykogenspeicher können geschont und die Leistungsfähigkeit über einen längeren Zeitraum aufrechterhalten werden. Beim Tennis sind kleine, kohlenhydrathaltige, nichtbelastende Zwischenmahlzeiten wie Banane, Milch-Schnitte oder Joghurt mit Haferflocken geeignet.

Kohlenhydrathaltige Getränke mit einem Kohlenhydratgehalt zwischen 7 und 10%, was maximal 100 Gramm Kohlenhydrate auf einem Liter Flüssigkeit entspricht, sind ebenfalls empfehlenswert. Sport-Schorlen aus mineralstoffreichem Mineralwasser und Fruchtsaft im Verhältnis 3:1 gemischt enthalten eine wünschenswerte Kohlenhydratkonzentration.

2.4.3 FETTE

Die kalorische Relation in der Zufuhr von Kohlenhydraten und Fetten bestimmt entscheidend Gesundheit, Wohlbefinden und sportliche Leistungsfähigkeit.

Besonders Kinder und Jugendliche verzehren zu wenig komplexe Kohlenhydrate aus Vollkornprodukten, Nudeln, Reis und Kartoffeln. Ein empfehlenswerter Kohlenhydratanteil an der täglichen Gesamtenergiezufuhr der Basisversorgung sollte beim Tennisspieler zwischen 55 und 60% liegen. Als Faustregel sind 6-7 g Kohlenhydrate pro kg Körpergewicht pro Tag angemessen. Diese Menge wird erreicht durch große Portionen der klassischen Beilagen wie Kartoffeln, Nudeln, Reis und Gemüse und eine Verminderung des Fleischverzehrs. Brotscheiben besser dicker, den Belag dünner wählen. Versteckte Fette in Wurst, Fleisch und Käse erhöhen oft den Fettanteil, ohne wahrgenommen zu werden. Hier gilt es, ebenso wie bei Streich- und Bratfetten, durch eine bewusste Lebensmittelauswahl den Fettanteil so überschaubar und so gering wie möglich zu halten.

Lang- und mittelkettige Kohlenhydrate (Stärke) sollten den überwiegenden Anteil der Kohlenhydrate stellen. Kurzkettige Kohlenhydrate, wie Haushaltszucker (Saccharose) oder Traubenzucker (Glucose), sollten maximal 10% der Gesamtkohlenhydrate ausmachen.

Große Bedeutung für eine im Training und Match konstante Leistungsfähigkeit haben kohlenhydrathaltige Zwischenmahlzeiten, wie z.B. Trockenobst, fettarm belegte Brote, Milch-Schnitte, Joghurt mit Haferflocken oder Reiswaffeln.

2.4.4 EIWEIß

Beim Eiweiß ist neben der Absolutmenge vor allem die Qualität, biologische Wertigkeit genannt, von Bedeutung. Eiweiße sind komplexe Strukturen, die aus Einzelbausteinen, den Aminosäuren, aufgebaut sind. Insgesamt 20 Aminosäuren werden zum Aufbau der körpereigenen Eiweiße herangezogen. Acht dieser Aminosäuren sind essentiell, d.h., sie müssen dem Organismus über die Lebensmittel zugeführt werden. Die restlichen zwölf kann der menschliche Organismus aus den essentiellen Aminosäuren selbst produzieren. Tierische Eiweiße haben eine hohe biologische Wertigkeit. Ihr Nachteil besteht jedoch darin, dass sie mit Fetten, Cholesterin und Purinen vereint vorliegen. Pflanzliche Eiweiße besitzen diesen Nachteil nicht. Die Kombination pflanzlicher Eiweiße mit tierischen Eiweißträgern erhöht die biologische Wertigkeit, d.h. die Qualität des Eiweißes. So kann eine hohe Absolut-Eiweißmenge und damit eine hohe Aufnahme tierischer Fette zugunsten einer erhöhten Kohlenhydratzufuhr vermieden werden. Beispiele sind Getreide mit Milch (Müsli) oder Milch-Schnitte, Kartoffeln mit Ei oder mit Milchprodukten (Folienkartoffeln mit Kräuterquark).

2.4.5 VITAMINE

Durch eine ausgewogene und abwechslungsreiche Ernährung wird der Vitaminbedarf in der Regel gedeckt. Leistungsorientierte Tennisspieler können jedoch bei großem Trainingsumfang einen erhöhten Bedarf an B-Vitaminen, besonders Vitamin B1 aufweisen. Dieser wird durch die Deckung des gleichzeitig erhöhten Energiebedarfs mit vollwertigen Lebensmitteln im Normalfall ausgeglichen. Wer allerdings häufige Kohlenhydratkonzentrate verwendet und auf Vollkornprodukte verzichtet, vergrößert das Risiko einer Vitamin B-Unterversorgung. In diesen Fällen kann der Einsatz von Multivitamin-Präparaten und -säften sinnvoll sein.

Beim Freizeittennisspieler, der sich bedarfsgerecht ernährt, besteht keine Veranlassung der Substitution. Vitamingaben, die über den täglichen Bedarf hinausgehen, führen zu keiner vergrößerten Leistungsfähigkeit.

2.4.6 MINERALSTOFFE UND FLÜSSIGKEITS-ZUFUHR

Der Flüssigkeitsverlust ist abhängig von der Belastungsintensität, dem Trainiertheitsgrad und der Umgebungstemperatur. Flüssigkeitsverluste bis zu drei Litern pro Stunde sind möglich und im Sommer selbst bei geringen Belastungen keine Seltenheit. Diese Flüssigkeitsverluste müssen schon während der Belastung ausgeglichen werden, um Leistungseinbrüche bis hin zu schlimmstenfalls ernsten gesundheitlichen Folgen auszuschließen.

Der Mineralstoff- und Spurenelementebedarf des leistungsorientierten Tennisspielers ist vor allem wegen der Verluste durch den Schweiß·erhöht. Pro Liter Schweiß geht etwa 1 Gramm Natrium, aber weniger als 100 mg Kalium und Magnesium verloren. Hieraus resultiert die Empfehlung, während des Matchs und im Training natriumhaltige Getränke aufzunehmen, um die Natriumverluste auszugleichen.

Kalium und Magnesium sollten während der Belastung in nur geringen Konzentrationen zugeführt werden. Unter Belastung kommt es zu einem Ausstrom vor allem von Kalium aus der Zelle in die Blutbahn. Dadurch wird das Elektrolytgleichgewicht verschoben. Wird nun über die Getränke während der Belastung viel Kalium zugeführt, kommt das Elektrolytverhältnis immer weiter aus dem Gleichgewicht mit negativen Einflüssen u.a. auf die Reizleitung.

Empfehlenswerte Rehydratationsgetränke, wie z.B. mineralstoffreiche Mineralwasser, enthalten Calcium und Magnesium in einem Verhältnis von 2:1.

An trainingsfreien Tagen empfiehlt sich die Aufnahme von mindestens 1,5 bis 2 Litern Flüssigkeit. Je nach Temperatur, Umfang und Intensität der Belastung muss die Trinkmenge an Trainings- und Turniertagen um mindestens 0,7 Liter pro Stunde sportlicher Aktivität erhöht werden.

Die empfohlene tägliche Zufuhr von Jod liegt bei 200 µg. Mit jedem Liter Schweiß verliert der Körper bis zu 10 µg Jod. So steigt bei einem mittleren Trainingsumfang der Jodbedarf um bis zu 25%. In einer Woche kann sich so leicht ein Joddefizit von 1000 µg Jod einstellen. Da Jod in Deutschland ein Mangelelement ist, sollten Aktive und Trainer diesem Aspekt vermehrt Bedeutung schenken. Seefisch und maritime Schalentiere sind jodreich. Um den Bedarf zu sichern, sollte immer mit Jodsalz gesalzen und Lebensmittel, die mit jodiertem Speisesalz hergestellt wurden, verwendet werden. Auch in der Vereinsgastronomie sollte die Verwendung von Jodsalz selbstverständlich sein.

2.4.7 ZWISCHENMAHLZEITEN

Die letzte größere, kohlenhydratreiche Mahlzeit sollte 2,5-4 Stunden vor dem voraussichtlichen Belastungshöhepunkt eingenommen werden. Beim Tennis besteht die Möglichkeit, auch während des Trainings und sogar Matchs Energie aufnehmen zu können. Nutzen Sie den Seitenwechsel für einen leichten Energienachschub.

Fit im Sport durch leichte Kost

Das richtige "Ess-Timing" bestimmt die Leistung

Wasser, Kaffee, Tee, Fleischbrühe	Banane, Apfel, Joghurt, Milch, Milch-Schnitte	Magerer Kochfisch, weichgekochtes Ei, Müsli, Kartoffelpürree, Gemüse	Vollkornbrot, Haferflocken, Croissant, Obst-Kuchen	Schnitzel, Braten, Hülsenfrüchte, Pilze, Sahnetorte	Thunfisch in Öl, Heringssalat, Schweinshaxe
0,5 Std.	1 Std.	2 Std.	3 Std.	5 - 7 Std.	9 Std.

Verarbeitungsgeschwindigkeit

Magenverweilzeit

Quelle: Institut für Sporternährung e.V.

Ernährungsphysiologisch füllen Zwischenmahlzeiten die (Blutzucker-)Tiefs zwischen den Hauptmahlzeiten. Ihr Anteil kann bis zu 20% der Gesamtenergiezufuhr ausmachen. Sie halten den Blutzuckerspiegel konstant und verhindern so Leistungs- und Konzentrationsverluste. Empfehlenswerte Zwischenmahlzeiten sind z.B. dünn und fettarm belegte Vollkorn- und Knäckebrote, Obst, Rohkostsalate, Milchmixgetränke, Milch-Schnitte, Müsli.

Das richtige „Ess-Timing" bestimmt die Leistung.

2.4.8 LEISTUNG STEIGERN, REGENERATIONSPROZESSE VERKÜRZEN

Nach dem Training sind zur optimalen Regeneration die Glykogenspeicher so rasch wie möglich aufzufüllen. Das für die Füllung der Glykogenspeicher benötigte Enzym, die Glykogensynthetase, hat sein Arbeitsmaximum in den ersten zwei Stunden nach der Belastung. In dieser Zeit wird Glykogen schneller eingelagert. Darum empfiehlt es sich, direkt nach der Belastung bis zu 100 g Kohlenhydrate in Form von Getränken und leicht verdaulichen, nichtbelastenden Zwischenmahlzeiten aufzunehmen. Ein hoher Fettgehalt behindert die schnelle Auffüllung der Glykogenreserven und somit die schnelle Regeneration.

Als Stoffwechselprodukt des Eiweißes im Muskelgewebe des Menschen gewinnt Kreatin für den Sport immer mehr an Bedeutung. Kreatin wird in Leber, Niere und Bauchspeicheldrüse im menschlichen Organismus synthetisiert. Ungefähr 2-3 Gramm Kreatin pro Tag kann ein 70 kg schwerer Athlet selbst herstellen. Das entspricht in etwa der Menge, die täglich als Kreatinin im Urin ausgeschieden wird, was auch in einer Studie des Instituts für Sporternährung e.V., Bad Nauheim, in Zusammenarbeit mit der Justus–Liebig–Universität Gießen, der Sportklinik Bad Nauheim und dem Olympiastützpunkt Frankfurt-Rhein-Main bestätigt werden konnte. Mit der Nahrungskreatinaufnahme von 2-3 Gramm pro Tag wird somit lediglich einer Absenkung des Muskelkreatins vorgebeugt.

Der größte Teil des Kreatins befindet sich als Kreatinphosphat im Muskel und dient als Energiedepot für das für die Muskelkontraktion zuständige Adenosintriphosphat (ATP). Je mehr Kreatin vorhanden ist, desto länger kann der Muskel auf hohem Niveau ohne eine laktatbedingte Übersäuerung Leistung erbringen.

Kreatin hat durch eine gesteigerte Kraftausdauer positive Auswirkungen auf die Gesamtleistung beim Tennis. Auch kann eine Kreatinergänzung die Erholungszeit verringern sowie den Muskelaufbau nach Verletzungspausen beschleunigen. Der Ausschuss für Ernährung des Britischen Olympischen Verbandes kam in Übereinstimmung mit aktuellen wissenschaftlichen Studien zu der Empfehlung, dass eine tägliche Nahrungsergänzung mit ca. 20 g Kreatin über fünf Tage die Kreatinpools der Muskelzellen entscheidend vergrößern kann. Eine geringere Dosis hatte keine entscheidende Leistungsverbesserung zur Folge. Zur anschließenden Erhaltung des Kreatinpools sind 2-3 g Kreatin als Nahrungsergänzung in Tablettenform empfehlenswert. Es bringt nach bisherigen Erkenntnissen keine Vorteile, größere Mengen Kreatin einzunehmen. Ebenso ist eine kurmäßige Einnahme über 21 Tage hinaus überflüssig.

Bewährt hat sich die kurmäßige Anwendung in den Hauptbelastungsphasen des Jahres. Sowohl wegen der besseren Dosierbarkeit als auch wegen der besseren Bioverfügbarkeit werden Kreatinpräparate auf Maltodextrinbasis bevorzugt.

Längerfristig kann im Techniktraining durch Kreatinergänzung auch davon profitiert werden, dass ohne Auftreten von Müdigkeit mit einer höheren Intensität als bisher trainiert werden kann.

2.4.9 UMSETZUNG DES ERNÄHRUNGSWISSENS

Die nach den individuellen Bedürfnissen der betreuten Spieler ausgerichteten Ernährungstips des Trainers sollten ein sportgerechtes Basis-Ernährungsverhalten als oberstes Ziel verfolgen. Die anzuwendenden, an Teilzielen orientierten Methoden richten sich u.a. nach Alter und Struktur der Zielgruppe, den räumlichen Möglichkeiten sowie nach der Zielsetzung. Eine bedarfsgerechte Ernährungsweise wird nur dann erreicht, wenn sie von Trainern, Spielern, Eltern und Familienmitgliedern sowie Vereinsheimbetreibern als eine langfristige Aufgabe betracht wird. Einmalige oder kurzfristige Ernährungsumstellungen haben keine positive Wirkung.

Als methodisches Hilfsmittel und grafische Empfehlertafel kann die Ernährungspyramide (siehe Abb., S. 165) wertvolle Dienste leisten. Sie kann für jeden Tennisspieler

Die Ernährungspyramide zeigt: Zwischenmahlzeiten sind wichtiger Bestandteil der täglichen Ernährung

Fett und Öl, Süßigkeiten

Milch, Milch-Schnitte, Joghurt und Käse

Fleisch, Geflügel, Fisch, Eier, Hülsenfrüchte, Nüsse und Nuß-Nugat-Creme

Gemüse

Obst

Brot, Cerealien,

Reis, Nudeln und Kartoffeln

Mineralwasser, Obst- und Gemüsesäfte und Schorlen, Kaffee, Tee, Erfrischungsgetränke

Quelle:
INSTITUT FÜR SPORTERNÄHRUNG e.V., Bad Nauheim

Die Ernährungspyramide als Leitlinie

als ständiger Begleiter bei der Speisenzubereitung oder der Speisenauswahl beim Außer-Haus-Verzehr dienen. Mit ihr lassen sich die richtigen Lebensmittel in den richtigen Proportionen auswählen.

Tips zur praktischen Umsetzung sind innerhalb einzelner Kapitel in Kastenform integriert.

ÜBUNGS- UND TRAININGS- FORMEN

Bevor für die einzelnen Etappen und Stufen Trainingsformen präsentiert werden, ist es notwendig, einige grundsätzliche Anmerkungen zu machen. Weltweit gibt es Tausende unterschiedlicher Drills und Trainingsformen. Somit kann man sagen, dass es eigentlich keinen Mangel an Hinweisen gibt, wie und was man trainieren soll. Trotzdem ergeben sich dabei etliche Probleme.

Leider sind sehr viele Drills aus der Sicht der modernen Trainingslehre unbrauchbar, wenigstens in der Form, wie sie angewendet werden. Entweder entsprechen sie nicht dem reellen Matchgeschehen, oder deren Inhalte oder Durchführungspraktiken führen nicht zu den geplanten Ergebnissen. Es würde zu weit gehen, wenn man sich an dieser Stelle mit der ganzen Problematik auseinander setzen würde. Das meiste wurde durch den Text dieses Buches schon geklärt.

Weil es bereits so viele Trainingsformen gibt, werden hier für jede Stufe exemplarisch nur gewisse Drills vorgestellt, die dann als Muster für die Anpassung und eventuelle Umwandlung aller anderen Übungs- und Trainingsformen dienen sollen und können. Auf keinen Fall maßt sich dieses Buch an, alle Trainingsbeispiele und Trainingsmöglichkeiten auszuschöpfen.

Darüber hinaus ist der Autor der Meinung, dass es gar nicht nötig ist, so viele oder zu viele Drills anzuwenden; denn erstens muss sich jeder Spieler an den Drill bzw. Drillrhythmus gewöhnen, diesen beherrschen lernen, um hohe Trainingsqualität zu erzielen, was etliche Zeit kostet und somit häufigen Drillwechsel automatisch ausschließt, und zweitens sollen vor allem typische Spielsituationen in den Drills vorkommen, was die Anzahl automatisch einschränkt, dafür aber die Variation von sinnvollen Drills fördert.

3.1   Technikerwerbstraining

3.1.1 LERNEN

3.1.1.1 ERSTE STUFE – KOORDINATIONSENTWICKLUNG

Es wurde schon beschrieben, dass der Anfänger vor allem mit einem großen Problem konfrontiert wird, nämlich der Beherrschung von Schläger und Ball, was vorerst mit der schlagtechnischen Entwicklung im engeren Sinne wenig zu tun hat, sondern ein rein koordinatives Problem ist.

Vor allem Kinder, aber nicht nur die, sollen deswegen grundsätzlich ihre Technikentwicklung mit der koordinativen Ausbildung beginnen.

Diese teilt sich in drei Hauptkomplexe:
- **a.**   Allgemeines Koordinationstraining
- **b.**   Spezifisches Koordinationstraining
- **c.**   Andere Sportarten, vor allem aber Ballspiele.

In diesem Buch werden aus Platzgründen **Beispiele nur für das spezifische Koordinationstraining** dargestellt und für die anderen beiden Kategorien wird auf einschlägige Literatur oder auf Videofilme, die der Autor mitgestaltet hat, verwiesen.

Wenn nicht ausdrücklich andere Vorgaben genannt werden, gelten für die aufgeführten Übungen folgende Regeln:
- Alle Übungsformen sollen mit der maximalen individuellen Intensität (Geschwindigkeit) durchgeführt werden, denn die Koordinationsschnelligkeit ist eines der Qualitätsmerkmale einer ausgezeichneten Koordination, und sie soll permanent gesteigert werden.

- Die einzelnen Übungsphasen sollen in der Regel nur so lange andauern, wie die Qualität der Übung aufrechterhalten werden kann. Bei Ermüdungserscheinungen oder Konzentrationsabfall müssen Pausen eingelegt werden.

- Die einzelnen Übungsformen sollen zwar wechseln, aber es ist nicht sinnvoll, immer wieder neue Übungen einzuführen, solange die alten nicht beherrscht werden. Deswegen wird empfohlen, gewisse ausgesuchte Übungsformen über eine längere Periode anzuwenden und immer nur einen kleineren Prozentsatz von ihnen durch neue Übungen zu ersetzen oder zu ergänzen. Einzelne Übungsformen sind erst dann endgültig aus dem Programm auszuschließen, wenn sie perfekt beherrscht werden und eine Qualitätssteigerung nicht mehr möglich ist, denn dann bringt eine weitere Wiederholung keine adaptiven Vorgänge mehr hervor.

- Vor allem aus Motivationsgründen sollen Spielformen bevorzugt werden, bei denen ein Wettkampf zwischen den einzelnen Spielern oder Mannschaften stattfindet.

- Von Anfang an muss die beidseitige Entwicklung mit einbezogen werden. Koordinationsfähigkeit betrifft den ganzen Körper, und die beidseitige Entwicklung bringt später viele Vorteile bei der Bewältigung der situativen Technik. Darüber hinaus ist das Üben mit der „falschen" Hand kein Zeitverlust, denn es ist nachgewiesen, dass beim Üben der einen Körperseite die andere Körperseite bis zu 30% automatisch mitlernt.

- Alle Übungsformen sollen in und aus der Bewegung durchgeführt werden, der ganze Körper soll weitgehend mit einbezogen werden.

Den Übungsformen mit Ball und Schläger sollen Übungen nur mit Ball und Hand vorausgehen. Dabei können verschiedenartige Bälle verwendet werden; bei kleinen Kindern sind größere, weichere und leichtere Bälle zu empfehlen.

A ÜBUNGEN MIT BALL UND HAND

A 1 Jegliche Art des Ballprellens.

A 1.1 Prellen gegen die Erde aus verschiedenen Höhen, in verschiedenen Körperpositionen (stehend, kniend, liegend), mit verschiedenen Geschwindigkeiten, um den Körper herum, zwischen den Beinen, bei unterschiedlichen Körperbewegungen (vorwärts, rückwärts, seitwärts), über Hindernisse laufend oder kletternd, mit zwei Bällen, mit beiden Händen, paarweise oder in Gruppen (Spieler stehen im Kreis, Viereck, Dreieck), paarweise auf Ziele prellen (liegende Reifen, Zeitungen usw.) (siehe Abb. 77).

A 1.2 Die gleichen Übungen wie unter A 1.1, aber diesmal Hochprellen und das sowohl mit der Handfläche als auch mit dem Handrücken (siehe Abb. 78).

ABB. 77:

Kinder beim Ballprellen mit der Hand gegen die Erde

ABB. 78:
Kinder beim Ballhochprellen mit der Hand

A 2 Jegliche Art des Ballwerfens.

A 2.1 Ballwerfen sowohl mit der rechten als auch mit der linken Hand. Werfen zu Partnern, auf Ziele (in Eimer, Körbe, gegen Medizinbälle u.ä.), auf maximale Weite, wobei verschiedene Wurfarten (über Kopf, seitwärts wie beim Diskuswurf oder Vorhandschlag, mit unterem Bogen) angewendet werden sollen (siehe Abb. 79 und 80).

ABB. 79:

Kinder beim Ballwerfen auf maximale Weite

ABB. 80:

Kinder beim Ballwerfen auf Ziele

A 2.2 Verschiedene Ball- und Kleinfeldspiele, bei denen geworfen, gefangen, abgeschlagen usw. werden muss (Trefferball, Prellball, Rollball, Wandball, Prelltennis, Völkerball usw.).

B ÜBUNGEN MIT BALL UND SCHLÄGER

Analog zum Handprellen werden ähnliche Übungen durchgeführt, allerdings wird dabei jetzt der Schläger benutzt. Besonders bei kleinen Kindern (5-10 Jahre) werden dem jeweiligen Alter entsprechende Kinderschläger und Softbälle empfohlen. Die Geräte müssen leicht im Gewicht und handlich sein. Darüber hinaus ist darauf zu achten, dass alle Übungsformen in und aus der Bewegung durchgeführt und Übungskombinationen mit Gleichgewichtsschulung, Schnelligkeits- und Reaktionsentwicklung angewendet werden.

> Kohlenhydrate sind das Muskelbenzin des Tennisspielers. Faustregel: 6 g Kohlenhydrate pro Kilogramm Körpergewicht täglich. Beispiel 70 kg: 70 x 6 = 420 Gramm Kohlenhydrate!

B 1 Prellen gegen die Erde aus verschiedenen Höhen, in verschiedenen Körperpositionen und im Wechsel zwischen diesen (stehend, kniend, liegend), mit verschiedenen Geschwindigkeiten, um den Körper herum, zwischen den Beinen, bei unterschiedlichen Körperbewegungen (vorwärts, seitwärts, rückwärts), über Hindernisse laufend oder kletternd, stehend und/oder rollend auf einem Medizinball, Pedalo, Holzroller, mit einem Bein hüpfend durch rollenden Reifen, mit Schlägern in beiden Händen, paarweise oder in Gruppen (Spieler stehen im Kreis, Dreieck, Viereck), paarweise prellen auf Ziele (liegende Reifen, Zeitungen usw.) (siehe Abb. 81).

ABB. 81:
*Kinder beim Ballprellen
mit dem Schläger*

B 2 Die gleichen oder ähnliche Übungen, wie in B 1, aber diesmal Hochprellen, und das sowohl mit der Vorhand- als auch mit der Rückhandseite des Schlägers und nach wie vor mit beiden Händen. Bei Fortgeschrittenen Wechsel zwischen Schlägerfläche und Schlägerrahmen. Bei Paar- oder Gruppenübungen sind am Anfang vor dem Zuspiel zum Partner mehrere vorbereitende Schläger-Ball-Kontakte möglich, um den Ball unter Kontrolle zu bekommen. Mit steigender Perfektion sollen verschiedene Wettbewerbe durchgeführt werden, wie z.B. „Wer schafft mehrere Ball-berührungen in 30 s?" „Welches Paar schafft mehrere Wechsel in einer festgelegten Zeit?" usw. (siehe Abb. 82).

ABB. 82: *Kinder beim Ballhochprellen mit dem Schläger*

B 3 Verschiedenartige Kombinationen zwischen Hochprellen und Gegen-die Erde-prellen.

B 4 Zwei sich gegenüberstehende Spieler spielen sich den Ball zu, sie haben allerdings gemeinsam nur einen Schläger, den sie sich während des Ballflugs zuwerfen müssen (siehe Abb. 83).

ABB. 83:

Kinder beim Ballzuspielen mit einem Schläger, den sie sich gegenseitig zuwerfen müssen.

B 5 Ähnlich wie B 4, es wird aber mit zwei Schlägern, diesmal allerdings auch mit zwei Bällen gleichzeitig gespielt.

B 6 Ähnlich wie B 5, jeder Spieler muss sich aber nach dem Abspiel um die eigene Körperachse drehen, oder er muss mit einer Hand annehmen und mit der anderen abspielen.

B 7 Für alle drei Variationen (B 5, B 6, B 7) werden weiterhin verschiedenartige Mannschaftswettbewerbe empfohlen, in denen sehr schnell leichtere und schwierigere Parcours bei gleichzeitigem Ballprellen überwunden werden müssen.

B 8 Jeweils zwei Spieler stehen sich gegenüber und spielen sich den Ball durch Hochprellen zu. Derjenige Spieler, der den Ball vom Partner empfangen hat, spielt sich den Ball zuerst zu seiner eigenen linken/rechten Körperseite zu und von dort aus mit dem Schläger, der hinter und um den Körper geführt worden ist, zurück (siehe Abb. 84).

ABB. 84:

Kinder spielen den Ball mit einer Schlägerbewegung um den Körper.

B 9 Die gleiche Übung wie B 8, der Ball wird aber zuerst vor dem Körper aufgeprellt und dann mit dem Schläger zwischen den Beinen zurückgespielt, wobei beide Beine auf der Erde stehen müssen (siehe Abb. 85).

ABB. 85:
Kinder spielen den Ball zwischen den Beinen ab.

B 10 Die eben aufgeführten Übungen können weiter erschwert werden, indem schon der ankommende Ball z.B. zwischen den Beinen, hinter dem Körper usw. angenommen werden muss.

B 11 Bei weiter Fortgeschrittenen sollen schon Ballprellwettspiele übers Netz als Einzel-, Doppel- oder Mannschaftswettbewerbe durchgeführt werden.

Dabei kann eine größere oder kleinere Platzfläche festgelegt werden, es kann aber auch nur im Aufschlagfeld gespielt werden. Verschiedenartige Regeln bieten sich an, wie z.B.: Jeder Spieler muss den Ball sofort übers Netz spielen, der Ball muss wie beim Volleyball zunächst auf jeder Seite zweimal von verschiedenen Spielern berührt werden, bevor er mit der dritten Berührung übers Netz gespielt wird usw. Um es schwerer zu machen, darf der Ball z.B. zurück übers Netz nur hinter dem Körper oder zwischen den Beinen gespielt werden. Eine Reihe von Kombinationen und Wettspielen ist möglich.

Stärke, z.B. aus Getreide, benötigt lange, um als Energielieferant zur Verfügung zu stehen. Zucker ist schneller verfügbar. Brötchen mit Marmelade oder Milch-Schnitten liefern beides. Sie sind ideal, um die Energiezufuhr zu programmieren.

B 12 Die nächste Übungsart stellt schon höhere Koordinationsanforderungen an den Schüler. Hier handelt es sich um **Ballfangen und Ballwerfen mit dem Schläger**.

B 12.1 Der Ball liegt auf den horizontal gehaltenen Schläger. Der Schüler wirft nun den Ball mit einer senkrechten Schlägerbewegung in die Höhe und folgt diesem mit dem Schläger bis in die vertikale Position. Wenn der Ball sich auf dem Rückweg dem Schläger nähert, muss der Schüler zuerst die abwärts führende Schlägerbewegung nicht nur in der Richtung, sondern auch in der Geschwindigkeit dem ankommenden Ball anpassen. Hat der Ball die Seiten berührt, wird die Schlägerbewegung abwärts bis zum völligen Stillstand abgebremst, so dass der Ball auf dem Schläger liegen bleibt (siehe Abb. 86).

ABB. 86:
Kinder beim Abfangen eines hochgespielten Balles

B 12.2 In dieser Übung wird nun der Ball in der gleichen Form vom Partner zum gegenüberstehenden Partner geworfen, von diesem abgefangen und zurückgeworfen. Bei mehreren Paaren kann wieder ein Wettbewerb stattfinden.

B 12.3 Ähnliche Partnerübung, der abgefangene Ball wird aber mit dem Schläger rückwärts um den Körper herumgeführt und von der linken/rechten Körperseite aus zurückgeworfen.

Fett verhindert vor und nach dem Training die schnelle Verwertung der Kohlenhydrate. Für Tennisspieler gilt deshalb: Fette möglichst vermeiden, hochwertige Öle verwenden, auf versteckte Fette in Wurst und fettem Käse achten!

In der nächsten Übungsreihe wird der **Halbflugball** als Koordinationsübung eingesetzt. Bei Anfängern reicht es, wenn diese den Ball unmittelbar nach dessen Absprung nur berühren. Später müssen die Spieler versuchen, den Ball übers

Netz, danach sogar in vorgegebene Richtungen und noch später in Zielflächen zu schlagen. Die Spieler stehen in der Ausgangsposition auf der T-Linie, der Trainer mit einem Ballkorb auf der anderen Seite des Netzes.

B 13 Der Trainer spielt die Bälle regelmäßig auf die Vorhand und auf die Rückhand des Spielers, und dieser soll versuchen, ausschließlich den Halbflugball anzuwenden.

B 14 Die gleiche Übung wie B 13, der Trainer spielt jetzt allerdings die Bälle unregelmäßig links und rechts, kurz und lang zu (siehe Abb. 87).

ABB. 87:
Trainer spielt unregelmäßig zu, Kinder spielen Halbflugbälle.

B 15 Die gleiche Übung wie B 14, der Ball muss aber immer nur mit der Vorhand oder nur mit der Rückhand gespielt werden (umlaufener Schlag) (siehe Abb. 88).

ABB. 88:
Trainer spielt unregelmäßig zu, Kinder müssen den Ball umlaufen und nur mit der Vorhand als Halbflugball zurückspielen.

B 16 Die gleiche Übung wie B 13, der Ball darf aber als Halbflugball nur zwischen den Beinen zurückgespielt werden, indem der Arm mit dem Schläger hinter den Körper zum Ball geführt wird.

B 17 Die gleiche Übung wie B 13, der Ball darf aber nur neben dem Körper mit der Vorhandseite des Schlägers getroffen werden, nachdem der Schläger beim Schlag hinter und um den Körper herumgeführt wurde.

B 18 Die gleiche Halbflugballübung, die Schläge müssen aber in festgelegter Reihenfolge wechseln (z.B. rechts am Körper, zwischen den Beinen, links am Körper usw.).

B 19 Die gleiche Übung, der Ball darf auf der linken Seite nur mit Vorhand, auf der rechten Seite nur mit Rückhand gespielt werden.

B 20 Alle Übungsformen können auch als Wettspiel in einem Aufschlagfeld oder als Doppel in beiden Aufschlagfeldern ausgespielt werden, wobei ausschließlich der Halbflugball verwendet werden darf.

Kohlenhydrathaltige, nicht belastende Zwischenmahlzeiten mit einem geeigneten Energiespektrum (Fruchtjoghurt mit Haferflocken, Milch-Schnitten, Bananen) nach der Schule oder der Arbeit verhindern ein schnelles Leistungstief beim anschließenden Training.

B 21 Eine Kombination von Halbflugball und Flugball im Aufschlagfeld (kann auch als Wettspiel ausgeführt werden). Jeder Spieler muss abwechselnd Flugball und Halbflugball spielen.

Alle diese Übungsformen mit Ausnahme der Übung B 21 können auch mit **Flugball** durchgeführt werden.

B 22 Der Spieler liegt hinter dem Netz auf dem Rücken, in jeder Hand einen Schläger. Der Trainer spielt aus dem Korb verschiedenartig die Bälle so zu, dass der Spieler sich danach strecken, drehen oder wälzen muss, um sie zurückspielen zu können (siehe Abb. 89).

ABB. 89:
Spieler liegt auf dem Rücken und muss versuchen, alle zugespielten Bälle zu erreichen.

B 23 Die gleiche Übung wie B 22, diesmal allerdings nur mit einem Schläger.

B 24 Der Spieler liegt hinter dem Netz auf dem Rücken. Nach dem Zuspiel muss der Spieler aufspringen, den Ball als Flugball (Halbflugball) spielen und sich wieder hinlegen.

B 25 Der Spieler steht hinter dem Netz, der Trainer spielt ihm die Bälle so weit vom Körper zu, dass der Spieler diese nur im Hechtsprung erreichen kann, wobei er noch vor der Landung treffen soll, danach soll er auf den Boden fallen, bei beiden Schlägen über die rechte Schulter (Rechtshänder) abrollen und schnell wieder aufstehen. Es wird die Benutzung einer weicheren Matte empfohlen.

> Jede Zwischenmahlzeit sollte etwa bei 10% der Tagesenergiezufuhr (ca. 180-240 kcal) liegen, wie z.B. ein Vollkornbrötchen mit einer Scheibe fettarmen Käse, zwei Milch-Schnitten, ein kleiner Becher Joghurt oder Müsli mit Haferflocken oder Trockenfrüchten.

B 26 Der Spieler steht in Netznähe. Der Trainer spielt einen Lob über ihn . Der Spieler muss den Ball einholen, diesen abspringen lassen und recht tief fast unmittelbar vor dem zweiten Aufsprung mit dem Rücken zum Netz an der Vorhandseite mit einer Pendelbewegung zurückspielen. Dabei empfiehlt es sich, den Kontinentalgriff und die Vorhandseite des Schlägers zu benutzen.

B 27 Die gleiche Übung wie B 26, der Spieler muss aber diesmal den Ball zwischen den Beinen zurückspielen.

B 28 Die gleichen Übungen wie B 26 oder B 27, vorher muss aber der Spieler einige Halbflugbälle vor der T-Linie spielen.

B 29 Der Spieler macht eine Rolle vorwärts oder rückwärts, gleich danach muss er aufstehen und einen Flugball oder Halbflugball spielen.

B 30 Der Trainer steht in einem Aufschlagfeld in Netznähe, der Spieler steht ihm gegenüber in der Mitte. Der Trainer spielt abwechselnd tief auf die Vorhandseite des Spielers einen Flugball (Halbflugball) zu und unmittelbar danach über die linke Schulter des Spielers einen Rückhandschmetterball zu usw.

Die Übungen B 8, 9, 10, 12.2, 12.3, 13, 14, 15, 16, 17, 18, 19, 22, 23, 24, 25, 26, 27, 28, 29 und 30 sollen **in drei Serien mit jeweils acht bis zwölf Wiederholungen und ca. 1-2 min Pause zwischen den Serien** durchgeführt werden. Es empfiehlt sich, diese abwechselnd praktisch täglich zu wiederholen. Bei Fortgeschrittenen können die Übungen später zwischen den einzelnen Technikeinheiten durchgeführt werden.

Der häufigste Ernährungsfehler ist eine nicht adäquate Flüssigkeitszufuhr während der Belastung. Die Flüssigkeitsmenge sollte sich nach den Schweißverlusten richten. Bei jedem Training sollte regelmäßig getrunken werden.

Der Autor hat im Verlauf der letzten fünfzehn Jahre noch wesentlich mehr Koordinationsübungsformen entwickelt, und das nicht nur für Anfänger, sondern auch für gute oder sehr gute Spieler. Darüber hinaus haben sich in den letzten Jahren in diesem Bereich etliche Trainer stark eingesetzt und somit die Vielfalt des Koordinationstrainings erweitert. Aus Platzgründen ist es nicht möglich, hier weitere Übungsformen zu präsentieren, und deswegen wird auf einschlägige Literatur und Videofilme verwiesen; und außerdem wird empfohlen, auf der Grundlage der hier beschriebenen Übungsformen selbständigen Erfindungsgeist zu entwickeln.

3.1.1.2 ZWEITE STUFE – SHORTTENNIS

In der ersten Stufe wurde die Handhabung der Geräte (Schläger und Ball) entwickelt. Dabei wurden als zentrale Ziele vor allem der Treffpunkt, der Treffrhythmus, das Ballgefühl und die Treffvariabilitätsfähigkeit angesteuert. Die Ausholbewegung wie auch der Ausschwung spielten eine untergeordnete Rolle, denn sie waren bei all den Übungsformen kaum vorhanden oder aber sehr kurz geraten und somit kaum fehleranfällig. Auch die Schlägerhaltung war noch mehr oder weniger unbedeutend, solange sie nicht absolut falsch war und die Durchführung der einzelnen Übungen nicht stark behinderte.

In der zweiten Stufe wird auch weiterhin aufgabenorientiert vorgegangen. Da es sich aber schon um Partnerübungen übers Netz handelt, sollten falsche oder unorthodoxe Schlägerhaltungen, die das Erfüllen von gestellten Aufgaben behindern könnten, vermieden werden. Deswegen sollen eventuelle Korrekturen, allerdings nach wie vor mit Berücksichtigung der individuellen Entwicklung und Anpassung, vorgenommen werden.

Für das **Shorttennis** wird hinter dem Netz in einer Entfernung von ca. 1,5-2 m eine Linie gezogen, die das Spielfeld einschränkt (siehe Abb. 60, S. 89). Diese kurze Entfernung zwischen den Spielern (3-4 m) verhindert auch weiterhin größere Aushol- und Ausschwungbewegungen, wodurch automatisch die größte Fehlerquelle beim Erlernen von Tennisschlägen, die in der Regel ihren Ursprung in der großräumigen Ausweitung der Schlagdurchführung hat, ausgeschaltet wird. Darüber hinaus spielt bei dieser Entfernung der Kraft- und Geschwindigkeitsfaktor überhaupt keine Rolle. Somit wird dem zentralen Punkt des Schlages – dem Treffpunkt – auch weiterhin die Hauptaufmerksamkeit gewidmet.

Da die Schlagausführung automatisch räumlich stark begrenzt wird, sind kaum Korrekturen oder Hinweise nötig. So wird der Schüler z.B. die Fußstellung (offen, geschlossen) je nach Situation selbst wählen und nach und nach die optimale Entfernung zum Ball lernen.

Weil der Ball kurz gespielt werden muss, kann er nicht zu flach geschlagen werden (er würde ins „Aus" oder ins Netz gehen), sondern er muss eher hoch in eine steilere ballistische Kurve befördert werden, wodurch die kurze Schlagbewegung (Hauptaktion) zwangsweise von unten nach oben erfolgen muss (siehe Abb. 90).

ABB. 90:
Beim Shorttennis muss der Schläger während der Schlagbewegung kurz steil von unten nach oben geführt werden.

Was allerdings **in dieser Stufe** schon korrigiert bzw. **gelehrt werden muss**, sind **das Gleichgewicht (breiter Splitstep im Treffpunkt des Partners, breiter Schlagschritt) und die Körperrotation.** Der größte Fehler, der bei der Ausbildung von Anfängern gemacht wird, ist der, dass man sie sogar bewusst lehrt oder aber ihnen erlaubt, den Schlag praktisch nur mit dem Schlagarm ohne Beteiligung der Hüft- und Schulterrotation durchzuführen und dass man auf das Gleichgewichtsverhalten (richtige Oberkörperstellung und Fußarbeit) kaum Wert legt. Einem Golfanfänger wird gleich von Anfang an nicht zugestanden, den Golfschwung nur mit den Armen auszuführen und zu eng oder falsch zu stehen, und zwar aus dem einfachen Grund, dass ohne Körperrotation und ohne optimales Gleichgewichtsvermögen kein richtiger Golfschlag möglich ist. Und genauso ist es aus denselben biomechanischen Gründen, die für alle Sportarten die gleichen sind, auch im Tennis. **Die Körperrotation und ein optimales Gleichgewichtsverhalten sind die wichtigsten Bestandteile eines guten Tennisschlages!**

Selbstverständlich ist die Körperrotation in dieser Phase und Stufe bei der kleinen Schlagdistanz sehr kurz, wodurch es zu einer Überrotation, wie sie üblicherweise im Anfängertennis bei einem Schlag von der T-Linie und vor allem von der Grundlinie vorkommt, kaum kommen kann. Der Schüler muss aber gleich von Anfang an lernen, dass **die Ausholbewegung mit der Zurücknahme der Schulter** und insofern durch die Verwringung beginnt, wodurch der Schläger vorerst ohne Armbewegung automatisch zurückgenommen wird, und dass **die Schlagbewegung durch die Vorwärtsrotation des Oberkörpers (Auflösung der Verwringung) ausgelöst wird**, wodurch wiederum der Schläger automatisch gegen den ankommenden Ball geschwungen wird. Noch einmal ist daran zu erinnern, dass es sich hierbei um einen motorischen Lernvorgang handelt und somit um eine Automatisierung und Speicherung von komplexen Bewegungsabläufen!

Der Hinweis auf die Körperrotation ist ein sehr wichtiger Hinweis, denn er bedeutet ein Novum in der Methodik bei Anfängern!

Ansonsten soll man den Schülern ein weit reichendes Improvisationsfeld und eigene Kreativität bei der Ausbildung des individuellen Stils ermöglichen. Und das erfolgt wiederum über das spielerische Element.

In dem stark eingeschränkten Spielfeld können die Schüler gleich von Anfang an „Matches" mit verschiedenartigen Zählweisen spielen und somit Wahrnehmung, Antizipation, einfache Taktik und Intuition ausbilden. Sie können sich spielerisch austoben.

> Ein Essrhythmus mit den klassischen drei Hauptmahlzeiten ist nicht tennisgerecht. Zwischenmahlzeiten gehören in den täglichen Speisenplan. Dabei sollten die Portionsgrößen beim Mittag- und Abendessen verringert werden.

Deswegen kann und soll man hier noch nicht von einer Vielfalt typischer Übungsformen oder methodischer Reihen sprechen, sondern diese Stufe ist praktisch eine konsequente **kurzfristige Fortsetzung** der ersten Stufe. Das spielerische Element muss dominieren! Zu erwähnen ist, dass sowohl „Grundschläge" als auch „Flugbälle", so weit man diese Bezeichnungen hier schon anwenden darf, mit einbezogen werden sollen. Darüber hinaus sollen in dieser Stufe die Übungsformen mit beiden Armen durchgeführt werden, denn das Hauptziel des Lernvorgangs ist noch immer der koordinative Bereich, die Ausbildung der Schlagtechnik befindet sich erst im Anfangsstadium. Einige Übungsformen werden vorgeschlagen, dem Einfallsreichtum der Trainer ist aber ein weites Feld einzuräumen.

> Flüssigkeitsverluste durch Schweiß vermindern schnell die Leistungsfähigkeit. Bei sommerlichen Temperaturen können während einer Stunde Belastung bis zu 3 Liter Schweiß verloren gehen. Deshalb gilt: Schon während der Aktivität mit dem Trinken beginnen.

ÜBUNGSFORMEN:

1. Zwei Spieler stehen sich gegenüber, jeder auf einer Netzseite. Sie spielen sich die Bälle beliebig entweder nach Bodenberührung (Grundlinienschlag) oder ohne diese (Flugball) zu.

2. Die gleiche Übung, es werden aber gute Schläge gezählt:
   - Welches Paar erzielt die längste Rallye ohne Fehler?
   - Welches Paar erzielt die meisten Ballberührungen in einer festgesetzten Zeit?

3. Zwei Spieler stehen sich gegenüber, jeder auf einer Netzseite. Sie spielen sich die Bälle nur mit der Vorhand zu, die Rückhand ist also ausgeschlossen und sie müssen durch Umlaufen ständig in Bewegung sein. Diese Übung kann man später auf die ganze Platzbreite ausdehnen.

4. Die gleiche Übung, diesmal wird aber nur die Rückhand angewandt.

5. Die gleichen Übungsformen mit Flugball.

6. Zwei Spieler stehen sich gegenüber, einer spielt alle Schläge (nach Aufsprung wie auch als Flugball) nur longline, der andere nur cross („Hosenträger").

> Tip für die tägliche Speisenauswahl: Fleischportionen halbieren, Beilagen verdoppeln. So wird der Kohlenhydratanteil gesteigert, der Fettanteil reduziert.

7. Zwei Spieler stehen sich gegenüber, spielen nur Vorhände oder nur Rückhände, allerdings sowohl mit der rechten als auch mit der linken Hand.

8. Die gleiche Übung, es wird aber auf beiden Seiten nur doppelhändig gespielt.

9. Zwei Spieler stehen sich an einem Netzpfosten gegenüber. Sie bewegen sich am Netz entlang zum zweiten Netzpfosten und spielen dabei:
   - nur Vorhände
   - nur Rückhände
   - nur Flugbälle.

10. Die gleiche Übung, aber die Spieler sollen versuchen, rückwärts zu gehen.

11. Beide Spieler müssen regelmäßig jeweils zwischen einem Flugball und einem Grundlinienschlag wechseln.

12. Beide Spieler dürfen nur mit Halbflugball spielen.

13. Spieler spielen ein „Einzel- oder Doppelmatch". Ein Satz kann z.B. mit elf oder mit einundzwanzig Punkten abgeschlossen werden.

Die Mineralstoffversorgung, insbesondere mit Calcium und Magnesium, kann durch die Verwendung von Milchzucker auch ohne Mineralstoff-Präparate verbessert werden. Milchzucker vergrößert die Resorptionsquote dieser Mineralstoffe und einiger Spurenelemente.

3.1.1.3 DRITTE STUFE – MINITENNIS

Über diese Stufe wurde schon in den vorherigen Kapiteln ausführlich gesprochen, und deswegen ist es nicht notwendig, die Wichtigkeit dieser Stufe in der technischen Entwicklung noch einmal zu betonen.

Auch diese Stufe ist vor allem eine Fortsetzung der vorherigen, in der allerdings die Technik schon klarere Umrisse bekommt, und deswegen sollen eventuell notwendige Korrekturen vorgenommen werden, obwohl auch diese Stufe vor allem aufgabenorientiert zu gestalten ist. Durch die größere räumliche Entfernung und Schlaglänge werden die Schlagausführungen räumlich automatisch größer ausfallen, wodurch sich die eventuelle Fehlerquelle erweitern kann. Deswegen ist es notwendig, die Entwicklung zu überwachen, damit sich nicht grundsätzlich falsche Angewohnheiten einschleichen, die später entweder gar nicht oder nur sehr schwer zu beseitigen sind.

Auch auf dieser Stufe soll aber das spielerische Element vorherrschen, obwohl hier schon ein gewisses systematischeres Vorgehen bei der Technikentwicklung möglich und empfehlenswert ist.

So kann z.B. das Lehren der Technik des Aufschlages, des Flugballs wie auch der Grundlinienschläge und besonders der Beinarbeit gezielt angegangen werden. **Auch hierbei müssen die Körperarbeit und Körperrotation eine wichtige Rolle spielen! Spätestens auf dieser Stufe muss die körperliche Ganzheit eines Schlages verdeutlicht werden!**

ÜBUNGSFORMEN

Wenn die Spieleranzahl größer ist, sollte höchstens in Vierergruppen aufgeteilt werden. Eine Gruppe spielt untereinander oder mit dem Trainer, die andere(n) Gruppe(n) werden mit anderen Übungen (Koordinationsübungen, technische

Übungen, z.B. Aufschlag usw.) beschäftigt, und nach gewisser Zeit wird gewechselt. „Leerläufe" sollen nach Möglichkeit vermieden werden.

1. Auf der einen Seite steht der Trainer (später zwei Spieler), auf der anderen die übrigen drei (später zwei) Spieler. Der Trainer (Spieler) spielt mit jeweils einem Spieler eine Serie von 10-20 Schlägen:
   - beliebig sowohl Vorhand als auch Rückhand,
   - jeweils nur eine Schlagart,
   - dasselbe mit Flugbällen.

Für figurbewusste Freizeitsportler gilt: Advantage Kohlenhydrate! Fette werden als Fette gespeichert und bringen schnell überflüssige Pfunde. Hingegen sind erhebliche Kohlenhydratmengen notwendig, um aus ihnen Speicherfette zu produzieren.

2. Die gleiche Übung, aber die Spieler müssen den Ball:
   - nur cross spielen,
   - nur longline spielen,
   - auf einer Seite nur cross, auf der anderen nur longline („Hosenträger") spielen oder aber zuerst einige Male cross oder longline und dann erst die Richtung in longline oder cross ändern,
   - auf einer Seite immer nur aus der Vorhandecke (Rückhandecke) abwechselnd cross oder longline, auf der anderen Seite immer nur zum Partner zurück (Dreieck) spielen,
   - ohne spezielle Reihenfolge oder, wie oben aufgeführt, nur hinter die Aufschlaglinie, später in den zweigeteilten Grundlinienbereich spielen,
   - dasselbe, aber in gewisse eingegrenzte Zielflächen spielen,
   - auf der einen (beiden) Netzseite(n) nur Halbflugball spielen,
   - auf der einen Netzseite nur Flugball, auf der anderen Netzseite nur Halbflugball spielen,
   - mit regelmäßig variierender Geschwindigkeit oder/und variierender Länge spielen,
   - aus der Vorhandseite nur Rückhand cross und aus der Rückhandseite nur Vorhand cross spielen.

3. Bei Grundlinienschlägen wird die Technikausbildung mit den gleichen Übungsformen um die Variationen Topspin und Slice erweitert.

4. Der Aufschlag wird in die Ausbildung mit einbezogen. Das Erlernen des Aufschlags lässt sich auf Grund langjähriger positiver Erfahrungen in vier Teile gliedern:

4.1 Von der biomechanischen Seite aus gesehen gleicht die Aufschlagbewegung im Prinzip einer normalen Wurfbewegung, denn beim Aufschlag wird eigentlich der Schläger gegen den Ball „geworfen". Es bietet sich somit an, die technische Entwicklung des Aufschlags mit Wurftraining zu beginnen, besonders heutzutage, da die Mehrzahl der Kinder gar nicht oder nur unzureichend werfen kann. Dies kann am Anfang mit normalen Tennisbällen, später mit Schlagbällen (200 g) und noch später mit leichten Medizinbällen (0,5 kg) geschehen. Zum Schluss können alte, abgenutzte Tennisschläger benutzt werden, denn eine Wurfbewegung mit einem Schläger verdeutlicht die eigentliche Schwungkomponente am besten. Es empfiehlt sich, nicht nur die Weite, sondern auch die Zielpräzision des Wurfes anzusteuern, wobei wiederum die Ganzkörperbewegung (kinematische Kette und Rotation) von enormer Wichtigkeit ist.

4.2 Der nächste Teil betrifft den Ballwurf. Weil dazu normalerweise die ungeschickte Hand benutzt wird, stehen die Anfänger in der Regel vor großen Problemen. Hierzu kann eine Zielvorrichtung (z.B. ein Metallring, siehe Abb. 91) große Hilfe leisten. Dabei sollen aber schon zwei Bewegungsabläufe, die später auch gemeinsam ablaufen, parallel als eine Einheit gelehrt werden: der Ballwurf und die gleichzeitige Pendelbewegung mit dem Schläger in die Schulterhöhe. Der hochgeworfene Ball wird wieder aufgefangen (siehe Abb. 92).

4.3 Der dritte Teil umfasst dann die gesamte Schlägerbewegung und die dazugehörige Körperarbeit (Vordehnen und Rotation) als eine Einheit ohne Ball (siehe Abb. 93).

4.4 Und schließlich sollen die Punkte 4.2 und 4.3 zusammengefasst und mit dem Balltreffen abgeschlossen werden. Dabei empfiehlt sich, am Anfang gegen einen Zaun oder eine Wand zu üben, damit das Aufschlagfeld nicht als Gradmesser für die richtige oder falsche Bewegungsausführung betrachtet werden kann, was meistens eine unbewusste Verkrampfung verursacht.

ABB. 91

ABB. 92

ABB. 93

Bei sommerlichen Temperaturen steigt der Flüssigkeitsbedarf stark an. Die richtigen Getränke gehören auch beim Training dazu. Gut geeignet sind natriumhydrogencarbonhaltige Mineralwasser und Schorlen aus den Wassern mit Apfelsaft im Verhältnis 3:1.

Besonders bei Kindern können zu Beginn durch die Anordnung einer korrekten Schlägerhaltung (Kontinentalgriff) große Probleme entstehen, weil sie noch nicht die Fähigkeit besitzen, den Unterarm während der Schlagbewegung aus dem tiefsten Punkt der Schlinge hinter dem Rücken in eine Pronation hin zum Treffpunkt zu bringen. Deswegen fangen die meisten mit einem Easterngriff (Vorhandgriff) an, bei dem die einfache Streckung des Ellbogens ausreicht.

ABB. 94:

Ein Kind schlägt den Ball bei der Griffumstellung vom Easterngriff zum Kontinentalgriff von der rechten Platzseite auf eine Zielfläche, die weit rechts angebracht ist.

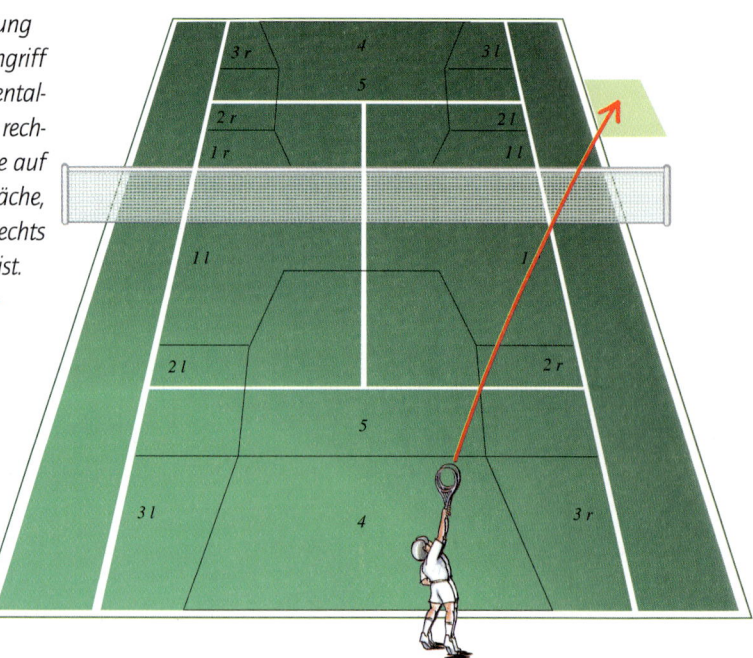

Das ist nicht so schlimm, denn dieses „Manko" erleichtert den Kindern den Anfang, und es ist später relativ leicht zu beheben. Wenn der Bewegungsablauf und
der Rhythmus des Aufschlages stimmen, soll der Schüler von der Vorhandseite
(rechts vom Mittelzeichen) mit dem neuen Kontinentalgriff auf ein Ziel, das sich
außerhalb des Platzes auf der rechten Platzseite befindet, aufschlagen (siehe
Abb. 94). Um das zu erreichen, muss er bewusst eine starke Pronation im Unterarm durchführen.

Der Aufschlag soll sehr früh gelehrt werden, damit die Spieler gleich von Anfang
an das Punkteausspielen mit Aufschlag beginnen können.

5.   Im nächsten Schritt wird der Aufschlagreturn gelehrt. In dieser Stufe reicht es
     aus, den Return als selbständigen Schlag zu üben. Zu den Besonderheiten
     des Returns wird später wesentlich mehr erklärt.

6.   Gleichzeitig mit der Aufschlag- und Returnentwicklung soll auch der Schmet-
     terball mit einbezogen werden.

7.   Danach können schon ganze Spielzüge, wie Aufschlag und Flugball oder An-
     griffsball und Flugball, mit zuständigen Returns und Passierschlägen sowie
     auch weitere Spielvarianten geübt werden, womit sich die Wahrnehmung,
     Antizipation und Entscheidung und das im Leistungstennis so wichtige intui-
     tive Verhalten als Voraussetzungen für spätere taktische Kombinationen ver-
     tiefen und erweitern lassen.

Aber auch das Minitennis soll nicht zum Selbstzweck auswuchern, sondern nur
als eine weitere notwendige und sehr wichtige methodische Zwischenstufe betrachtet werden. Spaß, Freude und individuelle Kreativität müssen dominieren.
Deswegen sind verschiedene Vergleichsmatches oder kleinere Turniere zu emp
fehlen, vor großen überregionalen oder sogar internationalen Wettkämpfen ist allerdings zu warnen. Die Gefahr, dass die Kinder schon in diesem Stadium und
jungem Alter unter Erfolgszwang seitens der Eltern, Trainer oder Funktionäre gesetzt werden, ist sehr groß. Und gerade das soll, so lange wie nur möglich, verhindert werden.

Die Calciumaufnahme in Deutschland ist alarmierend niedrig, auch unter Tennis-kindern. Besonders Mädchen und junge Frauen sind betroffen, ihr Risiko, an Osteoporose zu erkranken, steigt. Calciumreich sind vor allem Milch und Milch-produkte, Milch-Schnitte, Sesam und Leinsamen.

3.1.1.4 VIERTE STUFE – AUFBAU DER ZIELTECHNIK

In dieser Stufe fängt der Ernst des Tennislebens erst richtig an. Das ist auch die einzige Stufe, die zum Teil fast ausschließlich, zum Teil überwiegend bewegungs-orientiert ist (technikorientierte Konzeption) und in der das erste Mal die Ziel-technik systematisch angegangen werden soll. Näheres dazu wurde schon ab Sei-te 96 erklärt.

Die in dieser Stufe angestrebte **Optimierung der Situationsbewältigung** wie auch die **Variabilität der einzelnen Schlagtechniken** ist auf Grund der systema-tischen Entwicklung der Bewegungskoordination in den vorherigen drei Stufen wesentlich erleichtert. **Die Handlungsflexibilität, die automatische Abruf-fähig**keit, die schon am Ende dieser Stufe weitgehend entwickelt sein soll, ist die Voraussetzung für einen späteren progressiven Leistungsanstieg.

Auf dieser Stufe **muss** der Trainer auf der einen Seite **präzise Hinweise** geben und **genaue Bewegungs- und Schlagkorrekturen** durchführen, auf der anderen Seite muss er aber die **individuelle Entwicklung** respektieren und die **situations-bedingte Entwicklung der Technik** vorantreiben.

Unter Berücksichtigung der ausführlichen Beschreibung dieser Stufe in den vor-herigen Kapiteln kann man schnell zu den wesentlichen Übungsformen überge-hen.

Salate liefern viele Vitamine und Mineralstoffe. Aber: Wer vor einem Training nur Salat isst, vergisst das eigentliche Muskelbenzin – die Kohlenhydrate. Deshalb gehören zu jedem Salat immer einige Scheiben Baguette oder Kartoffeln als Bei-lage.

ÜBUNGSFORMEN

1. Positionierung des Spielers im Aufschlagfeld

1.1 Der Spieler steht in einem der Aufschlagfelder unmittelbar vor der T-Linie. Der Trainer steht im schräg gegenüberliegenden Aufschlagfeld näher zum Netz postiert (siehe Abb. 95). Der Trainer spielt aus dem Korb entnommene Bälle so zu, dass der Spieler mindestens zwei Schritte schräg vorwärts zum Ball machen muss. Der Ball vom Trainer soll am Anfang nicht nur kürzer, sondern auch flach sein, um den Spieler nicht unter Druck zu setzen.

ABB. 95

Der Spieler muss versuchen, den Ball so zu schlagen, dass dieser möglichst in Richtung des Trainers fliegt und dass er in etwa die untere Körperhälfte des Trainers ansteuert. Somit wird dem Ball automatisch Geschwindigkeit genommen, die Schlagdurchführung wird dadurch zwangsweise in ihrer räumlichen Ausdehnung reduziert, die Präzision der Schlagausführung gesteigert, die Selbstkontrolle ermöglicht und der Treffpunkt leichter fixiert.

Der Trainer soll, wie schon früher erwähnt, von ihm erreichbare Bälle direkt zurückspielen, damit es aus den schon erwähnten Gründen zu einem Ballwechsel kommt.

Der Spieler muss versuchen, alle vom Trainer zugespielten Bälle (auch die unpräzisen) **nach dem ersten Absprung** zu spielen.

Später, bei steigender Spielfertigkeit des Schülers, kann das Zuspiel mehr variieren, die Bälle können zwischendurch auch höher, länger, schneller und vom Spieler weiter entfernt zugespielt werden. **Der Spieler soll aber das Aufschlagfeld nicht verlassen!** Das bedeutet, dass er vor den längeren Bällen nicht ausweichen, sondern versuchen soll, diese früher zu treffen, eventuell sogar mit Halbflugball. Das hat er ja schließlich in den drei vorherigen Stufen ausreichend gelernt.

Die ersten 50-80 Bälle (selbstverständlich in Serien gespielt) werden aus der gleichen Trainer- und Schülerstellung gespielt. Für die nächsten 50-80 Bälle soll entweder der Trainer oder der Spieler seine Position in das zweite Aufschlagfeld verlegen, womit eine andere Schlagrichtung und dadurch eine situative Lösung entsteht. Man kann auch drei- oder viermal wechseln. Dabei soll in dieser Stufe aus den schon erwähnten physiologischen Gründen zuerst immer nur ein und dieselbe Schlagart ca. 150mal wiederholt werden, bevor man zur nächsten Schlagart wechselt.

Wichtig und vielleicht für manchen neu ist die Tatsache, dass dabei der Schüler z.B. aus dem linken Aufschlagfeld auch Vorhand cross ins linke Aufschlagfeld des Trainers und aus dem rechten Aufschlagfeld Rückhand cross in das rechte Aufschlagfeld des Trainers spielt. Gründe hierfür wurden ausgiebig beschrieben (siehe Abb. 96).

ABB. 96:

Vorhand cross aus der linken Platzseite

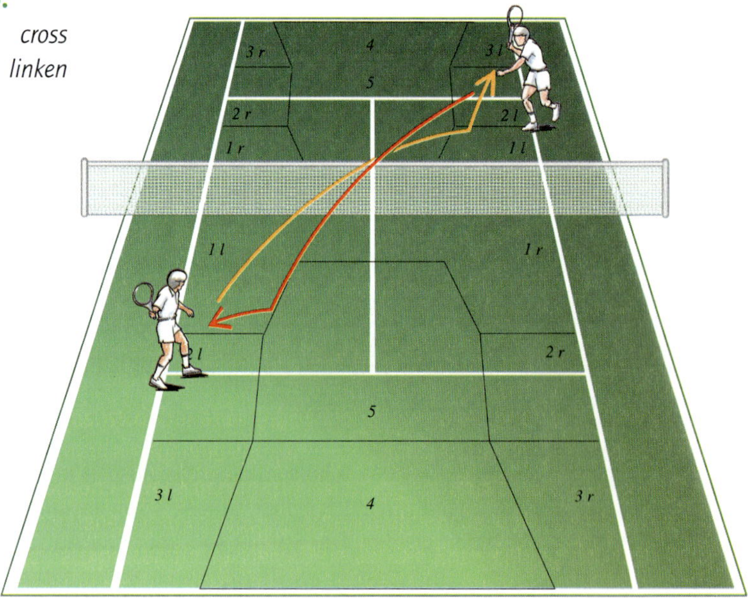

Bei so angelegter Übungsform entstehen richtungs- und damit stellungsmäßig automatisch schon **acht** unterschiedliche Schlagvariationen!

1.2 Die gleiche Übungsform wird auch beim Flugball angewandt. Dabei steht der Trainer allerdings etwas weiter vom Netz entfernt, der Schüler aber noch relativ nahe am Netz (2-3 m). Zuerst soll der Trainer den Ball bei einem eventuellen Ballwechsel nach dem Absprung zum Schüler zurückspielen, später kann auch er mit Flugball zuspielen. Wichtig ist dabei, dass der Spieler den Ball nicht zu hoch treffen muss. Bei zu hohem Treffpunkt reicht es nämlich, den Schläger fast nur mit seinem eigenen Gewicht senkrecht herunterzuführen, um den Ball übers Netz zu befördern. Dadurch lernt der Schüler aber nicht, den Ball technisch richtig zu bearbeiten. Der Ball soll deswegen vom Schüler höchstens in Netzkantenhöhe getroffen werden, um eine richtige flugballtechnische Bewegungsausführung zu entwickeln (siehe Abb. 97).

Später muss auch der Schüler weiter vom Netz entfernt stehen (4-6 m), um so früh wie möglich die technischen Voraussetzungen für einen tiefen und langen Flugball zu schaffen.

ABB. 97:
Der Treffpunkt liegt unterhalb der Netzkantenhöhe.

> Die richtige Trinkmenge: 1,5 Liter an Tagen ohne Sport, bei sportlicher Betätigung entsprechend den Schweißverlusten mehr. Gut geeignet sind Mineralwasser mit einem Calcium-Magnesium-Verhältnis von 2:1.

1.3 Die gleiche Übungsform wie in 1.1, aber nun wird noch mehr variiert.

1.3.1 So soll der Schüler z.B. jeden vierten oder fünften Ball nicht mehr cross oder longline zum Trainer zurückspielen, sondern ihn longline oder cross in den freien Raum schlagen, wobei zuerst nur die Richtung, später eine große Zielfläche und wieder später eine kleinere Zielfläche vorgegeben wird. Dadurch wird von Anfang an die Orientierungs- und Differenzierungsfähigkeit des Spielers geprägt (siehe Abb. 98).

ABB. 98

1.3.2 Der Trainer spielt jeden vierten oder fünften Ball in das offene Aufschlagfeld, so dass der Spieler nun etwa 4-5 m zum Ball laufen muss, wobei es wiederum zwei Alternativen für ein Zurückspielen gibt:

1.3.2.1 Er spielt zum Trainer zurück,

1.3.2.2 er spielt diesen Ball in den freien Raum.

1.3.3 Der Trainer spielt die Bälle wiederum in der in 1.1 vorgegebenen Form, allerdings muss jetzt der Schüler z.B. nach zwei, drei oder vier Grundlinienschlägen jeweils einen, zwei, drei oder vier Flugbälle mit der gleichen Schlagseite (Vorhand oder Rückhand) schlagen.

1.3.4 Wie in 1.3.3, der Schüler schlägt aber den Flugball mit der anderen Schlagseite (Rückhandflugball nach Vorhandgrundschlag und umgekehrt).

1.3.5 Der Trainer spielt die Bälle wiederum wie in 1.1 zu, allerdings wird nun nach ca. 30 - 50 Wiederholungen einer Schlagart (z.B. Vorhand) zu weiteren 30-50 Wiederholungen der anderen Schlagart (z.B. Rückhand) gewechselt usw.

1.3.6 Mit weiter ansteigender Spielfertigkeit und technischer Präzision können beliebig unterschiedliche Variationen der vorherigen Übungsformen durchgeführt werden.

1.3.7 Auch auf dieser Stufe soll weiter an der Entwicklung des Aufschlages gearbeitet werden. Es empfiehlt sich zuerst eine Stellung des Spielers hinter der T-Linie, die vorerst als Grundlinie dient. Dadurch muss der Spieler nicht so weit schlagen, braucht weniger Kraft und kann die Technik schneller präzisieren. Später kann man ihn zwischen die T-Linie und die Grundlinie stellen, bevor er sich ganz hinter die Grundlinie begibt.

Beim Aufschlagtraining ist schon in dieser Stufe darauf zu achten, dass der Schüler nicht mehr als 10-15 Aufschläge in Serie spielt, danach eine Pause von ca. 1/2-1 min einlegt, bevor er die nächste Serie anfängt. Aufschlag ist belastungsmäßig der anstrengendste Schlag im Tennis, und besonders bei einem Anfänger, der noch nicht optimal koordiniert, kommt es zu einer frühzeitigen Ermüdung der einzelnen beteiligten Systeme, wodurch die Qualität der Ausführung stark leidet. Diese Regel gilt übrigens auch später beim Technikanwendungstraining.

1.3.8 Das Schmetterballtraining, das schon beim Minitennis begonnen wurde, muss jetzt fortgesetzt werden. Der Trainer steht kurz vor der T-Linie eines Aufschlagfeldes und spielt einen Lob über den Spieler, der in der Nähe der

Mittellinie im schräg gegenüberliegenden Aufschlagfeld steht (siehe Abb. 99). Der Schüler soll den Schmetterball ins freie Feld spielen. Auch hier soll variiert werden, indem sich sowohl der Spieler als auch der Trainer von einem Aufschlagfeld ins andere begeben, womit der Schüler aus unterschiedlich zugespielten Lobs in verschiedene Richtungen schmettern lernt.

ABB. 99

Schon auf dieser Stufe muss mit dem Erlernen des Rückhandschmetterballs angefangen werden, denn abgesehen von dem positiven koordinativen Effekt, braucht dieser schwere Schlag eine lange Entwicklungszeit.

Auch für das Schmetterballtraining gilt die Serienregel des Aufschlagtrainings.

Die Übungsreihen im Aufschlagfeld sind zwar eine Art der Fortsetzung des Mini-tennis, sie erleichtern allerdings wesentlich das Präzisieren und Perfektionieren der so wichtigen technischen Details und des Ballgefühls. Gerade in dieser Stufe und auf diesem Entwicklungsstand ist darauf zu achten, dass die Schüler nicht koordinativ und kräftemäßig überfordert werden, was bei Schlägen von Grundli-nie zu Grundlinie in der Regel der Fall ist, und dass die Spieler immer wieder die Möglichkeit zum Feedback bekommen. Ohne Einsicht und ohne die Möglichkeit zur Selbstkorrektur ist der Fortschritt stark eingeschränkt.

2. Positionierung des Spielers auf der Grundlinie

Vereinfacht kann man sagen, dass vorerst die gleichen Übungsformen (1.1, 1.3.1, 1.3.2, 1.3.5 und 1.3.6), die im Kleinfeld stattgefunden haben, in der gleichen Form auf die Grundlinie übertragen werden, wobei der Trainer

- die erste Zeit am Netz stehen bleibt und Flugbälle spielt,
- später nach weiterer Perfektionierung der Technik auch er die Grundlinien-position einnimmt.

Bei den Übungsformen 1.2 und 1.3.8 steht der Trainer gleich von Anfang an auf der Grundlinie.

Die Übungsformen 1.3.3 und 1.3.4 sollten erst zu einem späteren Zeitpunkt mit einbezogen werden, da sie am Anfang dieses Stadiums den Schüler überfor-dern würden.

Die Übungsform 1.3.7 (Aufschlag) wird nun auch auf die Grundlinie verla-gert.

In diesem gesamten ersten Teil der technischen Basisausbildung sind bei Instruk-tionen und Korrekturen nach und nach und Schritt für Schritt mit zunehmender Konsequenz vor allem folgende Faktoren zu beachten:

- Muskulöse Entspannung während der Schlagdurchführung.
- Relativ lockere Schlägerhaltung.
- Fortlaufende, breite, beidbeinige Bewegung, vorwiegend auf den Fuß-ballen.
- Breiter Splitstep und dadurch Voraktivierung der zuständigen Bein-muskulatur beim Treffpunkt des Trainers (Partners) (siehe Abb. 100 und 101).

ABB. 100 UND 101:

Eine breite Ausgangsstellung und breiter Splitstep sind Voraussetzungen für ein optimales Gleichgewichtsverhalten und für die Voraktivierung der Muskulatur.

ABB. 102:

Gabriela Sabatini bei einem langen Schlagschritt

- Optimales Gleichgewichtsverhalten durch das Aufrechthalten des Kopfes und des Oberkörpers, aber vor allem durch einen langen Schlagschritt (breite Fußstellung) bei jedem Schlag (siehe Abb. 102).
- Ganzkörperbewegung beim Schlag:
  - Die Ausholbewegung durch die Zurücknahme der Schlagschulter beginnen, um eine optimale Verwringung zu erreichen; am Ende der Ausholbewegung soll der Rücken mindestens zur Hälfte zum Trainer (Partner) gedreht sein.
  - Die Schlagbewegung von unten nach oben durch das Abstoßen des Standbeines von der Erde auslösen und durch die Rotation der Hüften und des Schultergürtels fortsetzen (bei Grundlinienschlägen soll im Endstadium ein Rotationsradius von bis 220° erreicht werden).
  - Am Ende des Ausschwungs soll bei Grundlinienschlägen die Schlagschulter in die Schlagrichtung zeigen.
  - Die eigentliche Schlagarmarbeit räumlich weitgehend einschränken.
  - Zuerst die Präzision der Schlagbewegung und später die Präzision des gespielten Balles beachten.
  - Immer in der individuellen optimalen Schlaggeschwindigkeit spielen.
  - Mit zunehmender Schlagfertigkeit die Variation des Zuspiels steigern und sowohl die Variationsfähigkeit der Schlagtechniken als auch die situative Variabilität fördern.

Am Ende dieser Stufe und in der Übergangszone zur nächsten Stufe wird die erlernte Technik der einzelnen Schlagarten gefestigt, indem regelmäßige Rallyes wiederholt werden.

Zwischenmahlzeiten sollten durch die Kombination von tierischem und pflanzlichem Eiweiß zu einer hohen Eiweißqualität beitragen. Beispiele: Milch mit Getreide (Müsli, Milch-Schnitten), Käse und Brot.

Diese Trainingsart nennt man auch **Rhythmustraining**, das allerdings auch später aus verschiedenen anderen Gründen immer wieder vorkommt. Hierbei handelt es sich vor allem darum, in einer optimalen Form mit relativ kleinen Abweichungen und Variationen, mit ausgewogenem Tempo, ohne größere körperliche Belastung eine gewisse beabsichtigte Schlagart zu festigen und ohne Einschaltung des Bewusstseins automatisch jederzeit abrufen und im regelmäßigen Rhythmus in vorgegebene Richtungen mit vorgegebenen Längen in die Tat umsetzen zu können. Das erfordert viel Geduld und hohe Konzentration, gepaart mit einer gewissen Art von Lässigkeit, allgemeiner muskulöser und mentaler Lockerheit sowie innerer Ausgeglichenheit. Man kann im übertragenen Sinne sagen: Die individuelle Schrift wird endgültig automatisiert.

Hierzu dienen uns vor allem die in der ganzen Welt bekannten Übungsformen, die hier allerdings etwas ergänzt werden (siehe 3.2.3 und 3.2.6 oder 4.2.3 und 4.2.6). Diese Ergänzungen sind schon u.a. eine Vorübung für umlaufene Schläge wie auch für Aufschlagreturns. Darüber hinaus dienen sie der Entwicklung von größerer Schlagvariabilität und situativer Lösung.

3. Zwei Spieler (oder Trainer-Spieler) schlagen in gleichmäßigem und mittelschnellem Tempo Bälle von Grundlinie zu Grundlinie mit folgenden Variationsmöglichkeiten:

3.1 Beide Spieler stehen in der Mitte der Grundlinie und spielen sich die Bälle ohne bestimmte Ziele zu.

3.2 Beide Spieler stehen in der Mitte zwischen dem Mittelzeichen und der Außenlinie und spielen sich die Bälle folgendermaßen zu:
3.2.1 Beide spielen Rückhand cross.
3.2.2 Beide spielen Vorhand cross.
3.2.3 Beide spielen Rückhand bzw. Vorhand cross, aber in der „umgekehrten" Ecke stehend: aus der Vorhandecke Rückhand und aus der Rückhandecke Vorhand. Dabei sollen beide an oder neben den Seitenlinien stehen.
3.2.4 Einer spielt Rückhand, der andere Vorhand longline.
3.2.5 Die gleiche Übung auf der anderen Linie in umgekehrter Weise.
3.2.6 Die gleiche Übung, aber wie in 3.2.3 spielen die Spieler „umgekehrt" – auf der Vorhandlinie Rückhand und auf der Rückhandlinie Vorhand longline.
3.2.7 Ein Spieler steht in der Ecke und spielt abwechselnd cross und longline, der andere läuft von Ecke zu Ecke und spielt die Bälle zurück zum Partner (Dreieck). **Variation:** Der Spieler in der Ecke darf alle Bälle nur mit der Vorhand oder nur mit der Rückhand spielen.

3.2.8 Ein Spieler schlägt regelmäßig cross, der andere longline („Hosenträger").

3.2.9 Übungen wie in 3.2.7 oder 3.2.8, die Spieler spielen aber zuerst z.B. zwei- oder dreimal hintereinander cross oder longline und erst den dritten oder vierten Ball spielen sie abweichend dann longline bzw. cross.

Bei allen Übungsformen sollen die Bälle lang in die Nähe der Grundlinie gespielt werden. Deswegen ist zu empfehlen, Zielflächen zu markieren, deren Größe dem vorhandenen technischen Niveau entspricht (siehe Abb. 103).

ABB. 103

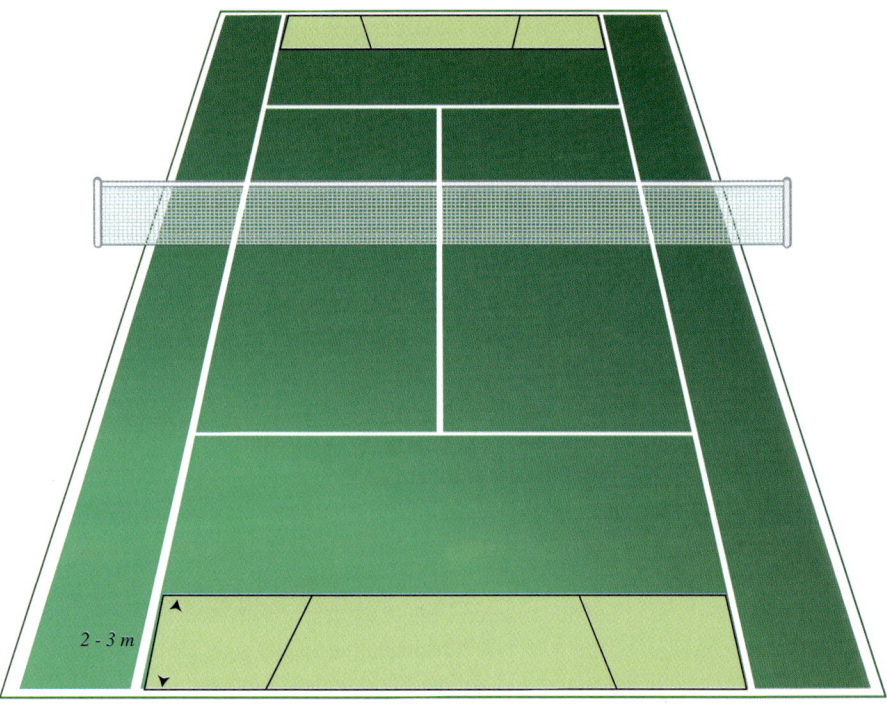

4. Ein Spieler steht am Netz, der andere auf der Grundlinie, und beide schlagen sich die Bälle regelmäßig zu mit folgenden Variationen:

4.1 Beide Spieler stehen in der Mitte der Grundlinie bzw. des Netzes und schlagen sich die Bälle ohne bestimmte Ziele zu.

4.2 Der Grundlinienspieler steht in der rechten bzw. linken Platzhälfte, der Netzspieler steht in der Netzmitte, und sie spielen sich die Bälle folgendermaßen zu:

4.2.1 Beide spielen Vorhand bzw. Vorhandflugball cross.

4.2.2 Beide spielen Rückhand bzw. Rückhandflugball cross.

4.2.3 Der Grundlinienspieler spielt aus der Vorhandecke Rückhand cross bzw. aus der Rückhandecke Vorhand cross, der Netzspieler dagegen spielt normalen Vorhand- bzw. Rückhandflugball cross; später spielt auch er „umgekehrt": aus der Vorhandseite Rückhand cross und aus der Rückhandseite Vorhand cross.

4.2.4 Beide spielen Vorhand bzw. Vorhandflugball longline.

4.2.5 Beide spielen Rückhand bzw. Rückhandflugball longline.

4.2.6 Der Grundlinienspieler spielt auf der Rückhandlinie Vorhand oder auf der Vorhandlinie Rückhand longline, der Netzspieler antwortet mit normalem Rückhand- bzw. Vorhandflugball longline.

4.2.7 Der Grundlinienspieler steht in einer Platzhälfte, der Netzspieler in der Netzmitte. Der GL-Spieler schlägt abwechselnd cross und longline, der Netzspieler spielt immer in die gleiche Ecke zurück (Dreieck).

4.2.8 Der GL-Spieler spielt entweder immer cross oder longline, der Netzspieler antwortet umgekehrt („Hosenträger").

4.2.9 Übungen wie in 4.2.7 oder 4.2.8, die Spieler spielen aber zuerst mehrere Male in die gleiche Richtung, und erst mit dem dritten oder vierten Schlag wechseln sie die Richtung.

4.2.10 Bcide stehen in einer Platzhälfte. Sie dürfen nur mit einer Schlagart schlagen (Rückhand oder Vorhand), womit die Beinarbeit gefördert wird.

Auch bei diesen Übungen ist die Präzision von großer Bedeutung. Deswegen sollen für den Netzspieler Zielflächen in Grundliniennähe markiert werden (siehe Abb. 104). Dem GL-Spieler sollen auch Ziele vorgegeben werden. Bei Crossbällen soll er der Ball z.B. immer ins Aufschlagfeld, bei Longline-Bällen auf die T-Linie oder in ein Zielfeld in der Ecke des Platzes zielen.

ABB. 104

5. Beide Spieler stehen sich am Netz in unmittelbarer Nähe der T-Linie gegenüber und spielen Flugbälle.

5.1 Beide Spieler stehen an der Mittellinie der Aufschlagfelder und in der Mitte zwischen dem Netz und der T-Linie. Sie spielen Flugbälle ohne besondere Zielvorgaben.

5.2 Die Spieler befinden sich in der gleichen Ausgangsstellung wie bei 5.1, aber sie variieren jetzt das Flugballspiel in folgender Weise:

5.2.1 Beide spielen Vorhandflugball cross.

5.2.2 Beide spielen Rückhandflugball cross.

5.2.3 Beide spielen Rückhand- bzw. Vorhandflugball cross, aber stehen in der umgekehrten Seite: aus der Vorhandseite Rückhandflugball und aus der Rückhandseite Vorhandflugball.

5.2.4 Einer schlägt Vorhandflugball, der andere spielt Rückhandflugball longline.

5.2.5 Ein Spieler schlägt abwechselnd jeweils denselben Flugball cross und longline, der andere spielt immer auf die gleiche Stelle zurück (Dreieck).

5.2.6 Einer spielt immer cross, der andere immer longline („Hosenträger").

5.2.7 Beide stehen in schräg gegenüberliegenden Aufschlagfeldern. Sie spielen entweder nur Vorhand- oder nur Rückhandflugbälle cross.

Auch beim Flugballtraining dieser Art soll nicht wild draufgeschlagen werden, sondern es werden exakte Ziele gesetzt, die die Spieler ansteuern müssen.

So kann der Ball z.B. auf die untere Körperhälfte des Partners gezielt werden, oder aber der Spieler soll die Grundlinie anvisieren usw. Die Schläge müssen immer kontrolliert gespielt werden.

Kohlenhydrate benötigen Wasser! Nach der Belastung gilt daher: Wer seine Kohlenhydratspeicher effektiv auffüllen will, sollte ausreichend trinken. Denn mit jedem Gramm Kohlenhydrate werden ca. 3 Gramm Wasser eingelagert.

Die hier aufgezeichneten Basismethoden für das Erlernen der Technik betreffen selbstverständlich mit kleinen Ausnahmen oder aber Ergänzungen und kleinen spezifischen Abwandlungen die Entwicklung aller Schlagtechniken: Drive, Topspin, Slice, Chip, Dropshot, Slice- und Kickaufschlag usw. Weil man ja nicht alle Schlagarten zur gleichen Zeit lernen kann, befindet sich jeder Spieler in dieser und auch noch in der nächsten Phase mit der Entwicklung diverser Schlagtechniken gleichzeitig in verschiedenen Stufen.

Sicherlich gibt es noch eine ganze Menge von Übungsformen, die in dieser Phase erfolgreich eingesetzt werden können. Eine größere Auswahl ist z.B. in der DTB-Broschüre (BORN/SCHÖNBORN) oder in anderen Lehrbüchern vorzufinden.

Leider wird in der Praxis in dieser Stufe z.Z. immer noch eine Reihe von verschiedenartigen Schlagkombinationen ohne Ballwechsel benutzt (die schon erwähnten Einschlagrallyes), bei denen der Ball nie zurückkommt. Dies ist sicherlich nicht der richtige Weg, trotzdem können im Einzelfall und unter bestimmten Umständen (im Umlernen oder tiefer greifenden Korrekturen) solche Methoden angewendet werden, dann allerdings nicht als Schlagkombinationen verschiedener Schlagarten, sondern gezielt auf den vorhandenen Fehler gerichtet.

Qualität vor Quantität heißt immer noch die Order. Nicht eine Masse von Drills, die man vom Inhalt her eher als Bewegungs- oder Beschäftigungstherapie bezeichnen könnte, ist wirkungsvoll, sondern es müssen sinnvolle Drills benutzt werden, die den Schüler systematisch und schnell weiterbringen, obwohl sie einfach sind.

3.1.1.5 FÜNFTE STUFE – AUTOMATISIERUNG

Es sei noch einmal verdeutlicht, dass die Ziele dieser Stufe **die Präzision und Perfektionierung** und vor allem das Erreichen einer sowohl **situativen als auch variablen Stabilität und Durchsetzungsfähigkeit der Technik** sind, was man nicht nur durch ständiges Wiederholen gewisser Techniken einzelner Schläge in standardisierten Situationen wie in der vorherigen Stufe erreicht, sondern vor allem durch das **Üben motorischer Programme (Patterns). In der zweiten Phase** dieser Stufe **befindet man sich** gleichzeitig schon **mehr und mehr in der ersten Phase des Technikanwendungstrainings!** Der Übergang ist fließend.

Erst ab dieser fünften Stufe kann man von Training im sportwissenschaftlichen Sinne sprechen (siehe Seite 117). Es handelt sich nun nicht mehr um Neuerwerb, sondern um die allmähliche Steigerung der komplexen Leistung, womit die **Wertigkeit des Ergänzungstrainings** besonders hervorgehoben werden muss, welches allerdings nicht das Hauptthema dieses Buches ist.

Weil auf dieser Stufe die Automatisierung abgeschlossen und die automatisierte Technik situativ, präzise und zielorientiert entwickelt werden soll, ist es empfehlenswert, **den ganzen Tennisplatz räumlich aufzuteilen**, um die anzuspielenden Zielflächen und die abzudeckenden Räume wie auch die einzelnen Operationsfelder **sinnvoll** zu gestalten, damit das Training auch tatsächlich **matchorientiert** durchgeführt werden kann, weil später im Taktiktraining und vor allem im Match eine große Anzahl an gespeicherten motorischen Programmen zur Verfügung stehen muss.

Hydrogencarbonathaltige Mineralwasser helfen, die während intensiver Belastungen im Muskel anfallende Milchsäure abzupuffern und so die Leistungsfähigkeit länger auf einem hohen Niveau beibehalten zu können.

In diesem Buch wird, dem Wissen des Autors nach, das erste Mal der Versuch unternommen, eine völlig neuartige und vor allem sinnvolle, matchrealistische Platzaufteilung zu präsentieren, die bei der absoluten Mehrzahl von Übungen ohne größere geometrische Veränderungen immer wieder verwendet werden kann, und das ohne Rücksicht auf die Spielstärke der jeweiligen Spieler! Diese Platzaufteilung wurde vom Verfasser dieses Buches ausgedacht, in dieser Form entwickelt und unzählige Male im Training aller möglichen Leistungsstärken auf der ganzen Welt mit großen Erfolg benutzt (siehe Abb. 105).

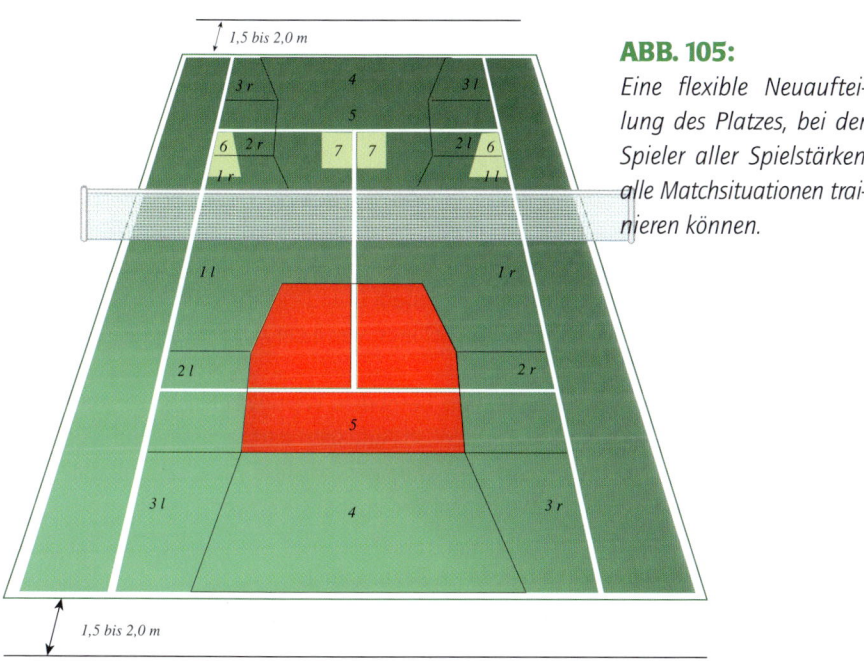

ABB. 105:
Eine flexible Neuaufteilung des Platzes, bei der Spieler aller Spielstärken alle Matchsituationen trainieren können.

Zuerst ist es notwendig, den Sinn und Zweck der einzelnen Felder zu beschreiben.

Felder 1 Diese Bereiche dienen als Zielflächen bei:
- Passierschlägen cross
- Drop-shot sowohl von der Grundlinie als auch vom Netz gespielt
- Flugballwinner kurz cross
- Returns bei vorrückendem Aufschlagspieler

Felder 2 Diese Bereiche dienen als Zielflächen bei:
- Passierbällen longline
- Winnerschlägen, cross aus dem Mittelfeld gespielt
- Schmetterbällen aus Netznähe
- längeren Flugballwinnern cross
- scharfem Winkelspiel, um den Platz zu öffnen

Felder 3 Diese Bereiche dienen als Zielflächen bei:
- Returns des zweiten Aufschlags
- Angriffsschlägen cross und longline
- Winnerschlägen, cross oder longline von der Grundlinie gespielt
- langen Flugbällen
- Notschlägen aller Arten
- Lobs über Netzspieler
- Schmetterbällen aus dem Mittelfeld

Feld 4 Dieses Feld dient als Zielfläche bei:
- Rallyeing, d.h. vorbereitendem Grundlinienspiel
- Returns des ersten Aufschlags, wenn der Aufschläger nicht vorrückt

Feld 5 Dieses Feld hat eine ganz besondere Wertigkeit, es ist die „rote Zone". Mit Ausnahme von speziellen Aufgaben darf in dieses Feld niemals gespielt werden, denn das ist die gefährlichste Zone, aus der die Gegner Druck ausüben, Winner spielen oder ans Netz vorrücken.

Felder 6 u.7 Diese Felder dienen als Zielflächen bei:
- Aufschlagtraining

Die Form der Zielfelder ist bei allen Spielkategorien die gleiche, die Größe der einzelnen Felder kann allerdings verändert werden. Einer ganz individuellen Anpassung je nach Bedarf steht selbstverständlich nichts im Wege.

Die Veränderung der Zielgröße ist sehr schnell und einfach durchzuführen: Man vergrößert oder verkleinert die rote Zone 5, womit je nach Spielstärke oder Übungsziel die Aufgaben erschwert oder erleichtert werden können. Man kann aber auch die Markierungslinien zwischen den einzelnen Feldern je nach Bedarf verschieben und somit die Zielfelder einer etwaigen Spezialaufgabe oder aber der Spielstärke größenmäßig anpassen. Selbstverständlich soll diese Markierung auf beiden Platzhälften angebracht werden.

Heutzutage gibt es vorgefertigte, rutschfeste, tennisspezifische Bodenmarkierungen zu kaufen (Sport Thieme, Artikel 20-34115 bis 20-34174 in sechs Farben), die für diese Zwecke zu empfehlen sind. Mann kann aber auch je nach Bodenbeschaffenheit Kreidestriche anbringen oder Tape aufkleben. Die Linien sollen nicht voll durchgezogen werden; es reicht, wenn nur kurze, voneinander weiter entfernte Striche aufgetragen werden, die die Felder nur andeuten. Je nach Bedarf und Ziel des Trainings können auch nur einzelne Felder angebracht werden. Das heißt, man muss nicht immer unbedingt das ganze Feld markieren.

Es ist wirklich überraschend, wie schnell die Spieler beim Training unter Benutzung dieser Aufteilung lernen, z.B. **die rote Zone zu meiden**, oder wie schnell sie verstehen, **jeden Schlag zielorientiert durchzuführen und den Ball bewusst zu platzieren** und nicht nur planlos hinüberschlagen. **Sie lernen sehr schnell, die Geometrie des Platzes und die dreidimensionale Betrachtungsperspektive zu verstehen und der jeweiligen Aufgabe entsprechend präzise zu schlagen! Sie eignen sich situative Spielzüge (Pattern) an, die sie später im Match problemlos abrufen und umsetzen können.**

Zusätzlich wird 1,5 bis 2 m hinter der Grundlinie eine weitere Linie gezogen. Bis auf spezielle Ausnahmen sollen sich die Spieler ausschließlich vor dieser neuen Linie bewegen und schlagen. Auch diese Maßnahme hat sich enorm bewährt, denn die Spieler sind gezwungen, den langen Ball im aufsteigenden Ast oder sogar mit Halbflugball schlagen zu lernen, also aggressiv; sie dürfen vor dem Ball nicht ausweichen und den Schlag vorsichtig oder passiv spielen und sie haben eine kurze Entfernung zu den vom Gegner kurz geschlagenen Bällen (in die rote Zone), womit sie diese angreifen und als Winner schlagen lernen können. Und gerade diese Aktionen charakterisieren das moderne Tennis!

In der derzeitigen Praxis werden oft Hilfen benutzt, die zwar gut gemeint sind, das Problem aber nicht lösen. Ein Beispiel ist die Erhöhung des Netzes z.B. durch ein Seil, um größere Länge zu erreichen oder aber den Topspin zu erlernen usw. Dadurch wird aber gerade das hervorgehoben, was man eigentlich vermeiden sollte – zweidimensionales Denken und Beobachten. Es ähnelt der negativen Auswirkung beim Überloben des Netzspielers, wie schon oben beschrieben wurde. Die Bestimmung der Menge des Spins, gepaart mit der Länge und Geschwindigkeit, ist nur über das Ansteuern einer Zielfläche auf dem Tennisplatz, nicht über die Höhe zu lösen. Die Höhe ergibt sich aus der Kombination der Länge und der Geschwindigkeit automatisch.

Auch die Technik des Topspins erlernt man nicht durch das Erreichen einer bestimmten Ballflughöhe, sondern einzig und allein durch die entsprechende spezifische Schlägerführung zum Treffpunkt, womit auch der technische Hintergrund durch ein hoch gespanntes Seil nicht begründet werden kann, denn der Topspin darf nicht nur hoch gespielt werden können, sondern auch lang und flach. Und das von Anfang an! Abgesehen davon, dass der hohe Topspin heutzutage nur noch aus taktischen Gründen in absoluten Ausnahmefällen gespielt wird. Bei Anwendung solcher Methoden beim Erlernen des Topspins geht man im Gegenteil die **große Gefahr** ein, dass die Spieler von Anfang an **nur** einen extremen **Topspin mit maximalem Vorwärtsdrall** erlernen, der später gerade aus diesen Gründen bei flachen Bällen immer nur im Mittelfeld landet, was tatsächlich sehr oft der Fall ist, und einen harten flachen und langen Topspin mit dosiertem Vorwärtsdrall vermissen lassen. Für das moderne Tennis ist dies ein Verhängnis. Unsere neuesten Untersuchungen haben gezeigt, dass die Weltklassespieler nur ca. 28% aller Schläge in die rote Zone spielen und 72% in die umliegenden Felder. Die besten deutschen Junioren haben aber 70-80% aller Schläge in die rote Zone gespielt! Darüber hinaus zeigten die Untersuchungen bei Wettkampfspielern, daß der Sieger des Matches in der Regel wesentlich weniger Bälle in die rote Zone schlägt (1:3,5) als der Verlierer (1:2).

Alle im Training benutzten Hilfsmaßnahmen sollen einfach, natürlich und vor allem so weit wie nur möglich matchrealistisch sein!

Die Art der Zubereitung entscheidet mit, ob Speisen die Leistungsfähigkeit unterstützen. Nährstoffschonendes Garen, z.B. in modernen Schnellkochtöpfen, schont Vitamine und Mineralstoffe. Auch die Mikrowelle ist für bestimmte Speisen geeignet.

ÜBUNGSFORMEN

Hier wird für diese Stufe aus Platzgründen weitgehend auf die Darstellung konventioneller und allgemein bekannter und erfolgreicher Übungsformen verzichtet, und es wird diesbezüglich auf andere Literatur verwiesen Im Gegenteil, es wird versucht, vorwiegend neue Ideen vorzuschlagen.

Es wird immer nur eine gewisse Anzahl an Übungsformen für die einzelnen Bereiche vorgestellt, denn die Variationsmöglichkeit ist sehr groß, und es bleibt dem Leser überlassen, anhand der vorgestellten Beispiele selbst neue Trainingsformen zu kreieren, zu variieren und weiterzuentwickeln.

Bei den Übungsformen sollen Schläge in die rote Zone prinzipiell vermieden werden. Bei einem Ball in diese Zone kann (bzw. muss) der Ballwechsel abgebrochen werden, vor allem bei den schon besseren oder sogar sehr guten Spielern. Man kann aber auch die Schläge in diese Zone als Minuspunkte zählen und daraus einen Wettbewerb machen.

Oder aber man stellt den Spielern im Gegenteil die Aufgabe, dass sie die Bälle aus der roten Zone als Winner oder als Angriffsschläge in vorher bestimmte Felder zurückspielen **müssen**, was eigentlich im Match auch vorkommen soll.

Bei den meisten dieser Übungsformen ist es notwendig, die **Zielzonen für beide Spieler** exakt vorzugeben, **denn es handelt sich schließlich um technisches und nicht um taktisches Training**, und es sollen ja **beiderseitig komplette motorische Handlungsprogramme** (Patterns) immer wieder wiederholt und gespeichert werden, ohne Rücksicht auf die Schwierigkeit der Situation und deren Lösung sowie taktischen Sinn. **Taktisches Training muss aus vielerlei Gründen unter absolut unterschiedlichen Voraussetzungen und mit unterschiedlichen Methoden durchgeführt werden.**

Meistens reagieren junge oder/und mittelmäßige Spieler intuitiv: Sie wenden eine situative technische Lösung an, die technisch „bequemer" und risikoloser zu realisieren ist und missachten dabei die richtige taktische Lösung. Im Match aber muss der gute Spieler gemäß der gegebenen Situation vor allem taktisch richtig handeln, er muss deswegen seine Technik in jeder Situation entsprechend durchsetzen können, und dafür muss er über eine **breite Variabilität an Lösungsmöglichkeiten** (situativen Handlungsprogrammen/Patterns) verfügen, unabhängig davon, welche dieser Lösungen in ihrer technischen Durchführung leichter (bequemer) oder schwerer zu realisieren ist. Darüber wurde aber in den vorherigen Kapiteln ausführlich genug geschrieben.

Besonders am Anfang dieser Stufe **muss** damit gerechnet werden, dass die Spieler die Bälle noch relativ oft streuen und unpräzise spielen. Der Sinn dieser Trainingsformen liegt aber darin, die anfänglich mangelnde Präzision nach und nach durch systematische Ausbildung zu beseitigen und die Handlungsvariabilität des Spielers zu erweitern!

1. Grundlinienspiel

In diesem Abschnitt stehen die Grundlinienschläge im Mittelpunkt. Dabei geht es im Training vor allem um die Anwendung dieser Schläge in allen möglichen schwierigen Situationen, die im Match vorkommen und die spezielle Handlungsfähigkeit erfordern. Diese meisterhaft zu beherrschen, ist das Ziel der folgenden Trainingsformen.

Zwei Spieler (A und B) (Spieler-Trainer) stehen sich jeweils auf der Grundlinie gegenüber. Selbstverständlich sollen die Spieler die Aufgaben für A und B immer wieder tauschen, damit beide abwechselnd die gleichen Übungen durchführen können.

1.1 Spieler A steht dabei in der Ecke und versucht, die Bälle regelmäßig in die Felder 3 rechts, 4, und 3 links zu spielen; Spieler B schlägt zurück in 3 (siehe Abb. 106).

1.2 Ähnliche Übung, A spielt jetzt die Bälle regelmäßig in 2 r. und 3 r. cross oder longline oder aber in 2 l. und 3 l. cross oder longline; B spielt wiederum zurück in 3. Es kann auch 1 mit einbezogen werden (siehe Abb. 107).

1.3 Ähnliche Übung wie 1.1 oder 1.2, aber jetzt spielen A und B in der gleichen Form mit regelmäßigem Wechsel der Felder (siehe Abb. 108).

1.4 Ähnlich wie 1.2, A spielt aber jeden dritten (vierten) Schlag als cross Passierball in 1; Spieler B versucht, diesen zu erreichen und longline in 3 oder cross in 1 als Winner zurückspielen (siehe Abb. 109).

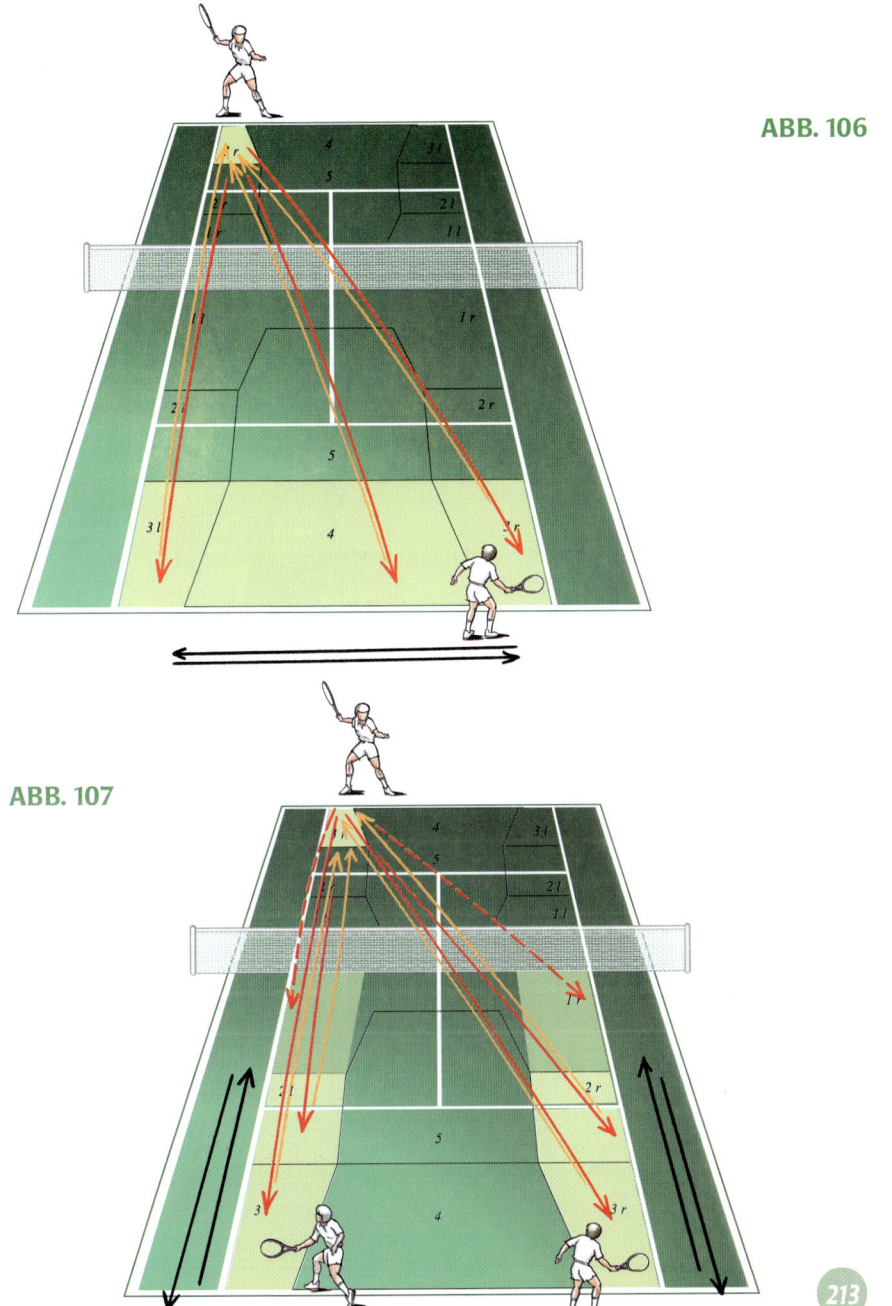

ABB. 106

ABB. 107

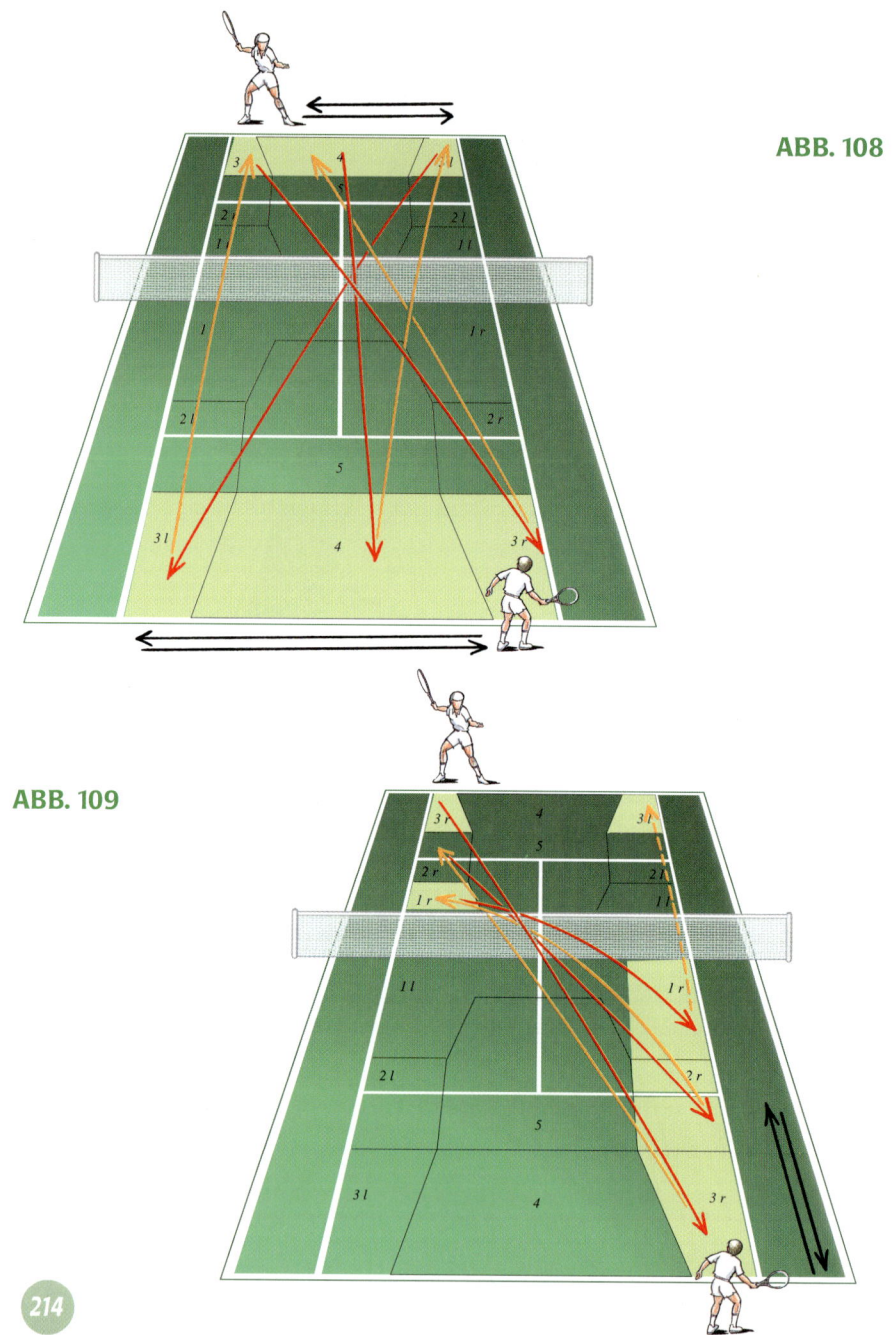

ABB. 108

ABB. 109

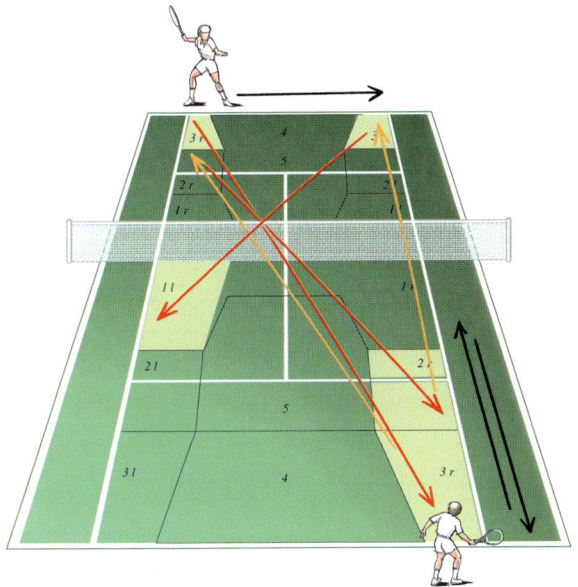

ABB. 110

1.5 Ähnliche Übung wie 1.2, aber B spielt jeweils nach jedem zweiten (dritten) Schlag des Spielers A in 2 einen Winner cross oder longline (immer jeweils in das nicht abgedeckte Feld) in 3 oder cross ins Feld 1. A versucht, diesen Ball zu erreichen und immer kurz cross in 1 zurückzuspielen (siehe Abb. 110).

1.6 A spielt die Bälle immer in 4, B versucht, regelmäßig in jeweils 2 r. und 2 l. den Spieler A so unter Druck zu setzen, bis dieser einen der Bälle nicht mehr erreichen kann (siehe Abb. 111).

1.7 Die gleiche Übung wie 1.6, A spielt aber nach jedem dritten erreichten Ball einen Winner in die ungedeckte 2 (3) zurück (siehe Abb. 112).

1.8 A spielt die Bälle abwechselnd in 2 l. und 3 r. oder umgekehrt in 2 r. und 3 l., B spielt in 4 zurück, aber nach jedem dritten Ball in 2 spielt er einen Ball cross in 1. A spielt diesen eventuell erreichten Ball jeweils longline als Winner in 3 (siehe Abb. 113).

1.9 Beide spielen gegenseitig abwechselnd und regelmäßig cross in 1, 2, und 3 und wieder zurück in 2 und 1 und so weiter (siehe Abb. 114).

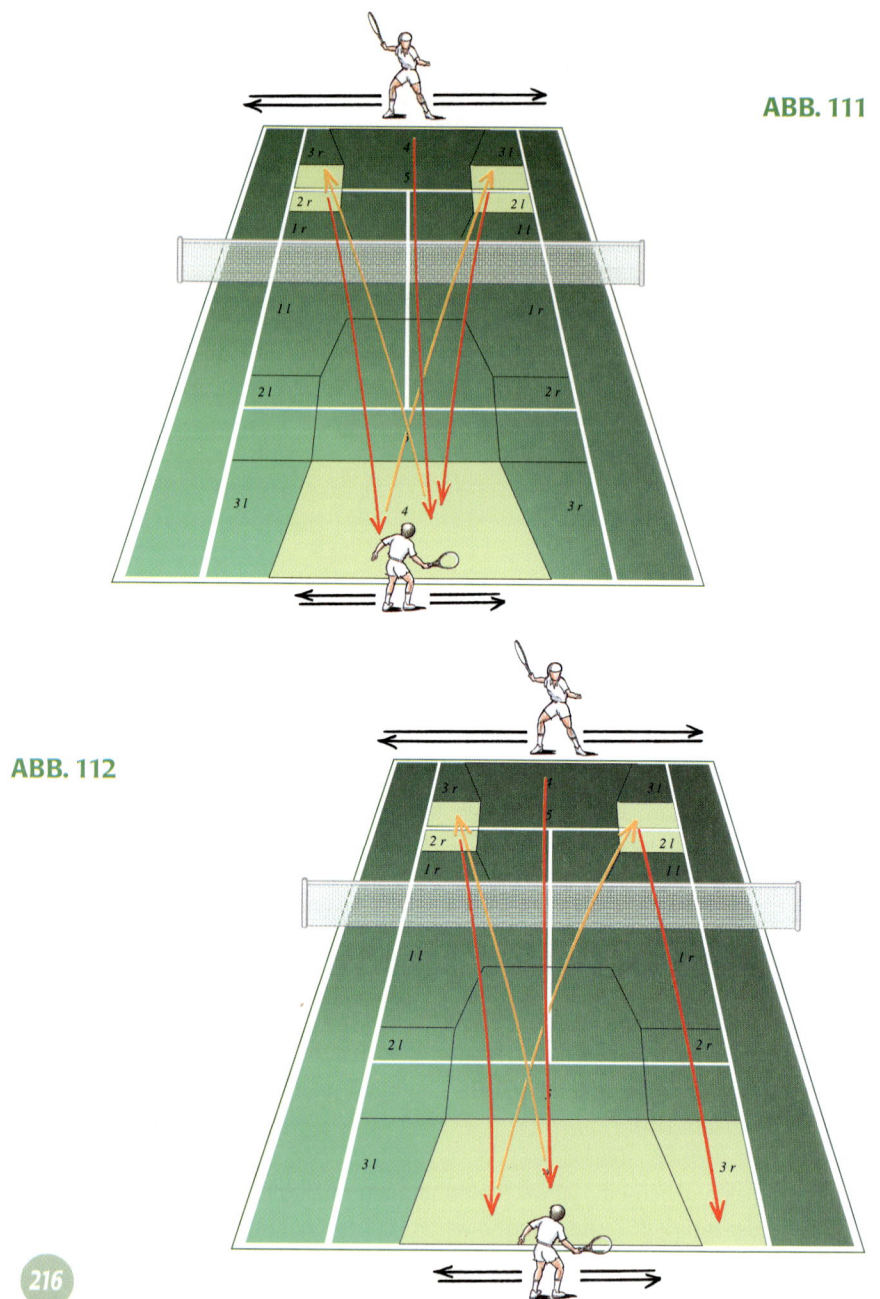

ABB. 111

ABB. 112

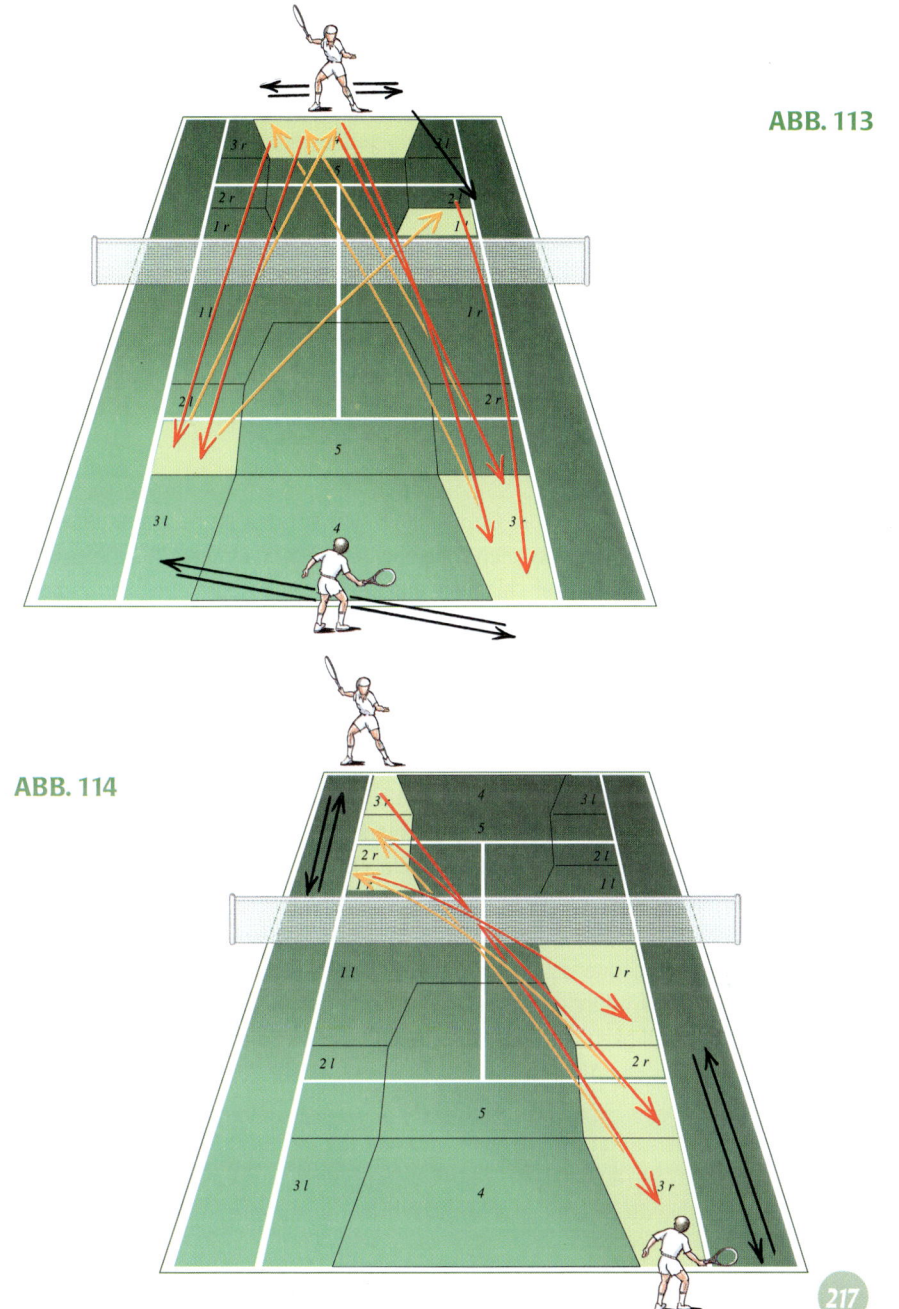

ABB. 113

ABB. 114

1.10 A spielt regelmäßig in 3 l., B spielt cross zurück abwechselnd in 3 l. und 2 l. Nach dem dritten (zweiten) Schlag in 2 l. spielt A einen Stoppball in 1 l. Spieler B versucht, diesen zu erlaufen und longline als Winner in 3 r. zu spielen. Es soll auch die umgekehrte Richtung geübt werden. Diese Übung kann weiter variiert werden, indem z.B. der Spieler B einen Kontrastoppball cross oder longline spielt usw. (siehe Abb. 115)

1.11 Beide Spieler dürfen sich nur in den Bereichen 2 und der dazugehörigen roten Zone bewegen. Sie spielen einen Punkt aus, wobei jede Fußberührung der Bereiche 1 und 3 oder 4 vor dem Treffen als Verlustpunkt gerechnet wird. Man kann als Variation verwenden: Ein Spieler darf sich nur in den Bereich 2, der andere nur im Bereich 3 und 4 bewegen. Dabei darf kein Stoppball gespielt werden (siehe Abb. 116).

1.12 Spieler A steht hinter der Grundlinie, B darf sich nur im gesamten Bereich 2 und der dazugehörigen roten Zone oder aber nur im hinteren Teil dieses Bereiches (zwischen der Aufschlaglinie und der hinteren Abgrenzung von 2) bewegen, wobei auch diesmal der zuständige Teil der roten Zone mit benutzt wird. Es werden Rallyes gespielt, wobei B abwechselnd vorwiegend Bälle im aufsteigenden Ast, Halbflugbälle oder Flugbälle spielen muss. Später soll er von da aus nur in gewisse festgelegte Felder 2 l. oder 3 r. usw. spielen (siehe Abb. 117).

1.13 Beide Spieler dürfen sich nur innerhalb der Einzellinien bewegen. Dabei darf im Aufschlagfeld kein Flugball geschlagen werden, im Hinterfeld ist er allerdings erlaubt. Der Spieler darf das Einzelfeld verlassen, allerdings erst nachdem er den Ball getroffen hat, ansonsten ist es ein Fehlschlag. Es können Punkte ausgespielt werden (z.B. bis 21). Aufgeschlagen wird von unten in die Mitte der gegnerischen Grundlinie. Diese Trainingsform, die vom Autor schon 1969 erfunden wurde, ist äußerst erfolgreich. Es wird das frühe Treffen, Schnelligkeit, Situationslösung, aggressives Spiel und vieles mehr dabei geschult (siehe Abb. 118).

Obst und Gemüse haben, was keine Vitamintablette liefert: Bioaktive, pflanzliche Inhaltsstoffe. Sie dienen als Antioxidantien. Obst- u. Gemüseextrakte können eine ausreichende Zufuhr dieser Schutzstoffe unterstützen.

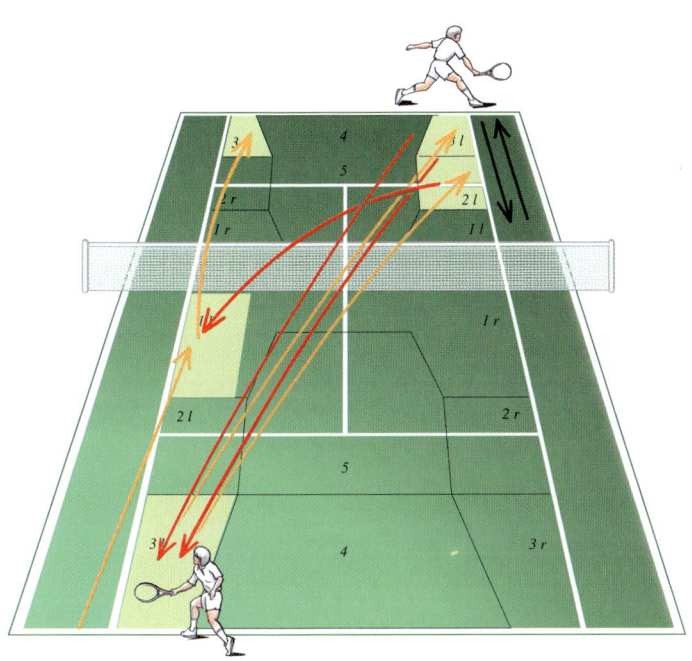

ABB. 115

ABB. 116

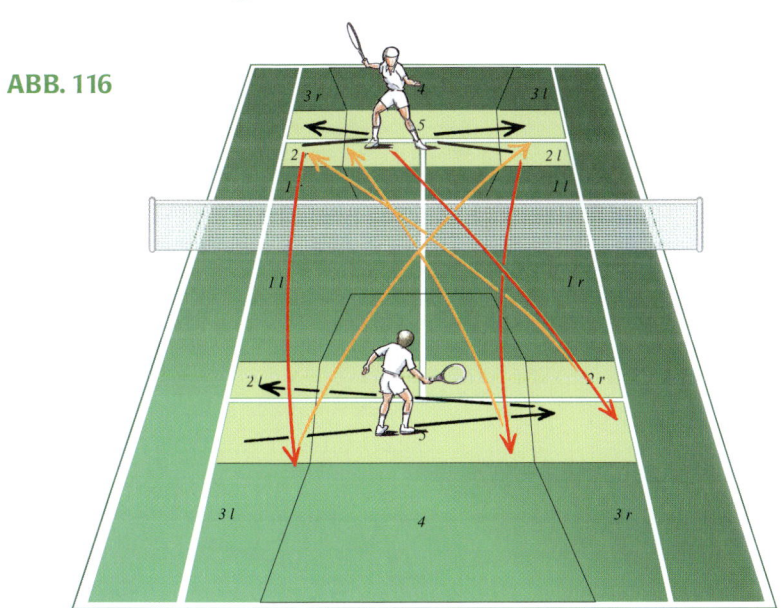

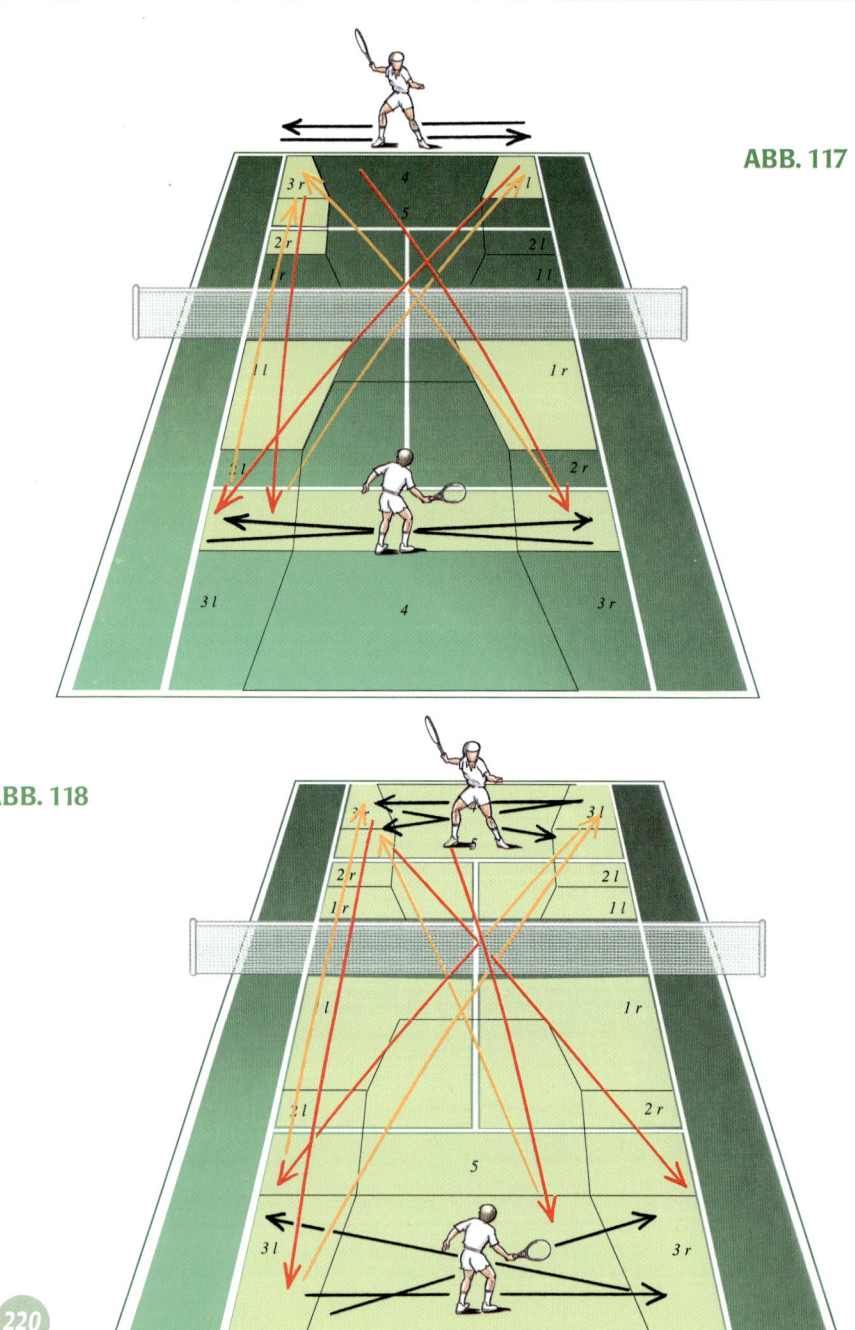

ABB. 117

ABB. 118

220

2. Grundlinien- und Netzspiel

In diesem Trainingsabschnitt werden Grundlinienschläge nicht nur hinter oder an der Grundlinie als Positionsschläge, Druckschläge oder Passierbälle, sondern auch im Mittelfeld als Winner oder Angriffsschläge trainiert, und sie werden in allen möglichen Formen kombiniert mit Netzspiel.

Der Spieler A spielt von der Grundlinie aus. Spieler B versucht, aus dem Mittelfeld (Zonen 2 und rote Zone) entweder Winner zu schlagen oder aber mit Angriffsschlägen ans Netz vorzurücken und die Passierbälle oder Lobs des Spielers A zu erreichen und zu punkten.

2.1 Beide Spieler stehen hinter der GL. A spielt die Bälle regelmäßig aggressiv in 3 r. und 3 l., B spielt in 4. Wenn B den Ball zu kurz in 2 l. oder 2 r. oder in die rote Zone spielt, muss A den Ball als Winner longline in 3 spielen. Nun kann man danach den Ballwechsel als erfolgreich (direkter Punkt erzielt) oder nicht erfolgreich (Fehler, oder B hat den Ball noch erreicht) abbrechen oder aber den Ballwechsel mit Passierball und eventuell Flugball fortsetzen, wobei die Richtung des Passierballs, die Richtung und die Platzierungszone des Flugballs vorgegeben werden sollen (siehe Abb. 119).

2.2 Die gleiche Übung, aber wenn der Ball von B in 2 r. oder 2 l. oder in die rote Zone kommt, spielt A einen Winner cross in 3 (siehe Abb. 120).

2.3 Die gleiche Übung, aber wenn der Ball von B in 2 r. oder 2 l. oder in die rote Zone kommt, muss A grundsätzlich l.l. oder grundsätzlich cross in 3 angreifen, und B muss wiederum entweder grundsätzlich longline oder grundsätzlich cross in 2 oder 1 passieren. A muss dann wiederum in eine bestimmte Zone (z.B. in 2 oder 3 cross oder longline) volieren, oder aber einen Stoppvolley cross in 1 spielen (siehe Abb. 121).

2.4 Die gleiche Übung, aber Spieler B muss nun z.B. zwischen einem Passierball longline in 2 oder einem Lob cross in 3 wählen, oder aber zwischen einem Passierball cross in 1 und einem Lob longline in 3. Dem Spieler A wird wiederum die Richtung und die Zone für den eventuellen Flugball oder Schmetterball vorgegeben. Auch andere Kombinationen sind selbstverständlich möglich (siehe Abb. 122).

221

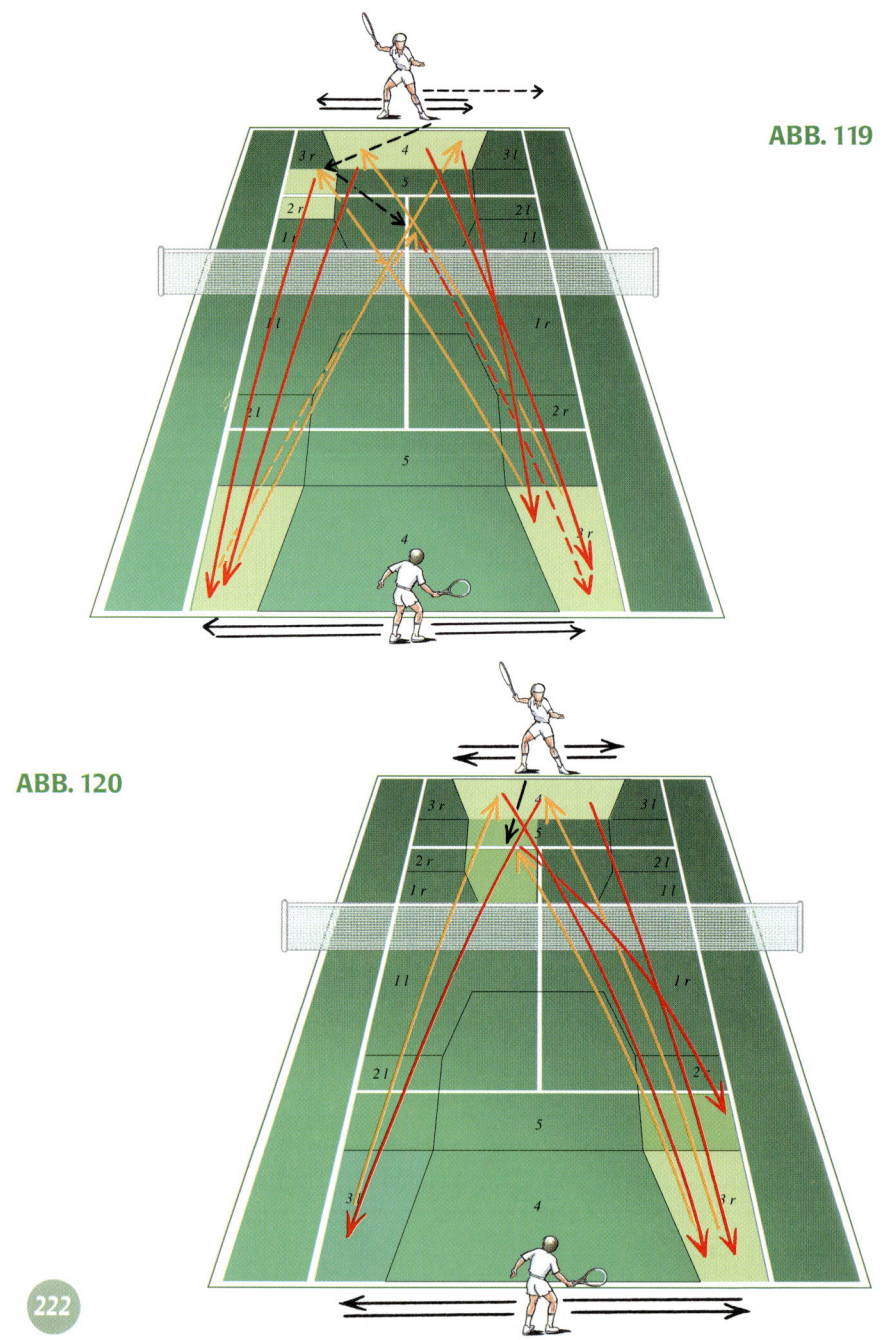

ABB. 119

ABB. 120

222

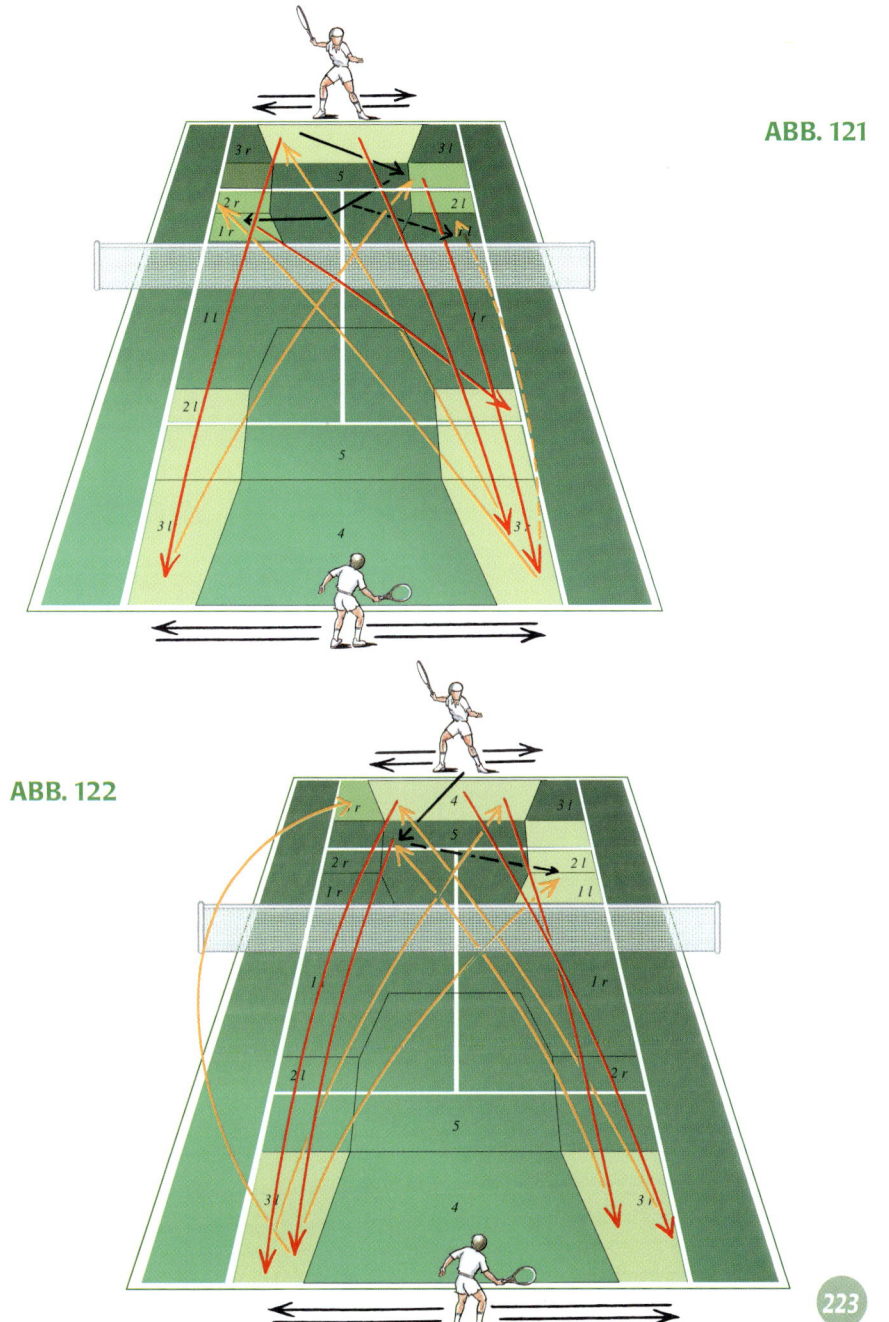

ABB. 121

ABB. 122

2.5 A steht hinter der G-Linie hinter 3 l., B am Netz in 2 l. A muss seine Bälle cross in 2 l. zielen, B muss Flugbälle cross in 3 l. spielen. Die Seiten können selbstverständlich gewechselt werden zu 3 r. und 2 r (siehe Abb. 123).

2.6 Die gleiche Übung wie 2.5, aber B muss jetzt in der zweiten Hälfte von 2 l. oder 2 r. hinter der T-Linie stehen. Von dort aus muss er auch Halbflugbälle oder lange Flugbälle in 3 l. oder 3 r. spielen (siehe Abb. 124).

2.7 Die gleiche Übung, aber A steht diesmal grundsätzlich vor der GL in 3 l. oder 3 r., B wieder in 2 l. oder 2 r. Nun muss A die Bälle als Halbflugbälle oder im aufsteigenden Ast spielen (siehe Abb. 125).

ABB. 123

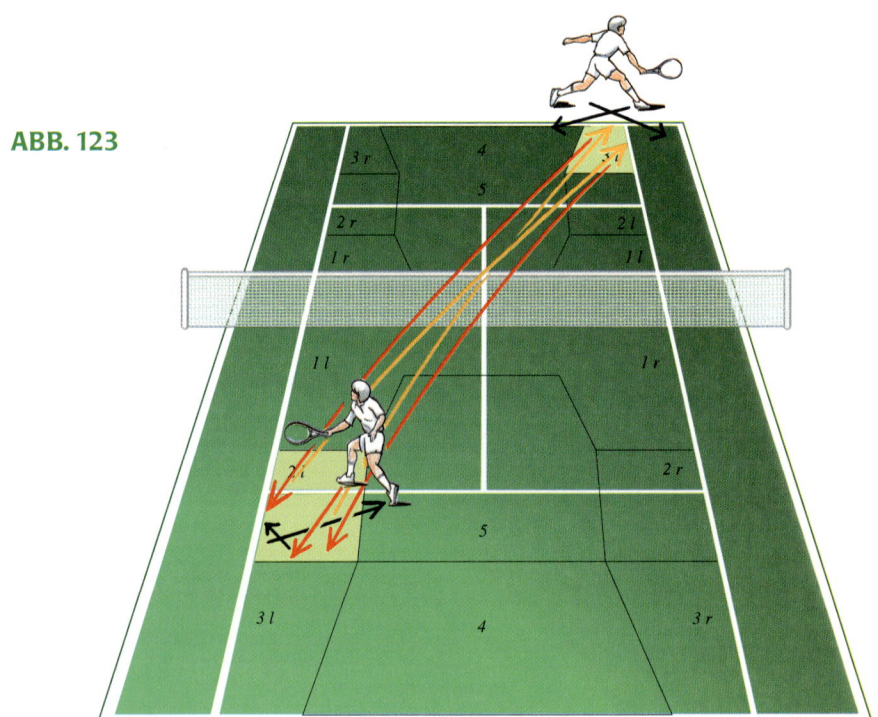

ABB. 124

ABB. 125

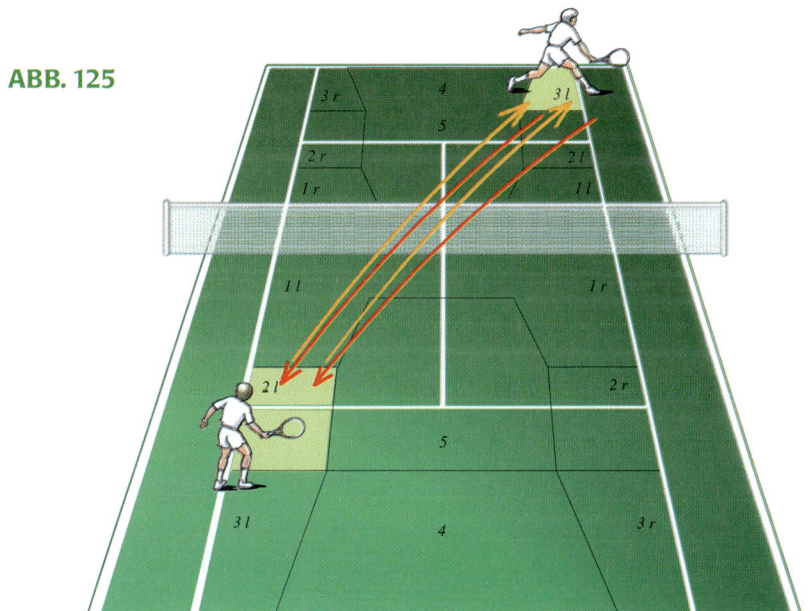

225

2.8 Die gleiche Übung, aber nun steht A in 2 l. oder 2 r. vor der GL und B ebenfalls in 2 l. oder 2 r., wodurch beide Spieler überwiegend Halbflugbälle schlagen müssen (siehe Abb. 126).

2.9 Alle Übungsformen von 2.5 bis 2.8 können auch longline durchgeführt werden (siehe Abb. 127).

2.10 A steht in der Mitte hinter der GL, B in der Mitte der roten Zone vor der T-L-inie in der Ausgangsstellung. A muss versuchen, grundsätzlich cross in 1 l. oder 1 r. zu schlagen, B bemüht sich, alle Bälle zu erreichen und in 3 l. oder 3 r. longline zurückzuspielen (siehe Abb. 128).

ABB. 126

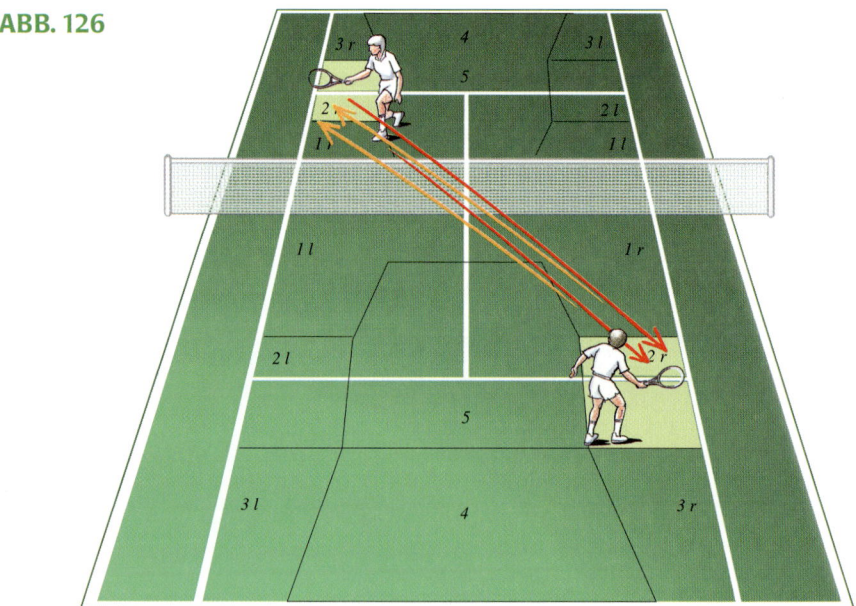

ABB. 127

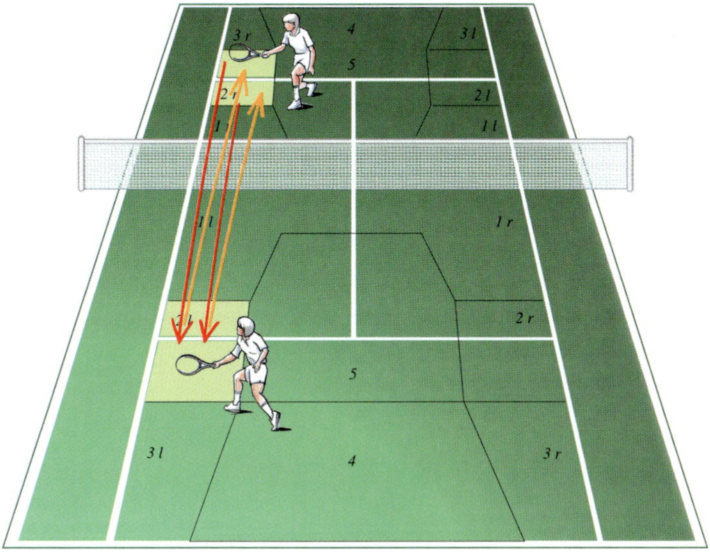

ABB. 128

2.11 Die gleiche Übung, aber B muss nun alle Bälle in 2 l. oder 2 r. schlagen (siehe Abb. 129).

2.12 Es können noch viel mehr Varianten dieser Übung angewendet werden. B spielt z.B. abwechselnd in 3 l. und 2 r., oder B spielt den ersten Ball in 3 l. und den zweiten in 1 r. als Volleystoppball usw. (siehe Abb. 130).

2.13 A steht hinter der GL, B am Netz. A spielt alle Bälle longline in 2 l. oder 2 r. B soll versuchen, cross in 3 l. oder 3 r. zu spielen. Wenn B zu kurz in 2 l. oder 2 r. spielt, soll A kurz cross in 1 l. oder 1 r. zu passieren versuchen (siehe Abb. 131).

ABB. 129

ABB. 130

ABB. 131

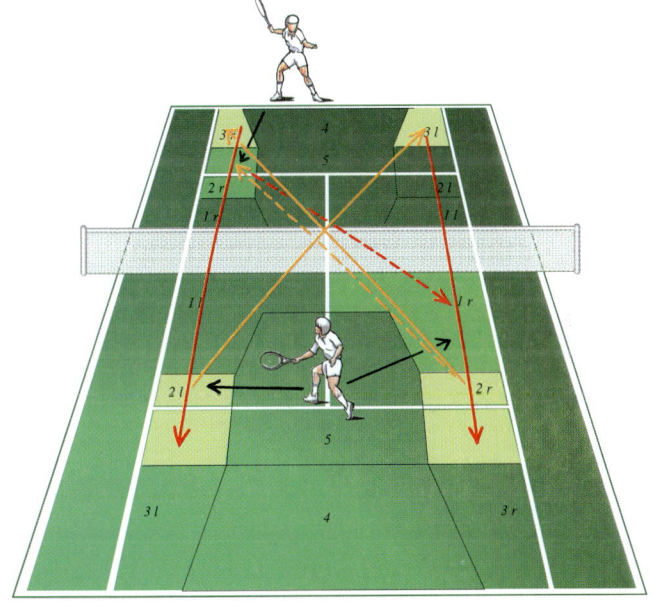

2.14 Die gleiche Übung, aber wenn B das zweite Mal in 3 l. oder 3 r. spielt, soll A einen Lob über B spielen. B muss dann versuchen, einen Schmetterball zu schlagen, und zwar wenn er im Feld 1 schmettert, dann muss er in 2 zielen, wenn er in den Feldern 2, 3 oder 4 schmettert, dann muss er in 3 zielen (siehe Abb. 132).

2.15 A steht hinter der GL, B in 2 bzw. im entsprechenden Teil der roten Zone und versucht, von dort Flugbälle in 3 zu spielen. Solange er nur 2 trifft, muss er in der Ausgangszone verbleiben. Wenn er aber in 3 trifft, muss er vorrücken. In diesem Fall versucht A, einen Passierball cross in 1 zu schlagen. B muss den eventuell erreichten Ball als Stoppvolley cross in 1 spielen (siehe Abb. 133).

2.16 Die gleiche Aufstellung wie in 2.15. Nun muss aber A bei jedem Ball von B in 2 einen Passierball l.l. in 2 spielen. B muss vorrücken und den eventuell erreichten Passierball mit Flugball in das cross liegende Feld 3 spielen (siehe Abb. 134).

ABB. 132

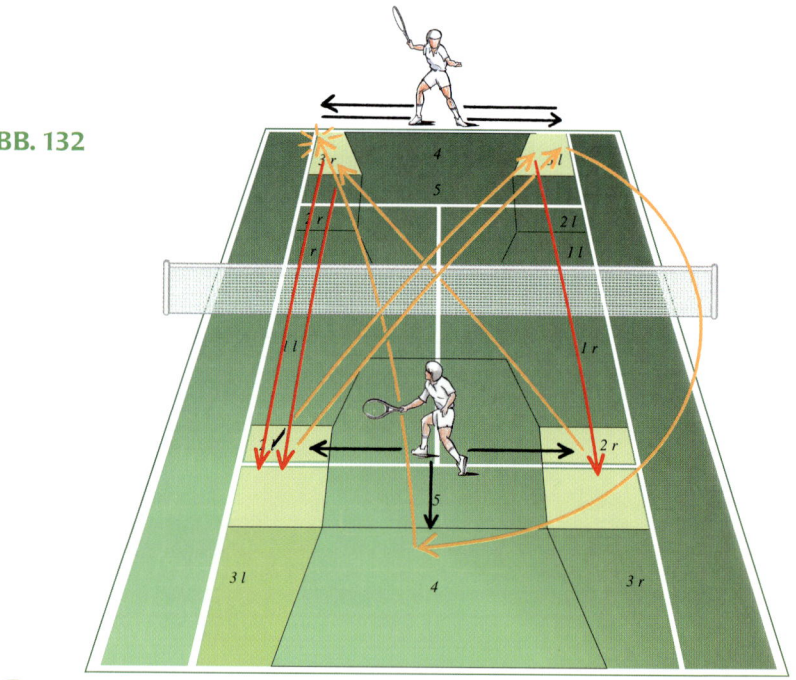

ABB. 133

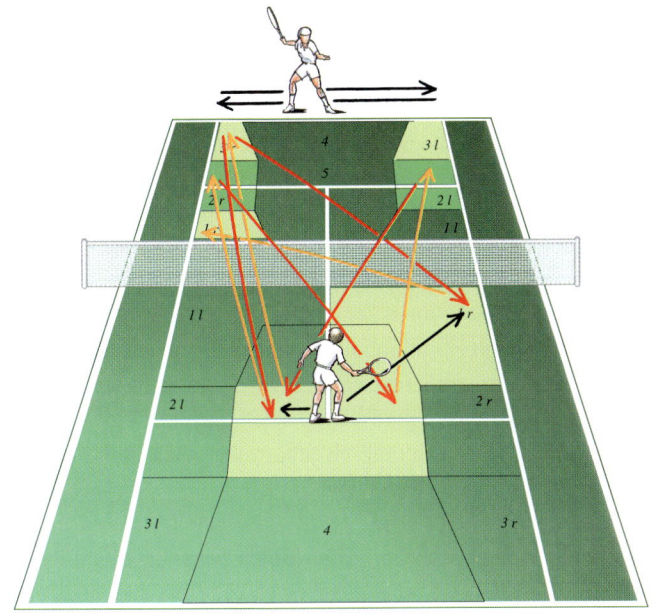

ABB. 134

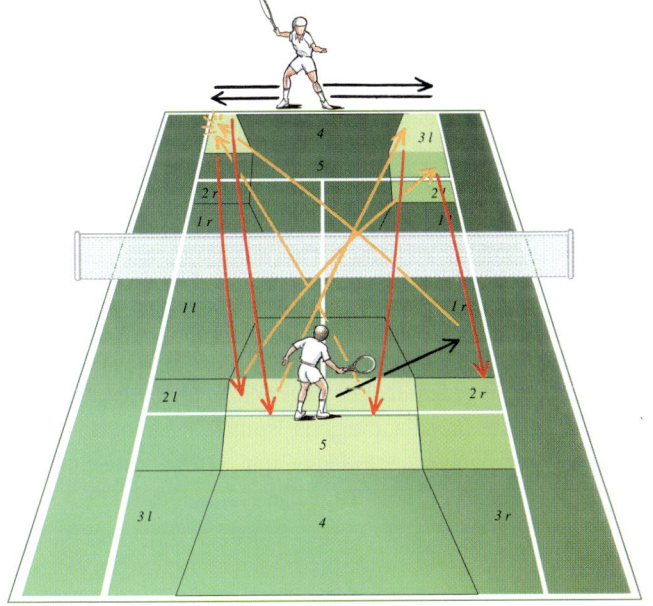

2.17 A steht hinter der GL, B in 4. A soll die Bälle in 4 spielen, B muss versuchen, jeden kürzeren Ball von A im aufsteigenden Ast oder mit Halbflugball als Angriffsschlag in 3 l. zu spielen. A versucht, darauf einen Passierball l.l. in 2 r. zu schlagen. Den erreichten Ball muss B in 2 r. oder 3 l. spielen. Bälle, die B in 2 l. spielt, muss A als Passierball cross in 1 l. zurückspielen, und B muss den eventuell erreichten Ball l.l. in 3 r. spielen. Bälle, die von B in die rote Zone gehen, muss A als Winner im Kulminationspunkt in 3 l. spielen (siehe Abb. 135).

2.18 A steht hinter der GL, B in der roten Zone hinter der Aufschlaglinie. A spielt in 2 l. oder 2 r., B muss mit Halbflugball longline in 3 r. oder 3 l. zurückspielen und schnell zum Netz vorrücken. Wenn B die Felder 3 trifft, passiert A cross in 1. Wenn B allerdings in die Felder 2 spielt, passiert A longline in 2. B versucht, den erreichten Passierball als Stoppvolley cross in 1 zu spielen (siehe Abb. 136).

2.19 Die gleiche Übung. A kann aber in beiden Fällen zwischen einem Passierball und einem Lob wählen, wobei er aus 3 einen Lob cross und aus 2 einen Lob longline spielen muss. Man kann selbstverständlich die Lobrichtung auch umdrehen (siehe Abb. 137).

2.20 A steht hinter der GL auf der linken Platzhälfte, B in 2 r. A spielt in 2 r., und B muss mit Halbflugbällen oder Flugbällen in 3 l. spielen. Jeden Ball, den B in 2 l. oder in die rote Zone spielt, muss A mit einem Winner in 2 l. beantworten, wobei bestimmt werden kann, ob A nur Rückhand oder beide Schläge verwenden kann oder ob er die Rückhand umlaufen muss und den Winner nur mit der Vorhand spielen darf (siehe Abb. 138).

Selbstverständlich ergeben sich noch eine ganze Menge von Variationen sowohl im Bereich der Grundlinie als auch im Bereich Grundlinie-Netz. Die aufgeführten Trainingsformen sollen als Beispiele und Anregungen dienen, und jeder Trainer kann auf dieser Grundlage eigene Formen kreieren. Noch einmal wird betont, dass real schwierigere, schwierige und schwierigste Spielsituationen, die im Match vorkommen, die Grundlage dieses Trainings sind.

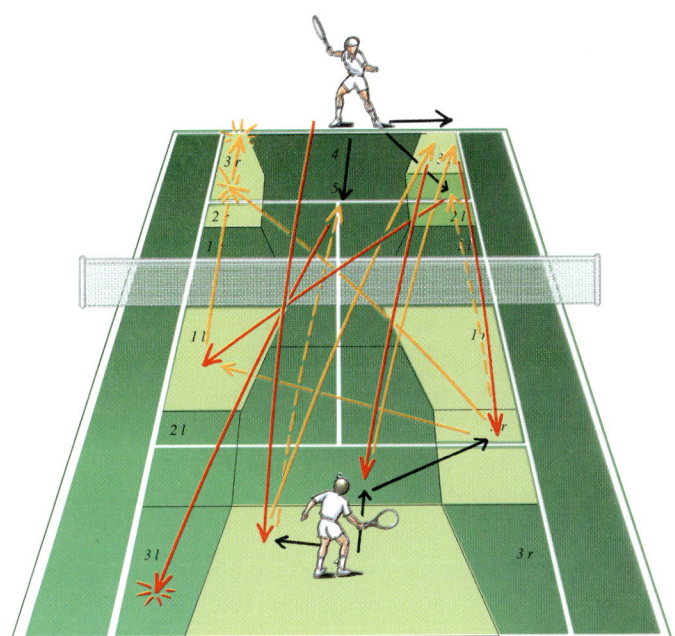

ABB. 135

ABB. 136

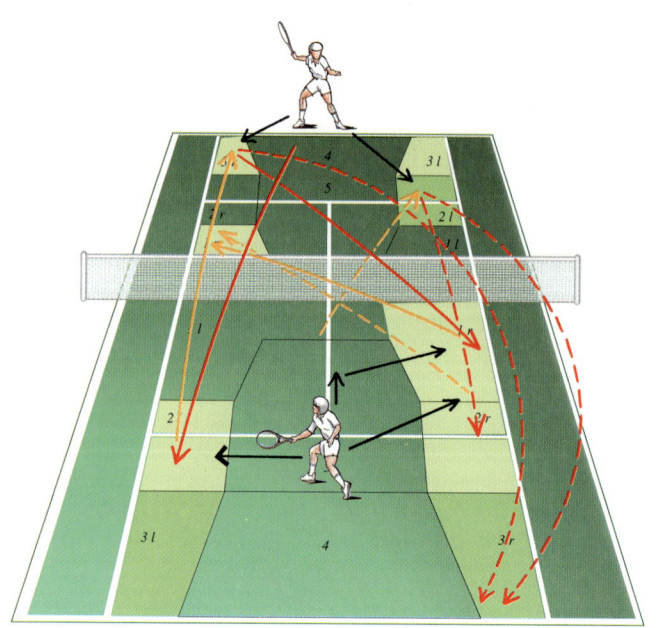

ABB. 137

ABB. 138

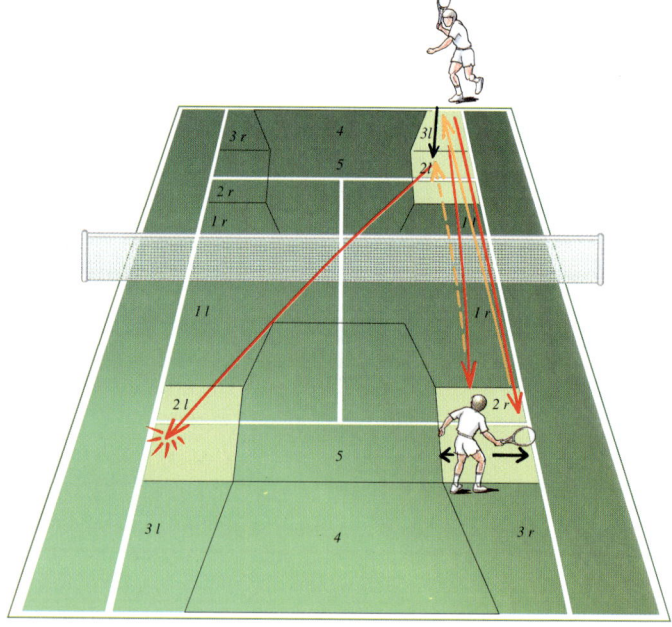

3. Aufschlag- und Returnspiel

Wie schon erwähnt, ist der Return der wichtigste Schlag im modernen Tennis.

Der Return kommt gemeinsam mit dem Aufschlag als einziger Schlag in jedem Punkt vor, vorausgesetzt, es wurde kein As gespielt. Die Qualität des Returns ist für ein Break von entscheidender Bedeutung. Wenn man bedenkt, dass beim Retournierer im Durchschnitt mindestens ein Drittel aller Schläge auf den Return entfallen, dann kann man die Wichtigkeit dieses Schlages richtig einschätzen, wobei man nicht vergessen darf, dass auch der Ausgang der folgenden Schläge auf beiden Seiten des Netzes von der Qualität des Returns abhängig ist.

Der Return ist aber kein normaler Vorhand- oder Rückhandschlag. Er hat eine eigene Technik und eigene Gesetzmäßigkeiten. Man spielt ihn in der Regel unter starkem Zeitdruck gegen einen schnell ankommenden Ball (bis 80 km/h kurz vor dem Treffpunkt), und man ist darüber hinaus auf dem Tennisplatz oft in einer ungünstigen Position (weit außerhalb der Seitenlinie), eventuell sogar gegen einen ans Netz stürmenden Gegner.

Bei der Vorbereitung des Returns spielen die **individuellen Rituale** eine sehr wichtige Rolle. Sie dienen der Steigerung der Konzentrationsfähigkeit, und deswegen müssen diese Rituale in jeden Trainingsreturn eingebaut werden.

Die Position des retournierenden Spielers ist zwar meistens recht individuell, es empfiehlt sich aber, die Ausgangsposition eher etwas weiter nach hinten als zu weit in den Platz hineinzuverlagern, um dem Ball unmittelbar vor dem Treffpunkt, der allerdings so weit vorne wie nur möglich sein soll, entgegengehen zu können.

Während sich der Aufschläger zum Aufschlag vorbereitet, führt der Retournierer die schon erwähnten Rituale durch. Beim Hochführen und Hochwerfen des Balles durch den Aufschläger bewegt sich der Retournierer 1-2 m vorwärts, womöglich bis vor die Grundlinie. Genau im Treffpunkt des Aufschlägers erfolgt beim Retournierer der schon früher erwähnte Splitstep, der zur beiderseitigen Voraktivierung (Vorspannung) der zuständigen Beinmuskulatur dient und eine sofortige Rechts- oder Linksbewegung zum Treffpunkt hin ermöglicht. Durch die vorausgegangene Vorwärtsbewegung wird nun der Retournierer in der Lage sein, aus dem Splitstep den Annäherungsschritt zum Schlag schräg vorwärts nach rechts oder links und nicht rechtwinklig oder sogar zurück zu machen, wodurch er den Winkel verkürzt und den Körper gegen den Ball stemmt (siehe Abb. 139).

ABB. 139:
Returnspieler bei einer Vorwärtsbewegung während des Returnvorgangs

Die eigene Ausholbewegung muss sehr kurz sein. Sie erfolgt praktisch aus der Schulterrotation (Verwringung – siehe Biomechanik), die Armbewegung rückwärts ist sehr kurz, denn für mehr ist in der Regel keine Zeit (siehe Abb. 140). Die Schlagbewegung wird dann dementsprechend vor allem durch eine starke Oberkörperrotation vorwärts durchgeführt. Auch hierbei ist die Armbewegung kurz. Bei sehr schnellem Aufschlag entfällt die Ausschwungbewegung fast ganz, auf jeden Fall ist sie dann meistens recht kurz. Die ganze Returnbewegung muss eine schnelle, kurze und vor allem ganzkörperliche kompakte Bewegung sein, wobei der Körper nicht in Rücklage geraten darf. Insbesondere bei der Vorhand und der beidhändigen Rückhand (oft auch bei der einhändigen) wird dabei die offene Stellung empfohlen, die größeren Körperwiderstand, bessere Muskelvorspannung, besseres Gleichgewicht und schnelle Bewegungsfähigkeit zur Platzmitte garantiert.

Beim **Returntraining** ist vor allem darauf zu achten, dass **jeder Return mit der größten Sorgfalt, Konzentration, Präzision und Qualität gespielt wird!** Deswegen erfordert Returntraining viel Zeit. Der Retournierer muss immer genug Zeit zur Vorbereitung haben. Das gilt übrigens auch für das **Aufschlagtraining**.
Zuerst müssen die Returns mit hoher Sicherheit und Präzision gespielt werden. Mit zunehmender Perfektion sollen sie kontinuierlich druckvoller bis zu direkten Returnwinnern geschlagen werden. Darüber hinaus können mit zunehmender Returnqualität ganze Punkte nach genau vorgegebenem Muster ausgespielt werden. Zuletzt ist es auch möglich, das Returntraining ins taktische Training einzubeziehen.

ABB. 140: *Einer der besten Returnspieler der Welt, André Agassi, bei einer kurzen Ausholbewegung und frontaler Stellung beim Return*

Es bietet sich selbstverständlich an, das Returntraining mit dem Aufschlagtraining zu verbinden. Selbstverständlich muss **das Aufschlagtraining** nicht nur in dieser Stufe, sondern vor allem auch in den vorherigen Stufen als **selbständige Traningseinheit** eingeplant werden. Auch beim Aufschlagtraining ist darauf zu achten, dass **jeder Aufschlag mit höchster Qualität geschlagen werden muss und dass in den schon erwähnten Serien aufgeschlagen wird**. Das bedeutet, dass auch hierbei die Vorbereitung zum Aufschlag mit den individuellen Ritualen beginnt und dass jeder Aufschlag mit der gleichen Sorgfalt und Konzentration wie im Match geschlagen werden muss, was viel Trainingszeit erfordert. Die Qualität des Aufschlages bestimmt auch die Anforderungen an die Qualität des Returns.

3.1 Spieler A (Aufschläger) schlägt 20-30 zweite Aufschläge in 6 r.
Spieler B (Retournierer) retourniert in 4. Das Gleiche erfolgt dann in die Felder 7 r., 7 l. und 6 l. (siehe Abb. 141).

3.2 Die gleiche Übung, der Retournierer schlägt jetzt die Returns in 3 l., dann in 3 r. oder in 2 l. und 2 r. (siehe Abb. 142).

3.3 Die gleiche Übung, der Retournierer schlägt aber jetzt seine Returns:
  aus 6 r. abwechselnd in 2 r. und 3 l.,
  aus 7 r. abwechselnd in 2 r. und 2 l.,
  aus 7 l. abwechselnd in 3 r. und 2 l.,
  aus 6 l. abwechselnd in 2 r. und 3 l.
  Es können auch andere Kombinationen erfolgen (siehe Abb. 143).

3.4 Der Aufschläger spielt auch erste Aufschläge und wechselt dabei in zwanziger Serien die Zielfelder 6 r., 7 r., 7 l. und 6 l., der Retournierer spielt zuerst in 4. Beim zweiten Aufschlag können Variationen aus den ersten drei Trainingsformen gewählt werden (siehe Abb. 144).

ABB. 141

ABB. 142

239

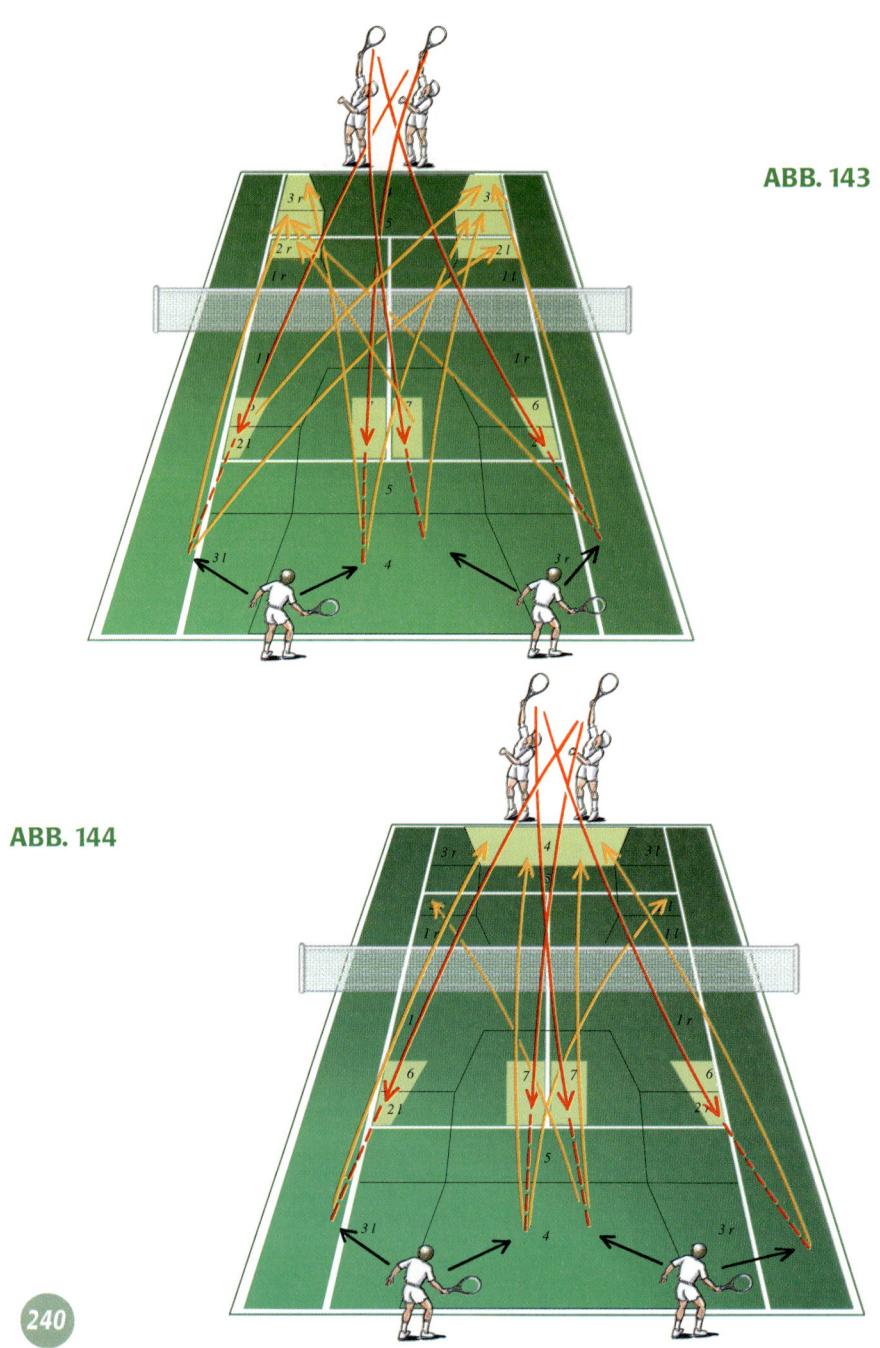

ABB. 143

ABB. 144

240

ABB. 145

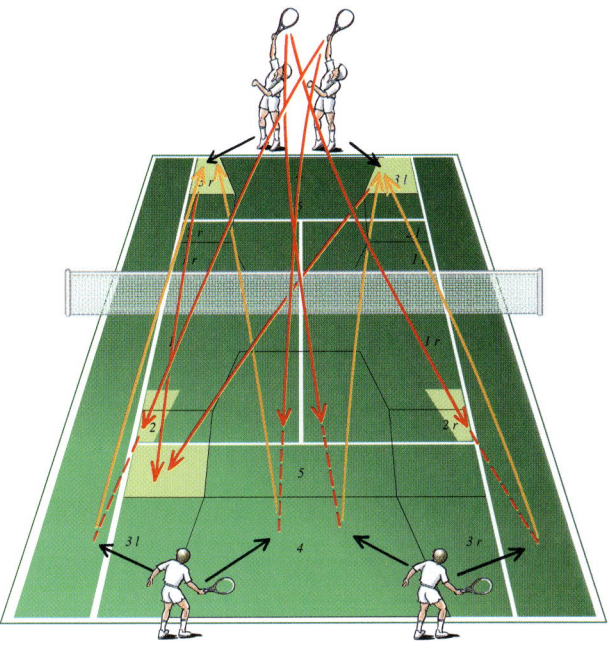

3.5 Die gleiche Übung, der Retournierer versucht aber die Returns in 3 l. oder 3 r. zu spielen (siehe Abb. 145).

Anmerkung: Nach allmählichem Eingewöhnen wird dringend empfohlen, dass der Aufschläger **grundsätzlich** den Return des Gegenspielers in ein vorher bestimmtes Zielfeld zurückspielt, denn gerade dieser Schlag des Aufschlägers ist später im Match von großer Wichtigkeit! Diese Maßgabe gilt für alle Returntrainingsformen. Mit anderen Worten, das Returntraining soll nicht mit dem Return beendet werden! (Siehe Abb. 145).

3.6 Der Aufschläger spielt in zwanziger Serien nur zweite Aufschläge, folgt denen aber immer ans Netz. Der Retournierer spielt:

aus 6 r. den Return in 2 l. oder aber in 1 r.,
aus 7 r. in 1 l. oder aber in 2 r.,
aus 7 l. in 2 l. oder aber in 2 r.,
aus 6 l. in 1 l. oder aber in 2 r.

Auch hier können andere Varianten gewählt werden (siehe Abb. 146).

ABB. 146

ABB. 147

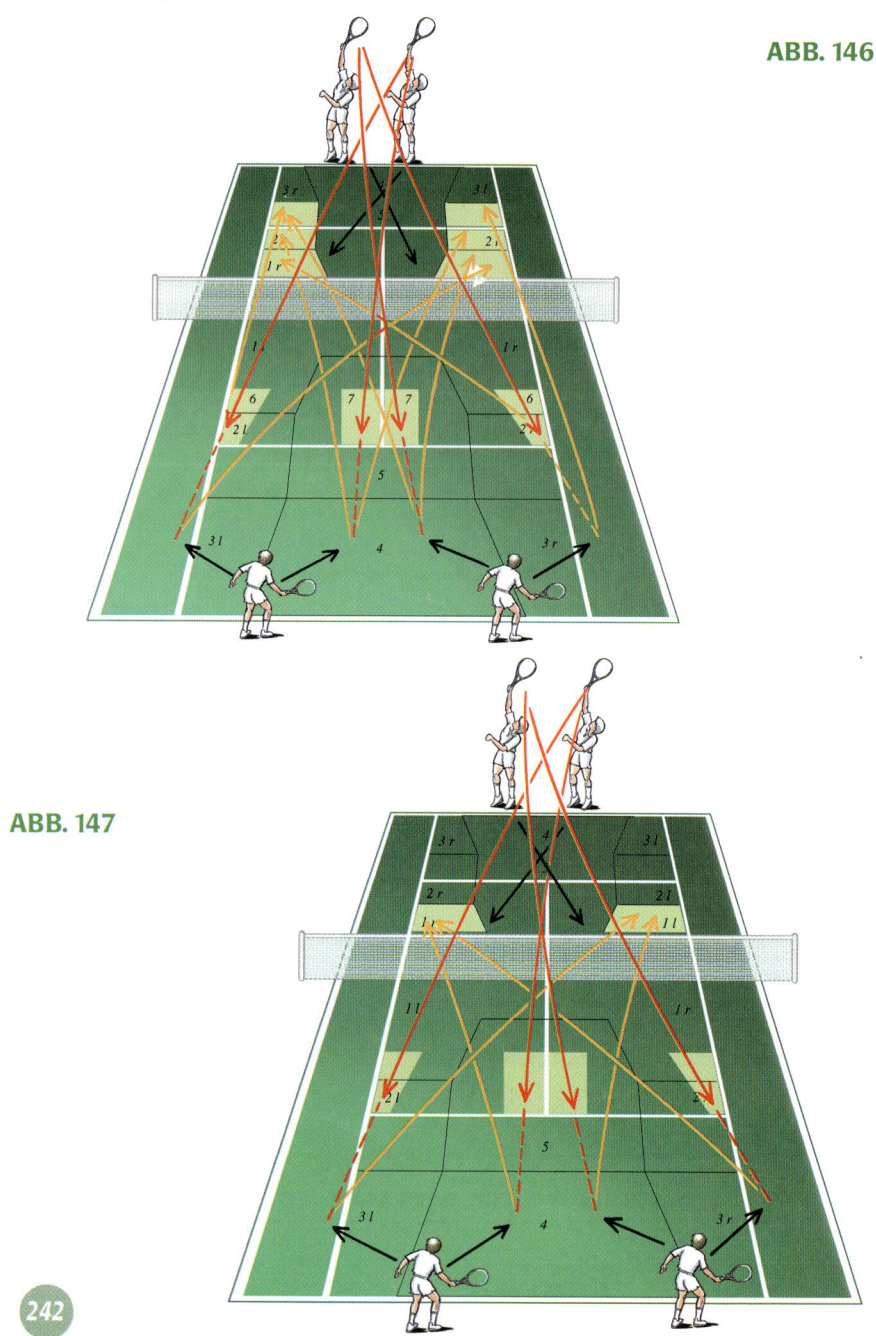

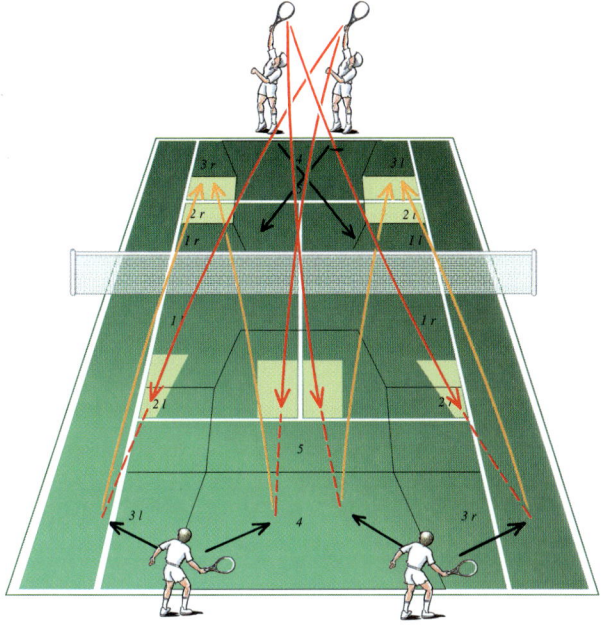

ABB. 148

3.7 Der Aufschläger spielt nun auch den ersten Aufschlag, dem er ans Netz folgt. Der Retournierer spielt auf den ersten Aufschlag in 1 l. oder in 1 r. Nach dem zweiten Aufschlag können die Übungsformen aus 3.6 übernommen werden (siehe Abb. 147).

3.8 Die gleiche Übung, aber wenn der Retournierer beim ersten Aufschlag die Möglichkeit hat, dann soll er einen harten Return in 2 l. oder 2 r. spielen (siehe Abb. 148).

3.9 Der Aufschläger spielt nur zweite Aufschläge. Der Retournierer muss die Situation gut abschätzen und bei der kleinsten Möglichkeit soll er:

        aus 6 r. in 3 l. spielen und dem Ball ans Netz folgen,

        aus 7 r. in 3 r. spielen und dem Ball ans Netz folgen.

        aus 7 l. in 3 l. spielen und dem Ball ans Netz folgen,

        aus 6 l. in 3 r. spielen und dem Ball ans Netz folgen.

Der Aufschläger muss dann nach festgesetztem Programm (siehe Trainingsformen in 2.) seine Passierbälle und der angreifende Retournierer seine Flugbälle spielen.

243

ABB. 149

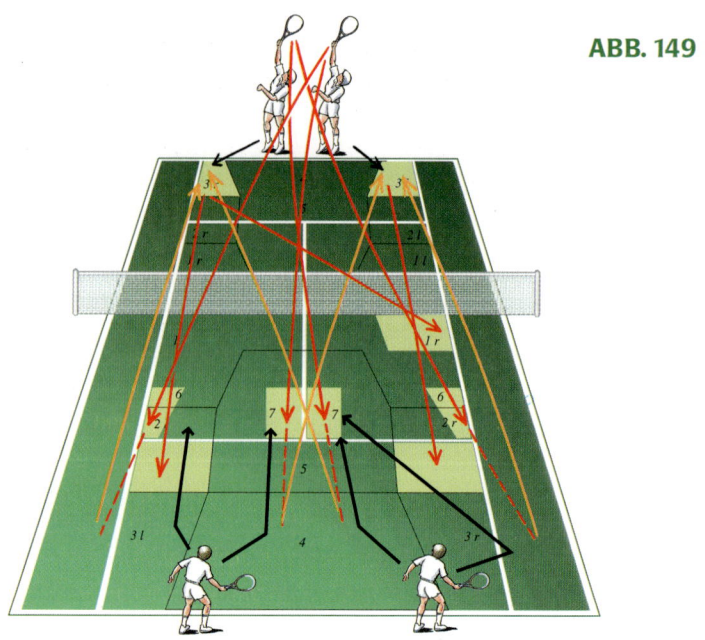

Auch hier können andere Returnvarianten gewählt werden (siehe Abb. 149).

Dass das Aufschlag-Returntraining auch in verschiedenen Wettbewerbsformen gestaltet werden kann, um die Motivation und die Konzentration zu steigern, ist einleuchtend.

3.2   Technikanwendungstraining

Wie schon gesagt worden ist, existiert zwischen der letzten Stufe des Technik-erwerbstrainings (Automatisierung) und dem Technikanwendungstraining (Virtuosität) keine feste Grenze, sondern der Übergang ist fließend. Bei der steigenden Qualität in der vorherigen Stufe spielt **die Anwendung der Technik** eine immer größere Rolle, so dass nicht eine wesentliche Änderung der Trainingsformen, **sondern die qualitativ bessere Lösung der Situation im Vordergrund steht**.

In der Stufe des Technikanwendungstrainings soll deswegen **eine hohe technische Virtuosität in der Durchsetzungsfähigkeit der Technik** bei der erwähnten Lösung der Situationen erreicht werden. Die erworbenen motorischen Handlungsprogramme müssen jetzt meisterhaft beherrscht werden.

Diese **Virtuosität** ist vor allem von **zwei wichtigen Faktoren** abhängig:

- von der Qualität der Speicherung der erworbenen Handlungsprogramme und
- von der situativen Realisierbarkeit dieser gespeicherten Handlungsprogramme, die aber entscheidend von den koordinativen und konditionellen Voraussetzungen (Fähigkeiten und Fertigkeiten) abhängt.

Beides wurde in der vorherigen Etappe entwickelt und perfektioniert. Nun geht es darum, die vorhandenen tennistechnischen Fähigkeiten und Fertigkeiten mit hoher Durchführungsgeschwindigkeit und großer Präzision umzusetzen. **Das setzt aber eine ausgezeichnete Koordinationsfähigkeit und Schnelligkeit wie auch die Integration dieser Eigenschaften in die Technik und in die situative Lösung voraus.**

Das Training dieser zwei wichtigsten leistungslimitierenden Faktoren ist nicht Gegenstand dieses Buches. Es wird deswegen auf die neueste spezifische Literatur verwiesen: „Schnelligkeitstraining im Tennis" (GROSSER/ KRAFT/ SCHÖNBORN, 1998), für den koordinativen Bereich auf die DTB-Lehrpläne und den Videofilm „Koordinationstraining im Tennis" (DTB-HANKE/ SCHNEIDER/ SCHÖNBORN, 1995), „Tennistraining mit System" (FERRAUTI /MAIER /WEBER, 1969) und andere spezielle Literatur.

Auch der Bereich des Taktiktrainings wird in diesem Buch nicht behandelt, denn das Thema ist sehr anspruchsvoll und weit reichend, so dass es einer detaillierten Beschreibung, Ausführung und Begründung bedarf, die allerdings ein gesondertes Buch voraussetzt. Auch in diesem Zusammenhang kann z.Z. vor allem auf die DTB-Lehrpläne verwiesen werden.

Generell kann man sagen, dass sich der Trainingsinhalt dieser Etappe im tennistechnischen Bereich aus drei Stufen zusammensetzt:

3.2.1 Weitere Perfektionierung der situativen Technik mit den Übungsformen der Stufe „Automatisierung" und weiteren Kombinationen und Variationen dieser Übungsformen

3.2.2 Komplextraining

3.2.3 Matchtraining.

3.2.1 WEITERE PERFEKTIONIERUNG DER SITUATIVEN TECHNIK – KOMPLEXTRAINING

Man kann variabel die Übungsformen aus den vorherigen Stufen anwenden. Dabei ist aber darauf zu achten, dass zuerst die **Präzision** verbessert wird, was man z.B. ganz einfach durch die Vergrößerung der roten Zone erreichen kann oder aber durch individuelle Anpassung einzelner Zielflächen.

Wie schon beschrieben wurde, kann man jedoch die Leistungsverbesserung durch höhere Präzision (kleinere Zielflächen) nur bis zu einem gewissen Grad erreichen.

Um eine drohende Stagnation zu verhindern, lässt sich eine weitere Leistungssteigerung nur über eine **höhere Bewegungs- und Schlaggeschwindigkeit erreichen (Aktionsschnelligkeit).**

Das bedeutet, dass man im Training vorwiegend eine Bewegungs- und Schlaggeschwindigkeit anwendet, die sich immer an der Grenze des Machbaren bewegt. Das setzt aber nicht nur eine hohe Technikqualität, eine ausgezeichnete Koordination und hohe Schnelligkeit in allen Schnelligkeitsbereichen voraus, sondern die Integration dieser Eigenschaften in die Technik auf der einen und die Verbesserung der Technik durch diese Faktoren auf der anderen Seite.

Die Integration dieser Eigenschaften in die Technik erreicht man durch Koordinationstraining, Schnelligkeitstraining und Krafttraining innerhalb des Techniktrainings **als auch durch veränderte Zuspielgeschwindigkeiten**.

Praktisch in jeder technischen Trainingseinheit sollten gewisse spezifische Schnelligkeits-, Koordinations- oder Kraftübungen stattfinden, die das anschließende Techniktraining qualitativ vorbereiten. Man kann nach dem Aufwärmen mit der Übung eines dieser Faktoren das gesamte Training einleiten oder aber diese Übungen nach den Pausen zwischen den einzelnen Blöcken einfügen.

Dabei ist Folgendes zu beachten:
- Die Übung soll in einem Zusammenhang mit dem anschließenden Techniktraining stehen. So wäre zum Beispiel eine Kraftübung vor einem feinmotorischen Techniktraining (Dropshottraining, Passierballtraining usw.) nicht sinnvoll. Hier bietet sich eine Koordinationsübung an.

- Die Übung muss im vollen Umfang und mit optimaler Intensität durchgeführt werden, d.h., dass eine ausreichende Anzahl an Wiederholungen und an Serien mit den entsprechenden Regenerationspausen und maximaler Durchführungsqualität garantiert werden muss (siehe die oben erwähnte Literatur).

Die Verbesserung der Technik durch koordinative oder konditionelle Faktoren erreicht man durch Komplextraining.

Bei Spitzenspielern hat sich in Phasen großer Belastungen Milchzucker als natürliche Kohlenhydrate-/Energiequelle bewährt. Er kann den Speisen zugefügt oder in Getränke eingemischt werden und ist in Apotheken, Reformhäusern, Drogerien erhältlich.

Neben der schon im vorherigen Kapitel beschriebenen unmittelbaren Integration von koordinativen und konditionellen Faktoren in das Techniktraining, durch die eine hohe Komplexität aller Elemente erreicht werden soll, stoßen wir zusätzlich auf ein neues Trainingselement, dass vom Autor dieses Buches speziell für Tennis entwickelt wurde, denn es ist in dieser Sportart noch weitgehend unbekannt. Von seiner Bedeutung her wird es in der Zukunft sicherlich eine große Rolle im Trainingsprozess, vor allem bei Spitzenspielern, spielen.

So sind z.B. ab einer bestimmten Leistungsstufe Fortschritte in gewissen Bereichen nur sehr schwer zu erzielen; man spricht dann von sogenannten **Barrieren** (Schnelligkeitsbarriere, Kraftbarriere, Technikbarriere usw.). Das Überwinden dieser Barrieren ist in der Regel mit den bis dahin angewandten Trainingsmethoden nicht möglich, weil der Organismus bzw. die zuständigen Teile des Organismus gegenüber den benutzten Reizen resistent geworden sind.

Es kommt zu keinen neuen adaptiven Vorgängen und dadurch zu keiner weiteren Leistungssteigerung.

Ein Beispiel soll dies verdeutlichen. Man arbeitet z.B. an der Geschwindigkeit des ersten Aufschlages. Zuerst wird die Technik perfektioniert, was ein koordinativer Vorgang ist. Dadurch erhöht sich automatisch auch die Schlaggeschwindigkeit (Erhöhung der Aktionsschnelligkeit). Dann wird im Kraftbereich an der Stärkung der zuständigen Muskulatur gearbeitet, um die benötigten Kraftimpulse vergrößern zu können. Irgendwann ist aber sowohl das Technikpotenzial als auch das Kraftpotenzial ausgeschöpft; die Technik kann man nicht mehr verbessern, und eine weitere Muskelhypertrophie ist nicht sinnvoll, sie könnte sich auf die Beschleunigung sogar negativ auswirken. Die sogenannte **Barriere** ist erreicht.

Es hilft auch nicht, die Anzahl der ersten Aufschläge zu steigern oder das Aufschlagtraining viel öfter zu wiederholen. Das sogenannte **Bewegungsmuster im Zentralnervensystem (ZNS)** ist nämlich inzwischen schon so gefestigt, dass eine Veränderung im Sinne einer höheren Schlaggeschwindigkeit nicht mehr möglich ist. Das Einschleifen von **bedingten Reflexen** ist abgeschlossen.

Eine weitere Geschwindigkeitszunahme, das heißt ein Durchbruch der Barriere, ist nur durch eine **Veränderung im dynamischen Stereotyp** möglich. Dies kann man z.B. durch ein **verändertes Bewegungsgefühl** erreichen, durch eine Bewegungsausführung unter veränderten Bedingungen.

Und weil man in die Kerntechnik (gespeichertes Bewegungsmuster) nicht mehr eingreifen kann, müssen Voraussetzungen geschaffen werden, die eine Veränderung des Bewegungsgefühls spürbar machen. Das ist zum Beispiel dadurch möglich, dass unmittelbar vor dem Aufschlagtraining das ZNS und die zuständige Muskulatur mit leichterem oder schwererem Gerät mittels der gleichen Bewegung (Aufschlagbewegung) oder durch eine verwandte Bewegung auf dieses Gerätegewicht hin sensibilisiert werden. Bei einem leichteren Gewicht (Tennisball oder Schlagball von 200 g) oder schwereren Gewicht (Medizinball von 0,5 kg – 1 kg) gegenüber dem Schlägergewicht (ca. 300 g) entsteht in der Muskulatur und im ZNS ein bestimmtes, dem Gerätegewicht entsprechendes **Widerstandsgefühl** (Trägheit, siehe Seite 36). Man kann die Wurfbewegung (Aufschlagbewegung) schneller oder langsamer durchführen als mit dem Tennisschläger.

Und gerade daran gewöhnt sich der Organismus während der Übungsdauer, dieses **Trägheitsgefühl** wird kurzzeitig gespeichert. Nun nimmt man unmittelbar danach den Schläger in die Hand und führt die gleiche Bewegung (Aufschlag- bzw. Wurfbewegung) mit Schläger und Ball durch. Das Ergebnis ist, dass die Schlagbewegung grundsätzlich schneller durchgeführt wird als beim normalen Aufschlag.

Man nennt dieses Phänomen **Nachwirkungseffekt**. Nach dem maximal schnellen Ballwurf mit leichterem Gewicht (die Wurfbewegung war schneller) beschleunigt nun der Arm auch mit dem Schläger bei maximaler Geschwindigkeit schneller als normalerweise, nach dem maximal schnellen Medizinballwurf (die

Wurfbewegung war langsamer durch die größere Trägheit) wird nun durch den geringeren Widerstand des Schlägers der Armschwung bei maximal schneller Durchführung wiederum stärker beschleunigt als beim normalen Aufschlag. Dadurch bekommt man kurzfristig ein **neues Bewegungsgefühl, das dynamische Stereotyp wird vorübergehend verändert**.

Vorübergehend deswegen, weil nach etwa acht bis zehn Wiederholungen der Nachwirkungseffekt nachlässt, denn der Organismus hat sich erneut an den neuen Gewichtswiderstand des Schlägers gewöhnt. Deswegen muss man dieses Training in mehreren Serien durchführen und innerhalb der Woche einige Mal wiederholen. So erreicht man nach gewisser Zeit eine dauerhafte positive Veränderung in der Schlaggeschwindigkeit, indem man die ursprüngliche Barriere durchbrochen hat.

Auf Grund dieses Prinzips kann man in vielen Bereichen der Tennistechnik eine wesentlich bessere Anpassung (Adaptation) erreichen als mit herkömmlichen Methoden. Im Folgenden werden einige Möglichkeiten vorgestellt. Aus Platzgründen können nicht alle Möglichkeiten der Koordinations-, Schnelligkeits- und Kraftübungen vorgestellt werden. So z.B. ist auf die hervorragenden Übungsreihen mit der Leiter (RANDY SMYTHE, USA) oder ausgezeichnete Übungsreihen mit Reifen (Studienbegleitende Arbeit von MICHAEL KREUZER, 1996) als auch andere Literatur hinzuweisen. Darüber hinaus wurde vom Autor dieses Buches eine neues Video „Advance training techniques for top payers" in den USA herausgebracht, indem viele dieser Übungsformen erscheinen.

Mit dem Schweiß wird viel Natrium ausgeschieden. Aktionsgetränke sollten diese Verluste ausgleichen. 400 mg Natrium pro Liter sollte ein Aktionsgetränk mindestens enthalten, einige natriumhydrogencarbonathaltige Mineralwasser erfüllen diese Anforderungen.

3.2.1.1 ERZIELEN EINER HÖHEREN SCHLAGGESCHWINDIGKEIT BEIM 1.AUFSCHLAG DURCH SCHNELLEREN ARMZUG: STEIGERUNG DER AKTIONSSCHNELLIGKEIT

Wurftraining: Die Spieler stehen hinter der GL. In ihrer unmittelbaren Nähe sind Medizinbälle (0,5 kg Gewicht, bei durchtrainierten Nachwuchsspielern kann es auch 1 kg sein), ein Ballkorb und Schläger bereitgestellt. Die Spieler werfen sich gegenseitig die Medizinbälle so weit wie möglich mit einer Aufschlagbewegung zu. Es ist wichtig, dass dazu die ganze Muskelschlinge des Körpers benutzt und die notwendige starke Vordehnung und Rotation nicht ausgelassen wird.

Steuerung:

> 6-8 Wiederholungen
> 3-4 Serien
> 1-3 min Pause

Unmittelbar nach der ersten Wurfserie wird so hart wie möglich aufgeschlagen.
Steuerung:

> 8-10 Wiederholungen
> 3-4 Serien
> 1-3 min Pause

Nach der ersten Aufschlagserie erfolgt eine Pause. Danach soll man den gleichen Vorgang komplett noch 2-3mal wiederholen.

3.2.1.2 ERZIELEN EINER HÖHEREN SCHLAGGESCHWINDIGKEIT BEIM 1. AUFSCHLAG DURCH SCHNELLEREN ARMZUG – STEIGERUNG DER AKTIONSSCHNELLIGKEIT

Wurftraining: Im Prinzip die gleiche Trainingsform wie im 3.2.1.1, nur an die Stelle der Medizinbälle treten jetzt Tennisbälle oder Schlagbälle (höchstens 200 g). Die Spieler versuchen, die Bälle so weit wie nur möglich zu werfen.
Steuerung:

> 10-12 Wiederholungen
> 3-5 Serien
> 1-3 min Pause

Unmittelbar nach der ersten Wurfserie wird so hart wie möglich aufgeschlagen.
Steuerung:

> 8-10 Wiederholungen
> 3-5 Serien
> 1-3 min Pause

Nach der Aufschlagserie erfolgt eine Pause.

Nicht alle Kohlenhydrate sind gleich: Zucker schießen schnell ins Blut, halten aber nicht lange an und können sogar zu Nervosität und Unkonzentriertheit führen.

3.2.1.3 ERZIELEN EINER HÖHEREN SCHLAGGESCHWINDIGKEIT BEIM 1. AUFSCHLAG DURCH DIE ERHÖHUNG DER AKTIONS- UND BODENREAKTIONSKRAFT

a. Plyometrisches Training: Die Spieler stehen wiederum hinter der GL. Neben dem Ballkorb und den Schlägern muss eine Sitzbank von ca. 30-40 cm Höhe zu Verfügung stehen. Die Spieler springen zuerst von der Sitzbank herunter, und unmittelbar nach dem Aufsprung springen sie senkrecht so hoch wie möglich. Dabei sollen sie auch mit dem Schlagarm so hoch wie möglich greifen (Jump and reach) (siehe Abb. 150).

Steuerung:

6-8 Wiederholungen
3-4 Serien
2-3 min Pause

b. Jumps: Die Spieler führen einbeinige oder beidbeinige Wechselsprünge (Strecksprünge) durch, wobei eine maximale Höhe angestrebt werden muss (siehe Abb. 151).

Steuerung:

6-10 Wiederholungen
3-4 Serien
2-3 min Pause

ABB. 150:

Spieler beim plyometrischen Training – Bankniedersprung

251

ABB. 151: *Spieler bei Jumps*

c. Hops (Kängurus): Die Spieler führen einbeinige oder beidbeinige Hochsprünge durch, wobei die Knie bis zur Brusthöhe angezogen werden müssen. Angestrebt wird die maximale Höhe (siehe Abb. 152).

Steuerung:

6-10 Wiederholungen
3-4 Serien
2-3 min Pause

ABB. 152:
Spieler bei Hops (Kängurusprünge)

Unmittelbar nach einer dieser Übungen wird so hart wie möglich aufgeschlagen, wobei darauf zu achten ist, dass sich die Spieler sehr stark vom Boden abstoßen (aktive Kniebeuge mit einem Kniewinkel von ca. 110-130°) und während des Aufschlags hochspringen (siehe Abb. 153 und 154)

Steuerung:

8-10 Wiederholungen
3-4 Serien
2-3 min Pause

ABB. 153 UND 154:
Pete Sampras und Boris Becker, zwei der besten Aufschläger der Welt, demonstrieren eine vorbildliche Beinarbeit beim Aufschlag.

Nudeln, Reis und Kartoffeln sind wertvolle Kohlenhydratlieferanten. Sie sind aber nur so gut wie ihre Zubereitung: Fette, Saucen, Mayonnaise oder ein Stück fetter Speck als Beilage machen viele Speisen zu Hauptlieferanten des Leistungskillers Fett.

3.2.1.4 ERHÖHUNG DER SPRUNGKRAFT, SPRUNGLÄNGE UND REICHWEITE BEI FLUGBÄLLEN AM NETZ

a. Leaps und Bounds: Die Spieler stehen hinter dem Netz. Sie führen beidbeinige Weitsprünge oder Wechselsprünge abwechselnd mit jeweils einem Bein durch, wobei die maximale Höhe und die maximale Weite angestrebt werden müssen (siehe Abb. 155 und 156).

Steuerung:

8-10 Wiederholungen
3-4 Serien
1-3 min Pause

253

ABB. 155 UND 156:
Spieler bei Leaps und Bouds

b. Skips: Die Spieler führen beidbeinige Sprünge durch, wobei abwechselnd jeweils ein Knie bis zur Brust hochgezogen und die maximale Höhe und Weite angestrebt wird (siehe Abb. 157).

Steuerung:

8-10 Wiederholungen

3-4 Serien

1-3 min Pause

In den ersten 2 Stunden nach dem Training verläuft die Resynthese der Glykogenspeicher besonders rationell. D. h., in

ABB. 157:
Spieler bei Skips

dieser Zeit ausreichend hochwertige Kohlenhydratlieferanten essen, z.B. eine große Portion Nudeln, Reis, Kartoffeln; auf Fett verzichten!

ABB. 158: *Hechtsprung am Netz*

c. Hechtsprünge: Hinter das Netz wird in die Seitenliniennähe eine flache Sprungmatte gelegt. Der Spieler steht in der Mitte des Platzes ca. 2 m hinter dem Netz. Der Trainer spielt aus der Hand die Bälle in die maximale Reichweite, der Spieler muss mit einem Hechtsprung den Ball als Flugball zurückspielen, wobei er nach der Bodenberührung mit der freien Hand über die rechte Schulter (Rechtshänder) abrollen und schnell wieder aufstehen soll. Diese Übung wurde vom Autor schon zu Anfang der siebziger Jahre im BLZ erfunden und mit großem Erfolg bei Generationen von Spielern durchgeführt. B. Becker war der einzige Spieler, der diesen Hechtsprung auch im Match anwendet (siehe Abb. 158).

Steuerung:

    10 Wiederholungen
    3-5 Serien
    2-3 min Pause

Unmittelbar nach einer Serie dieser Übungen werden Sprünge mit Schläger und Ball (Flugbälle) durchgeführt. Die Spieler stehen ca. 1-2 m hinter dem Netz in der Mitte, der Trainer spielt von der anderen Netzseite aus die Bälle links

ABB. 159: *Spieler bei maximal langem Volleysprung*

und rechts in maximale Reichweite des Spielers. Dieser muss mit einem kurzen Anschritt des näher stehenden Fußes und mit einem einzigen anschließenden langen Sprung des zweiten Beines den Ball mit Flugball erreichen (siehe Abb. 159).

Steuerung:

6-10 Wiederholungen
3-4 Serien
1-2 min Pause

Gleich nach Beendigung dieser kombinierten Serie soll Passierballtraining statt-finden. Man kann entweder eine der passenden Übungen aus der letzten Stufe des Technikerwerbstrainings (2. Grundlinien- und Netzspiel) auswählen, oder aber ein ganz normales Passierballtraining durchführen.

Die tägliche Basisernährung sollte von kohlenhydratreichen Lebensmitteln domi-niert werden, entsprechend 60% aller aufgenommenen Kalorien. (Vollkorn-) Nu-deln, Reis, Kartoffeln, Vollkornbrot, Obst und Gemüse sind geeignete Kohlenhy-dratlieferanten.

3.2.1.5 ERHÖHUNG DER VERTIKALEN SPRUNGKRAFT BEI SCHMETTERBÄLLEN AM NETZ

Es können wiederum die Trainingsformen aus 3.2.1.3 a-c verwendet werden.

Der Trainer steht kurz vor der T-Linie, der Spieler steht in der Mitte des Plat-zes, etwa in der Mitte zwischen Netz und T-Linie. Der Trainer spielt über ihn einen Lob genauso hoch, dass der Spieler diesen mit einem einzigen, maximalen verti-kalen Sprung gerade noch erreichen kann. Der Spieler darf keinen einzigen Schritt zurückweichen, er muss aus der Ausgangsstellung mit einem vertikalen Sprung den Ball direkt erreichen und schmettern (siehe Abb. 160).

Steuerung:

5-10 Wiederholungen
3 Serien
1-2 min Pause

Unmittelbar nach einer dieser Trainingsformen wird ein normales Schmetterballtraining durchgeführt, wobei darauf zu
achten ist, dass der Spieler die Schmet-
terbälle nicht rückwärts ausläuft, sondern im Sprung spielt.

ABB. 160:

Spieler bei einem vertikalen Sprung

Auch in der Vereinsgastronomie, ob beim Vereinswirt oder einer Mannschaftsfei-
er gehört Jodsalz zur tennisgerechten Ernährung. Sportler sollten auf ihre Jodzu-
fuhr besonders achten, da sie mit dem Schweiß Jod verlieren.

3.2.1.6 VERBESSERUNG DER SITUATIONSLÖSUNG BEI GL-SCHLÄGEN NACH EINEM MAXIMAL SCHNELLEN SPRINT

Hierfür gibt es eine große Auswahl an Übungsformen und verschiedenen Kombi-
nationsmöglichkeiten.

a. Skipping: Der Spieler versucht, bei maximaler Geschwindigkeit (Intensität) mit
einem mittleren Kniehub abwechselnd die Beine anzuheben. Dabei kann er auf
dem Platz stehen bleiben oder sich langsam vorwärts bewegen (siehe Abb. 161).

Steuerung:

> 5 s (max. 8 s)
> 3-5 Serien
> 1-2 min Pause

b. Seilspringen: Der Spieler versucht, mit einer maximalen Intensität beidbeinig und/oder einbeinig Seil zu springen.

Steuerung:

> 5 s
> 3-5 Serien
> 1-2 min Pause

c. Fußtapping: Der Spieler versucht, maximal schnell wechselseitig bei fixierten Fußgelenk die Fußballen anzuheben (siehe Abb. 162).

Steuerung:

> 5 s
> 3-5 Serien
> 1-2 min Pause

ABB. 161: *Spieler bei Skippings*

d. Kombination von Fußtapping und/oder Skipping und Kurzsprint. Der Spieler führt Skipping oder Tapping durch (2-3 s) und geht fließend in einen maximal schnellen Kurzsprint (2-3 s) über.

Steuerung:

> 4-6 s
> 3-5 Serien
> 2-3 min Pause

e. Alle erwähnten Übungen können mit Bleiweste oder Gewichtsmanchetten an den Fußgelenken durchgeführt werden,

ABB. 162: *Spieler bei Fußtappings*

oder aber man wählt Kombinationen. Die erste Hälfte wird immer mit Belastung durchgeführt, die zweite Hälfte unmittelbar danach ohne Belastung. Bei beiden Alternativen handelt es sich um den schon erwähnten Nachwirkungseffekt.

Steuerung:

entweder 5 s durchgehend oder

2-3 s mit Belastung und

2-3 s ohne Belastung

3-5 Serien

2-4 min Pause

> Eine ausreichende Jodversorgung ist für die sportliche Leistungsfähigkeit von Bedeutung, da die aus Jod produzierten Hormone große Bedeutung im gesamten Stoffwechsel haben. Jodsalz kann die Jodversorgung unterstützen.

f. Sprint mit Zugseilwiderstand: Der Spieler hat um die Hüften ein Zugseil. Der Trainer (Spieler) hält den Spieler von hinten am Zugseil fest. Der sprintet vorwärts, der Trainer versucht, ihn von hinten zu bremsen. In der zweiten Hälfte der Strecke kann das Zugseil losgelassen werden, wodurch der Spieler wesentlich schneller sprinten kann als normal (Nachwirkungseffekt).

Steuerung:

4-6 s

3-5 Wiederholungen

3-5 Serien

1-3 min Pause

g. Sprint gegen elastischen Zugseilwiderstand und mit Zugseilbeschleunigung: Der Spieler ist an einem langen elastischen Zugseil angebunden. Zuerst sprintet er gegen den Widerstand des Zugseils, so weit sich das Zugseil dehnt. Dann dreht er sich um und sprintet mit Hilfe der Zugseilverkürzung zurück, wodurch er sehr stark beschleunigt wird und eine merklich höhere Geschwindigkeit erreicht als normalerweise.

Steuerung:

4-5 Wiederholungen

3-5 Serien

1-3 min Pause

h. Nach einer dieser Übungen wird Sprint mit maximaler Intensität die GL entlang mit Schläger in der Hand durchgeführt: Der Spieler steht, frontal zum Netz gedreht, hinter einer Seitenlinie auf der GL. Der Trainer spielt aus der Hand vom Netz aus die Bälle cross zu: mit Slicebewegung (niedriger Absprung), flach, nicht zu lang und relativ schnell. Die Entfernung des Treffpunkts von der Startposition soll so weit sein, dass der Spieler 1/3 der Bälle mit maximal schnellem Sprint gerade noch berühren kann (ca. 8-10 m), 1/3 nur nach dem zweiten Absprung erreicht und 1/3 gerade noch als Passierball schlagen kann. Auch diese Übung kann mit Fremdbelastung (Bleiweste oder Manchetten) durchgeführt werden.

Steuerung:

> 10 Wiederholungen
> 3-5 Serien
> 1-2 min Pause

Unmittelbar nach einer oder zweien dieser Übungen wird nun die Tennistechnik in Anspruch genommen.

Nach einer erschöpfenden Belastung sollten die Glykogenspeicher rasch wieder aufgefüllt werden. Mit jedem Gramm Glykogen wird Kalium eingelagert. Kartoffeln und Reis liefern beides, Kohlenhydrate und Kalium, ideal für eine schnelle Regeneration!

i. Die gleiche Übung wie in **h**. Der Ball wird aber jetzt so zugespielt, dass der Spieler diesen nicht nur berühren, sondern bei sehr hoher Körpergeschwindigkeit spielen kann. Dabei werden ihm auf der anderen Netzseite exakte Zielflächen vorgegeben, in die er die Bälle spielen muss.

Steuerung:

> 10 Wiederholungen
> 3-5 Serien
> 1-2 min Pause

j. Die gleiche Übung wie in **i**. Der Spieler muss aber je nach Körperbewegung des Trainers (nach links oder rechts) seine Schlagrichtung antizipieren und dementsprechend entscheiden, wobei er wieder Zielflächen ansteuern muss.

Steuerung:

> 10 Wiederholungen
>
> 3-5 Serien
>
> 1-2 min Pause

k. Gleich danach wird mit freiem Ballausspielen zwischen einem Netzspieler und einem Passierballspieler die Sprintfähigkeit auf der Grundlinie mit präzisen Passierbällen kombiniert. Der Netzspieler soll die Bälle in maximale Reichweite des Passierballspielers schlagen. Beiden Spielern können Zielflächen angegeben werden. Weil es sich um hoch intensive Arbeit handelt, müssen die Schlagserien, bei denen viel gesprintet wird, kurz sein (6-12 Wiederholungen mit jeweils 20 s Pause).

> Wer mit gut gefüllten Kohlenhydratspeichern ein Training beginnt, hat auch einen Wasserspeicher. Denn mit jedem eingelagertem Gramm Glykogen sind ca. 3 Gramm Wasser gespeichert, das bei der Belastung frei wird und zur Kühlung zur Verfügung steht.

Falls der Spieler noch technische Probleme bei der situativen Bewältigung des Passierschlages bei hoher Körpergeschwindigkeit hat, muss diesem gesamten Block folgende technische Übung vorgeschaltet werden.

l. Der Trainer spielt vom Netz aus dem Spieler Bälle in die Ecken zuerst so zu, dass der Spieler sie gut erreichen kann. Auf der Vorhandseite muss der Spieler den letzten Schritt (Schlagschritt) mit dem rechten Bein (Rechtshänder) sehr lang machen, so dass er den Ball in offener Stellung schlägt. Der Spieler muss nun fast gleichzeitig bzw. ineinander übergehend folgende Bewegungsabläufe durchführen:

- mit dem rechten Bein die Bewegung abbremsen (exzentrische Muskelarbeit),
- die Schlagbewegung mit einer starken Körperrotation durchführen, bis sich der ganze Körper zur Grundlinienmitte gedreht hat,
- gleichzeitig vom Anfang der Schlagbewegung an den Oberkörper zurück zur Grundlinienmitte neigen (Gleichgewichtsgründe),
- sich unmittelbar vor der Schlagbewegung vom rechten Bein zurück zur Grundlinienmitte abstoßen (konzentrische Muskelarbeit),
- mit Beendigung der Körperrotation nach dem Fußabstoß schnell zur Mitte sprinten (siehe Abb. 163).

ABB. 163: *Monika Seles demonstriert eine optimale Bein- und Körperarbeit bei einem Schlag in der Ecke des Platzes.*

Wenn die Laufgeschwindigkeit zur Platzecke groß ist, reicht die eben beschriebene Technik nicht mehr aus, weil die Zentrifugalkraft den Körper weiter nach außen treibt. In dem Fall muss man einen Zwischensprung vom rechten auf das gleiche rechte Bein machen, um den Körper abzufangen und im Gleichgewicht zu bleiben:

- Nach dem Abbremsen durch das rechte Bein wird mit diesem noch ein Sprung auf das gleiche Bein in die Laufrichtung gemacht, und schon während dieses Sprungs wird der Schlagablauf, wie eben oben beschrieben, ausgeführt (siehe Abb. 164).

Bei maximaler Laufgeschwindigkeit reicht auch diese Situationstechnik nicht mehr aus. In dem Fall sprintet man durch den Schlag durch und schlägt den Ball im Moment, in dem das linke Bein Bodenkontakt hat. Bei noch größerer Geschwindigkeit wird der Ball geschlagen, während sich das linke Bein in Laufrichtung in der Luft befindet. Gleich nach dem Aufsetzen dieses Beines wird anschließend mit dem rechten Bein wieder ein sehr langer Bremsschritt gemacht, und nach dem Abstoßen von diesem Bein muss sofort in die Gegenrichtung gestartet werden. Bei dieser Technik droht aber Gleichgewichtsverlust, und deswe-

ABB. 164: *Boris Becker bei einem Doppelsprung mit dem rechten Bein*

gen soll sie auch nur bei maximaler Körpergeschwindigkeit benutzt werden. In allen anderen Situationen müssen die ersten zwei Techniken angewendet werden, und deswegen sollen sie speziell geübt werden.

Für die situative Lösung beim einhändigen Rückhandschlag gelten die gleichen Techniken, nur mit umgedrehter Beinstellung, wobei man häufiger die dritte Alternative benutzt, weil die Rückhand aus offener Stellung immer noch relativ selten gespielt wird. Für die beidhändige Rückhand gelten aber die gleichen Techniken wie für der Vorhand.

Wenn diese Technik perfekt beherrscht wird, kann ihr eine koordinative Spezialübung vorgeschaltet werden!

Geeignete Zwischenmahlzeiten unterstützen die Versorgung mit Vitaminen und Mineralstoffen. So können Milch, Milchprodukte und Milch-Schnitte zur Calcium- und Eisenversorgung, Obst und Vollkornprodukte zur Vitamin C- und E-Versorgung beitragen.

m. Der Spieler steht dem Trainer frontal gegenüber, etwa drei Meter in eine Richtung (links oder rechts) versetzt. Nun startet der Spieler in die andere Richtung. Wenn er fast die sechs Meter gesprintet hat und am Trainer vorbeigelaufen ist, wirft ihm der Trainer einen Medizinball zu (0,5-1 kg). Der Spieler muss ihn fangen und mit der oben beschriebenen Schlagtechnik zum Trainer zurückwerfen und sofort in die entgegengesetzte Richtung laufen, wo sich das Gleiche wiederholt (siehe Abb. 165).

ABB. 165: *Spieler beim Imitieren der richtigen Schlagtechnik mit der Hilfe eines Medizinballs*

Steuerung:

6-8 Wiederholungen
3-4 Serien
2-3 min Pause

3.2.1.7 ERHÖHUNG DER SCHLAGKRAFT UND SCHLAG-GESCHWINDIGKEIT BEI GRUNDSCHLÄGEN

Zwei Spieler stehen sich gegenüber. Sie werfen sich einen Medizinball (1-1,5kg) seitwärts so weit zu, wie sie nur können, wobei sie versuchen, exakt die Vorhandschlagbewegung bzw. die Rückhandschlagbewegung zu imitieren. Wichtig ist, dass sie dabei eine starke Körperrotation anwenden und dass sie sich kräftig von Boden abstoßen. Bei der Vorhand liegt die Wurfhand hinter dem Ball,

ABB. 166 UND 167:

Handlage beim Medizinballwurf durch die Vorhand-als auch durch die Rückhandbewegung.

die andere Hand stabilisiert nur den Ball; bei der Rückhand liegt die Wurfhand (Schlaghand) zwar auch hinter dem Ball, aber mit dem Handrücken zum Ball, damit die richtige Rückhandbewegung imitiert wird (siehe Abb. 166 und 167).

Steuerung:

6-10 Wiederholungen
3-4 Serien
1-3 min Pause

Unmittelbar danach wird der Vorhand- bzw. der Rückhandwinner bzw. Drive trainiert. Der Trainer spielt vom Netz aus dem Spieler, der kurz vor der GL steht, die Bälle so zu, dass diese vom Spieler in allen möglichen Höhen, aber immer im Kulminationspunkt oder kurz davor getroffen werden können. Der Spieler muss den Ball mit maximaler Geschwindigkeit auf Zielflächen spielen.

Steuerung:

8-10 Wiederholungen

3-4 Serien

1-2 min Pause

Ein tennisgerecht niedriger Fettgehalt der Speisen wird durch die Auswahl fettarmer Lebensmittel und durch eine sportive Zubereitungsmethode gewährleistet. Beispielsweise erlauben moderne Schnellkochtöpfe eine fettarme Zubereitung in kürzester Zeit.

3.2.1.8 ERHÖHUNG DER SCHLAGKRAFT BEIM HALBFLUGBALL IM TIEFEN KNIESTAND

a. Die gleiche Übung wie in 3.2.1.7, aber mit folgenden Abwandlungen:

a.a. Nachdem der Spieler den Ball gefangen hat, muss er während der Ausholbewegung tief in die Hocke gehen und während der Schlagbewegung in dieser verharren oder aber sich nur ganz wenig aufrichten (siehe Abb. 168).

a.b. Der Ball muss so zugeworfen werden, dass ihn der Fänger schon in der Hocke fängt, in dieser Stellung die Ausholbewegung durchführt und mit leichter Streckung der Knie zurückwirft (siehe Abb. 169).

ABB. 168:
Spieler beim Ballfangen und gleichzeitiger Kniebeuge in der Hocke

Bei beiden Übungsformen ist auf die Körperrotation zu achten.

Steuerung:

5-8 Wiederholungen
2-3 Serien
2-3 min Pause

Unmittelbar nach den einzelnen Serien werden Halbflugbälle ca. 1-2 m vor der GL. trainiert. Der Trainer spielt vom Netz aus dem Spieler die Bälle so zu, dass dieser nur einen Halbflugball schlagen kann. Der Spieler muss dabei tief in die Knie gehen, den Oberkörper aufrecht halten und den Halbflugball aggressiv mit Körperrotation als Winner auf Ziele spielen.

Steuerung:

8-10 Wiederholungen
3-4 Serien
1-3 min Pause

ABB. 169:

Spieler beim Ballfangen und Ballwerfen in der Hocke

Unmittelbar danach können z.B. die Übungen 1.12 -1.13 durchgeführt werden.

> Durch die Verteilung sportiver Lebensmittel auf mehrere kleine Mahlzeiten wird die Resorptionsquote von Vitaminen und Mineralstoffen erhöht. So kann die Versorgung mit kritischen Nährstoffen verbessert werden, ohne auf Präparate zurückgreifen zu müssen.

Beispiele für die Verbesserung der Aktionsschnelligkeit durch eine zusätzliche Erhöhung der Zuspielgeschwindigkeit:

3.2.1.9 ERHÖHUNG DER AKTIONSSCHNELLIGKEIT (SCHLAGGESCHWINDIGKEIT) UND PRÄZISION BEIM RETURN

a. Zuerst wird die Returntechnik technisch perfektioniert: kurze Ausholbewegung durch Schulterdrehung, kurze Schlag- und Ausschwungbewegung bei einer markanten Körperrotation bei langsamerem Aufschlag von der Grundlinie.

b. Danach werden mit einem Medizinball Seitwürfe mit einer Returnbewegung durchgeführt, wobei wiederum auf die Körperrotation geachtet werden muss.

> 6-8 Wiederholungen
> 3-4 Serien
> 1-3 min Pause

c. Nach jeder Wurfserie wird returniert, wobei die Aufschlag- und die Returngeschwindigkeit kontinuierlich gesteigert wird. Der Return wird auf festgelegte Zielflächen gespielt.

> 8-10 Wiederholungen
> 3-4 Serien
> 1-3 min Pause

d. Danach startet der Aufschläger seine Aufschläge aus einer Position ca. 2 m vor der Grundlinie und schlägt auch weiterhin mit hoher Aufschlaggeschwindigkeit auf. Der Retournierer muss auf Zielflächen zielen.

> 10-15 Wiederholungen
> 3-5 Serien
> 1-2 min Pause

e. Zuletzt startet der Aufschläger seine Aufschläge unmittelbar hinter der T-Linie, wobei er nach und nach die Aufschlaggeschwindigkeit steigert, allerdings immer nur so weit, dass der Retournierer den Return noch technisch bewältigen und festgelegte Zielflächen ansteuern kann.

> 10-15 Wiederholungen
> 3-5 Serien
> 1-2 min Pausen

Durch solche Übungsreihen wird die Aktionsschnelligkeit systematisch gesteigert, wobei sich die Technik und die Präzision des Returns den neuen Anforderungen anpassen. Die Handlungsfähigkeit wird erweitert.

Tennisspieler sollten auf ihre Vit. B1-Aufnahme achten – dieses Vitamin reguliert den Energiestoffwechsel. Sinnvolle Zwischenmahlzeiten mit einem Getreideanteil (Vollkornbrötchen, Milch-Schnitte) können zur Vit. B1-Versorgung beitragen.

3.2.1.10 ERHÖHUNG DER SCHLAGGESCHWINDIGKEIT UND PRÄZISION BEIM PASSIERBALL

a. Mit dem Medizinball werden seitliche Würfe durchgeführt.

> 6-8 Wiederholungen
> 3-4 Serien
> 1-3 min Pause

b. Nach jeder Serie werden vom Trainer von der Netzposition aus Bälle in die Ecken zugespielt, die der Spieler als Passierbälle mit steigernder Geschwindigkeit in festgelegte Ziele schlagen muss. Der Spieler muss zum Treffpunkt relativ schnell über eine Laufstrecke von etwa 5-8 m laufen.

> 10-15 Wiederholungen
> 3-4 Serien
> 1-3 min Pause

c. In den weiteren Serien kann, je nach der technischen Vollkommenheit des Spielers, nach den Medizinballwürfen oder aber nach vorherigen Sprints mit maximaler Laufgeschwindigkeit (siehe 3.2.1.6f.), die Zuspielgeschwindigkeit des Trainers gesteigert werden, so dass der Spieler immer mehr unter Zeitdruck gerät und dadurch seine Aktionsschnelligkeit bei hoher Schlagpräzision steigern muss.

> 10-15 Wiederholungen
> 3-4 Serien
> 1-3 min Pause

Auf der Grundlage der hier gesammelten Vorschläge besteht selbstverständlich die Möglichkeit, je nach Bedarf und Zielsetzung, eine ganze Reihe von Trainingsformen zusammenzustellen, in denen spezielle konditionelle oder koordinative Übungen mit Tennistechnikübungen oder aber mit gezielten situativen Lösungen kombiniert werden, um eventuell eingetretene Stagnationen (Barrieren) zu durchbrechen.

Eines ist dabei aber sehr wichtig: Die Verwendung der konditionellen oder koordinativen Trainingsformen in Zusammenhang mit der Technik **ist nicht als Konditions- oder Koordinationstraining zu betrachten!** Man wendet nur schon vorhandene, optimal ausgeprägte konditionelle oder koordinative Fähigkeiten und Fertigkeiten für spezielle Ziele an. **Die Entwicklung der notwendigen Kondition und Koordination muss selbständig erfolgen.**

Wenn in diesen zwei Bereichen Mängel oder Schwächen vorhanden sind (z.B. Mängel im Absprung- oder Wurfverhalten, Kraftprobleme oder Schnelligkeitsschwächen), dann müssen diese erst einmal im speziellen Training beseitigt werden, bevor sie im Komplextraining verwendet werden. Es wäre sinnlos, gravierende Konditionsschwächen unmittelbar mit einer situativen Technik in Verbindung zu bringen, denn dann würden diese Schwächen die Technik sogar negativ beeinflussen, und man würde das Gegenteil erreichen. Um so wichtiger ist die systematische optimale Entwicklung der Kondition und Koordination von Anfang an!

Nach einer erschöpfenden Belastung sollten in den ersten 2 Stunden bis zu 100g Kohlenhydrate über Getränke und nicht belastende Mahlzeiten aufgenommen werden. Denn in dieser Zeit hat das Enzym zur Füllung der Glykogenspeicher sein Arbeitsmaximum.

Es bleibt nun zu hoffen, dass der unmittelbare Zusammenhang aller Faktoren und die komplette Entwicklung der Einheit des Organismus klar erkennbar geworden ist. Durch konditionelle und koordinative Schwächen entstehen Barrieren und wegen dieser Schwächen sind solche Barrieren nicht zu durchbrechen. **Das ist der Teufelskreis, aus dem so viele hoffnungsvolle Spieler und Spielerinnen nicht herausfinden.** Dabei ist eine Abhilfe gar nicht so kompliziert, wenn man Kenntnisse über die Ursachen und über die nötigen Hilfsmaßnahmen besitzt.

3.2.2 MATCHTRAINING

Matchtraining ist die Trainingsstufe, die naturgemäß dem reellen Matchgeschehen am nächsten kommt. Das Matchtraining bringt aber drei Probleme mit sich:

a. Es ist einfach beim besten Willen nicht möglich, im Matchtraining die gleichen psychischen Voraussetzungen (psychische Belastung, Nervosität, Stress usw.) zu erzeugen, wie sie im tatsächlichen Turniermatch unter Schiedsrichter vorkommen.

b. Die Komplexität im Matchtraining (Technik, Taktik, Kondition) lässt die Konzentration auf die Technik in den Hintergrund geraten, denn vor allem die Taktik kommt logischerweise in den Vordergrund. Und Techniktraining unterscheidet sich in der Zielsetzung und Durchführung grundsätzlich vom Taktiktraining.

c. Der Ehrgeiz und das „Gewinnenmüssen", das die Trainingspartner (Opponenten) automatisch in so ein Trainingsmatch mit einbringen, weil sie ja auch noch immer Konkurrenten sind, lässt eine groß angelegte Variabilität und Anwendung von neuen Techniken oder deren Kombinationen selten zu.

Trotz all dieser Probleme ist das **Matchtraining ein ganz wichtiger Faktor im Trainingsprozess**. Leider wurde im letzten Jahrzehnt diese Trainingsart, vor allem bei den Junioren, recht selten zugelassen. Stattdessen wurden weltweit immer mehr Drills ausgedacht, die eher matchfremd waren. Man hat sich regelrecht verrannt. Die unzähligen Bücher auf dem Markt, die sich fast ausschließlich mit verschiedenen und trotzdem fast gleichen Trainingsformen (Drills) beschäftigen, sind ein trauriger Beweis dafür, obwohl es darunter auch sehr wertvolle und hilfreiche Ausgaben gibt. Eine gesunde Kombination zwischen technischem Training und Matchtraining ist von großer Wichtigkeit.

Für Sportgetränke gilt: Maximal 10% Kohlenhydrate. Der Organismus kann die Kohlenhydrate nur dann aufnehmen, wenn gleichzeitig Natrium enthalten ist. Natriumhydrogencarbonathaltige Mineralwasser im Verhältnis 3:1 mit Apfelsaft gemischt, sind ideal.

Man muss ja nicht immer ein normales Match mit der üblichen Zählweise spielen. Auch in diesem Bereich hat sich der Autor in den letzten Jahren eine Menge von Trainingsmöglichkeiten mit reichhaltigen unterschiedlichen Zählweisen ausgedacht, die allerdings vor allem den taktischen Aspekt verfolgen, und deswegen sind sie in diesem Buch nicht angebracht. Es liegt aber an jedem Trainer, sich verschiedenartige Zählweisen auszudenken, denn die Erfahrungen zeigen, dass eine unkonventionelle Zählweise das harte Konkurrenzdenken in den Hintergrund verdrängt und die Spieler dann sensibler und offener für die praktische Umsetzung neuer Ideen, für Korrekturen und Hinweise sind, als es im normalen Match der Fall ist.

Mindestens einmal in der Woche soll die gesamte Trainingszeit dieser Trainingsform gewidmet werden. Mit nahender Turniersaison muss man das Matchtraining noch steigern, denn in der Vorbereitungsperiode reicht ein reines Techniktraining bei weitem nicht aus.

ABB. 170: *Aufteilung einer Periode im Spitzentennis (3-4,5 Monate)*

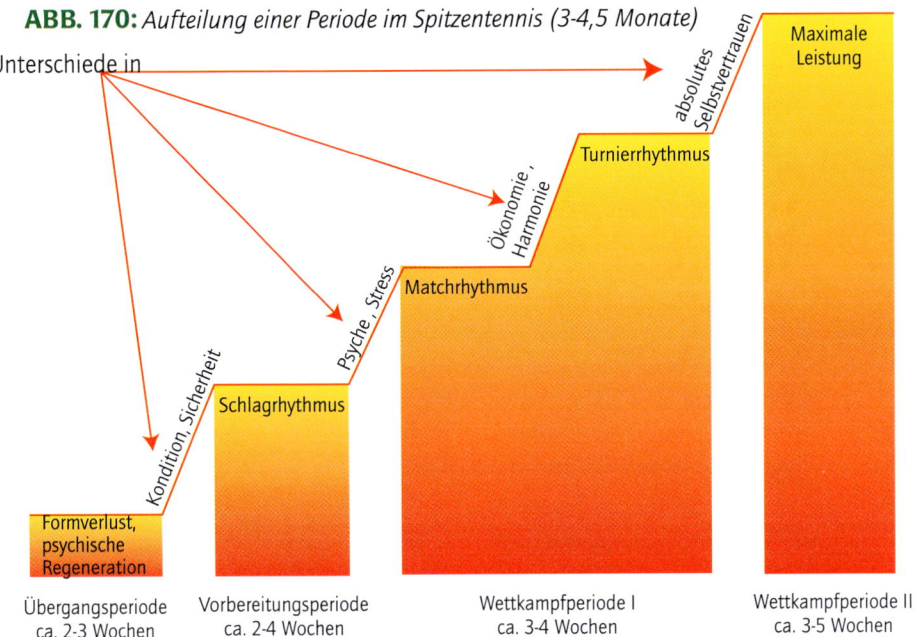

Unterschiede in

Maximale Leistung

absolutes Selbstvertrauen

Turnierrhythmus

Ökonomie, Harmonie

Matchrhythmus

Psyche, Stress

Schlagrhythmus

Kondition, Sicherheit

Formverlust, psychische Regeneration

Übergangsperiode	Vorbereitungsperiode	Wettkampfperiode I	Wettkampfperiode II
ca. 2-3 Wochen	ca. 2-4 Wochen	ca. 3-4 Wochen	ca. 3-5 Wochen

Aus der Abbildung 170 geht hervor, dass es merkliche Unterschiede zwischen den einzelnen Perioden in der qualitativen Bewältigung der Technik und der Matchgestaltung gibt.

In der **Vorbereitungsperiode** liegt das Hauptaugenmerk im Aufbau, der Präzisierung, der variablen Verfügbarkeit, der Perfektionierung und der situativen Anwendbarkeit. Dazu dient der gesamte Bereich des Techikanwendungstrainings und u.U. ein Teil des Technikerwerbstrainings. Selbstverständlich ist das Matchtraining ein Teil der Inhalte. **Das Ziel** dieser Periode im technischen Bereich ist ein **optimaler Schlagrhythmus**, der sich vor allem im Trainingsmatch widerspiegeln soll.

Die **Wettkampfperiode I** soll dem Wettkampfaufbau, der Formstabilisierung dienen. Der Unterschied zur Vorbereitungsperiode liegt vor allem im psychischen Bereich, denn im Turnier kommt die schon erwähnte Stressbewältigung hinzu. Diese Periode teilt sich in **zwei Teile** mit unterschiedlichen Zielsetzungen. **Zuerst** soll der sogenannte **Matchrhythmus** unter Turnierbedingungen erreicht werden. Jeder Profi weiß ganz genau, was es für einen Unterschied zwischen einem Trainings- und einem Turniermatch gibt. Man ist nervös, psychisch und dadurch auch muskulös verkrampft, man kämpft mehr als man spielt, es mangelt an innerer Ausgewogenheit, an Ruhe, an einer gewissen gesunden und notwendigen Lässigkeit.

In der **zweiten Hälfte** dieser Periode soll der für größere Erfolge notwendige **Turnierrhythmus** erreicht werden. Der Unterschied zum ersten Teil liegt in der Ökonomie der Schlagbewältigung wie auch in der Ökonomie der Matchführung. Jegliche Verkrampfung muss sich lösen, psychische Ausgewogenheit und Ruhe sind die unverzichtbaren Voraussetzungen dafür. Der Spieler soll sich bei der Schlag- und Matchbewältigung psychisch und körperlich locker fühlen, das Unterbewusstsein dominiert, alles soll wie im Traum ablaufen, wie TIMOTHY GALLWEY sagt – lass' es geschehen! Der Spieler soll eine optimale innere Harmonie erreichen.

Schon Kindern und Jugendlichen sollte das richtige Trinken im Training verdeutlicht werden.

In der **Wettkampfperiode II** soll dann der Gipfel der Leistungsfähigkeit, **die maximale individuelle Leistung** erreicht werden. Der Unterschied zu der vorherigen Periode liegt im absoluten Selbstvertrauen, das jetzt erreicht werden soll. Die Technik im Matchverlauf funktioniert perfekt, selbstverständlich im Rahmen der individuellen Verfügbarkeit.

Aus dieser Aufzählung kann man entnehmen, wie wichtig das Matchtraining ist. Wenn es in der Vorbereitungsperiode vernachlässigt wird, dann muss man erst in der Wettkampfperiode die ersten Matcherfahrungen sammeln, was u.U. zu einer starken Verzögerung des Leistungsanstiegs führt und wodurch auch das Nichterreichen der maximalen Leistung droht.

Schlußwort

Man darf hoffen, dass es dem Autor dieses Buch gelungen ist, die Technikentwicklung und das Techniktraining aus teilweise völlig neuem Blickwinkel ausreichend und praxisnah darzustellen.

In der Vergangenheit wurden vor allem Bücher geschrieben, die die allgemeine Trainings- oder Bewegungslehre dargestellt haben, wobei es dem Leser überlassen bleibt, wie er diese in sein Spezialgebiet oder in seine Disziplin überträgt. Darüber hinaus wurde die Fachliteratur zwar vorwiegend von namhaften Sportwissenschaftlern verfasst, die aber überwiegend aus der Leichtathletik, dem Schwimmen und einigen wenigen Sportarten mehr kamen.

Dadurch blieb eine Vielzahl von Sportarten (z.B. fast alle Ballspiele) auf die Umsetzungsfähigkeit einiger weniger Spezialisten in diesen Sportarten angewiesen.

Die neue Tendenz geht in zwei Richtungen. Erstens werden immer öfter Fachbücher nur für eine spezielle Sportart geschrieben (ein Beispiel sind die DTB-Lehrpläne). Diese Bücher tragen aber oft das Problem in sich, dass sie zwar den gesamten Bereich der Trainings- und Bewegungslehre der gewissen Sportart behandeln, was ein großer Fortschritt ist, anderseits aber wiederum eine detaillierte und ausführliche Auseinandersetzung mit einem speziellen Gebiet wegen des großen Umfangs in der Regel nicht erlauben, wodurch ausreichende und vor allem konkrete praxisbezogene Hinweise nicht in ausreichendem Maße präsentiert werden können. Deswegen müssen zweitens Bücher geschrieben werden, die sich eben nur mit einem Spezialgebiet in einer gewissen Sportart beschäftigen und dadurch die Möglichkeit bieten, dieses Gebiet sowohl aus der theoretischen als auch aus der praktischen Sicht wesentlich ausführlicher und detaillierter zu beleuchten.

Ein anderes Beispiel soll dieses Buch sein. Selbstverständlich gibt es auch weitere, schon veröffentlichte wertvolle Beispiele für andere spezifische Bereiche im Tennis von anderen Autoren, die man nur empfehlen kann. Sicherlich erscheint es aber sinnvoll, gerade im Tennis noch viel mehr Gebiete nach den modernsten Erkenntnissen zu beschreiben und zu präsentieren. Der Autor dieses Buches wird sich bemühen, in der Zukunft auch andere Gebiete aufzugreifen und zu bearbeiten.

Hiermit möchte er sich aber vorerst verabschieden und für die Geduld der Leser, die bis zu diesen Zeilen gekommen sind, bedanken. Wenn diese Leser darüber hinaus dieses Buch als anregend und hilfreich befunden haben, möchte er sie bitten, es weiterzuempfehlen.

Richard Schönborn

LITERATUR

Bauersfeld, M./Voß, G. : Neue Wege im Schnelligkeitstraining. Münster 1992.

Bäumer/Schneider: Sportmechanik. BLV 1981.

Bernstein, N. A.: Bewegungsphysiologie. Leipzig 1997.

Brabenec, J. : Creating Efficient Training Sessions. ITF Coaches Review 1994.

Daugs/Mechling/Bischke/Olivier: Sportmotorisches Lernen und Techniktraining. Band 1 u. 2, Hofmann Verl. 1989.

DTB-Born/Schönborn: Übungs- und Trainingsformen im Tennis.

DTB Tennislehrplan 1 u. 2 , BLV 1995 u. 1996.

DTB-Hanke/Schneider/Schönborn: Video 1995

Ferrauti, A./Maier, P./Weber, K.: Tennis Training mit System. Falken 1969.

Gallwey, T.: Tennis und Psyche – das innere Spiel. WILA 1977.

Grosser/Neumaier: Techniktraining. BLV 1982.

Grosser/Kraft/Schönborn: Schnelligkeitstraining im Tennis. Sportverlag 1997.

Grosser/Starischka/Zimmermann/Zintl : Konditionstraining. BLV 1993.

Harre, D.: Trainingslehre. Berlin 1986.

Hollmann/Hettinger: Sportmedizin. Stuttgart 1983.

Holzer/Reischl: Trainingsoptimierung im Tennis. ÖBV 1994.

Holzer/Reischl: Trainingsoptimierung im Tennis. ÖBV 1994.

Hotz, A. : Zur didaktischen Gestaltung von Lernprozessen in der Trainingspraxis. In: Leistungssport 25, 1995.

Hotz, A. : So wenig wie nötig korrigiere – so oft wie nur möglich variiere. In: Leistungssport 3, 1996.

Hotz/Schloßwill/Weineck: Optimales Lernen. Perimed 1983.

Kassat, G. : Biomechanik für Nicht-Biomechaniker. FCV 1993.

Knebel/Herbeck/Schaffner: Tennis-Funktionsgymnastik. Rowohlt 1988.

Kollenz/Wagner: Richtiges Tennistraining. BLV 1988.

Kreuzer, M.: Das Training der sportmotorischen Fähigkeiten. Studienbegleitende Arbeit - 1996.

Küchler, G.: Motorik – Steuerung der Muskelaktivität und begleitende Anpassungsprozesse. Stuttgart 1983.

Kuhn, W.: Motorisches Gedächtnis. Schondorf 1984.

Lehnertz, Kl.: Zur Theorie und Vermittlung sportlicher Techniken. In: Leistungs-sport 3, 1996.

Letzelter, M. : Trainingsgrundlagen. Rowohlt 1980.

Martin, D. : Merkmale einer trainingswissenschaftlichen Theorie des Techniktrai-nigs. Hoffmann 1991.

Mecheling, H.: Zur Theorie und Praxis des Techniktrainings. In: Leistungssport 18, 1988.

Medwejew, L. P.: Periodisierung des sportlichen Trainings. Berlin 1966.

Meinel, K.: Bewegungslehre. Volk u. Wissen 1977.

Meinel/Schnabel: Bewegungslehre – Sportmotorik. Berlin (DDR) 1987.

Nitsch/Munzert: Handlungsregulation und Techniktraining, Arbeitskreis 4. Hoff-mann 1991.

Röthig, P. (Red.): Sportwissenschaftliches Lexikon. Hofmann 1983.

Rüssel, A.: Psychomotorik. Darmstadt 1976.

Saß, H.: Wettkampfvorbereitung durch komplexe Belastung in Zusammenhang von konditioneller und technischer Ausbildung. In: Leistungssport 1/1995.

Schmidt, R.A. : The Schema as a Solution to Some Persistent Problems in Motor Learning Theory. Stellmach New York 1976.

Schönborn, R.: Die neue Tennis-Praxis. Falken 1981.

Schönborn, R.: Physiologische Trainingsuntersuchungen – Vortrag 1988. Mallorca.

Schönborn, R.: Trainingsuntersuchungen – Vortrag 1991. München.

Schönborn, R.: Vortrag beim DTB/ VDT Bundeskongress. 1995.

Tusker : Vortrag 1994. München

Werchoschansky, J. W.: Effektiv trainieren. Berlin 1988.

Weineck, J. : Sportanatomie. Perimed 1981.

Weineck, J. : Optimales Training. Perimed 1987.

Willimczik, K. : Techniktraining. Hoffmann 1991.

Willimczik, K. : Techniktraining. Hoffmann 1991.

Zaciorskij, M.: Die körperlichen Eigenschaften des Sportlers. Berlin 1977.

Zeyfang, Chr.: Intuitives Spielen. In: Leistungssport 5/1996.

Sporthotel und Sportpark

Zwischen dem 12.300 Zuschauer fassenden Centre Court des GERRY WEBER STADIONS im ostwestfälischen Halle und dem 8.000 qm großen Freizeitparadies „Sportpark Halle" befindet sich das nicht alltägliche „Sportpark Hotel".

Stilvoll und elegant stellt sich die Oase den Gästen in Form eines 4-Sterne-Hotels dar und das elegante Foyer mit den gemütlichen Sitzecken, den geschmackvollen Blumenarrangements und der integrierten Bar-Lounge vermittelt so einen nachhaltigen Eindruck eines herzlichen Willkommens.

Die 103 komfortablen Gästezimmer und fünf Suiten sind harmonisch und geschmackvoll aufein-

ander abgestimmt. Mit zeitgemäßem Komfort ist im Sportpark Hotel „Wohnen mit Flair" zu erleben. Die Gastronomische Vielfältigkeit wird im italienischen Restaurant „La Fontana", Wintergarten-Café und auf der sommerlichen Terrasse angeboten. Hier sitzt man geschützt mit Blick über den See und die hohe Fontäne bis hin zu den Rasen-Tennisplätzen.

Die Vielfältigkeit des „First-class-Refugiums" ist zu sehen in den drei Konferenzräumen mit Besprechungs- und Tagungsmöglichkeiten für 150 Personen, der 550 qm großen Sauna- und Massagelandschaft sowie dem Kosmetikstudio „Jean d'Arcel".

Zum sportiven Relaxen bietet der angrenzende Sportpark Halle mit seinen sieben Tennisplätzen, Squashboxen, Badmintonhalle, Fitneßstudio, Sportshop, Bistro, Restaurant „Laibach-Stuben" und der sportmedizinischen Abteilung der Uni Bielefeld ein fast perfektes Umfeld.

Eine reizvolle Landschaft am Südhang des Teutoburger Waldes lädt des weiteren ein zum: Radfahren, Reiten, Wandern und Golfen auf der noch 9-Loch-Anlage (wird auf 18 Bahnen ausgebaut), so daß dies alles die idealen Voraussetzungen für eine aktive Freizeitgestaltung sind. **Die Natur könnte zu Ihrer Leidenschaft werden.**

Sportpark Werbe GmbH (Pressestelle)
Postfach 12 43, 33777 Halle/Westfalen
Tel. (0 52 01) 66 54 49, Fax (0 52 01) 16 09 2